Tunnel and Underground Space Technology for Low-Carbon Economy

面向低碳经济的隧道及地下工程技术

——中国土木工程学会隧道及地下工程分会隧道及地下空间运营安全与节能环保专业委员会第一届学术研讨会论文集

朱合华　冯守中　闫治国　主编

人民交通出版社

内 容 提 要

本书为中国土木工程学会隧道及地下工程分会隧道及地下空间运营安全与节能环保专业委员会第一届学术研讨会论文集。围绕本次会议的主题“低碳、节能、防灾与安全”，本书汇集了近年来我国隧道及地下空间的低碳生态开发、照明与节能环保技术、防火及耐火技术、施工与运营安全管理及智能监控等方面的最新研究成果，对推动交通事业向“低碳型、环保型”发展具有重要意义。

本书可供交通行业隧道及地下工程方向的技术人员、管理者以及大专院校师生学习与参考。

图书在版编目（CIP）数据

面向低碳经济的隧道及地下工程技术 / 朱合华等主编 . —北京 ：人民交通出版社，2010.9

ISBN 978-7-114-08649-6

Ⅰ. ①面… Ⅱ. ①朱… Ⅲ. ①隧道工程 – 工程技术 – 文集②地下工程 – 工程技术 – 文集 Ⅳ. ①U45-53 ② TU94-53

中国版本图书馆 CIP 数据核字（2010）第 168957 号

书　　名：面向低碳经济的隧道及地下工程技术
著 作 者：朱合华　冯守中　闫治国
责任编辑：刘　倩
出版发行：人民交通出版社
地　　址：（100011）北京市朝阳区安定门外外馆斜街3号
网　　址：http：//www.ccpress.com.cn
销售电话：（010）59757969，59757973
总 经 销：人民交通出版社发行部
经　　销：各地新华书店
印　　刷：北京交通印务实业公司
开　　本：787 × 1092　1/16
印　　张：14.75
字　　数：339千
版　　次：2010年 9 月　第 1 版
印　　次：2010年 9 月　第 1 次印刷
书　　号：ISBN 978-7-114-08649-6
定　　价：49.00元
（如有印刷、装订质量问题的图书由本社负责调换）

前　　言

城市地下空间的开发利用是解决城市人口、环境、资源三大难题的重大举措。自20世纪80年代后期，国际隧道协会提出“大力发展地下空间，开始人类新的穴居时代”的倡议以来，各国政府都把地下空间的利用作为一项基本国策，使地下空间的开发利用获得了迅速的发展。随着我国城市地下空间资源更大规模的开发利用，防灾安全、节能降耗与环保已成为地下空间开发利用各个环节中的突出问题，引起了各方面的高度重视。

基于当前我国地下空间开发利用的发展现状和趋势，针对地下空间开发利用中涉及的防灾、节能与环保主题，中国土木工程学会隧道及地下工程分会成立了隧道及地下空间运营安全与节能环保专业委员会。该委员会的成立，对于促进地下空间防灾安全及节能环保新技术的研发及推广应用，为地下空间领域科研、设计、生产及管理等各部门提供通畅的学术、技术和信息交流平台及推进产学研合作具有重要的意义。

由中国土木工程学会隧道及地下工程分会地下空间运营安全与节能环保专业委员会主办，同济大学、武汉广益工程咨询有限公司承办的“中国土木工程学会隧道及地下工程分会隧道及地下空间运营安全与节能环保专业委员会成立大会暨面向低碳经济的隧道及地下工程学术研讨会”于2010年9月14日至15日在上海同济大学召开。自会议通知发出以来，得到了行业内管理、科研及高校等单位及专家、学者的积极响应和支持。在此基础上，除安排会议特邀报告外，我们审核了33篇论文，汇编成该论文集，供同行交流。

在此特别感谢人民交通出版社对本论文集出版发行的大力支持以及所做的辛勤工作。

编　者

2010年8月12日 上海

目　录

一、节能技术与设计实践

二、防灾与环保技术研究

三、施工与安全控制技术

四、地下空间规划与低碳生态开发及其他

一、节能技术与设计实践

发光涂料在公路隧道节能照明中的应用技术研究

冯守中[1,2]

(1. 上海朗琦土木工程技术有限公司　上海　200437;
2. 武汉广益工程咨询有限公司　武汉　430074)

摘　要:本文通过对公路隧道照明特点的分析,提出了隧道中采用发光涂料节能照明的新技术方法,并研究和规定了用于隧道照明发光涂料的技术指标。通过工程试验,提出了长度小于250m的高速公路隧道可以直接用发光涂料照明而不再设置照明灯具;对于中、长隧道中采用照明灯具与发光涂料组合照明,既可保证和提高照明效果,又可节约耗电量20% ~25%。本文对公路隧道以外的其他地下工程的节能、安全照明设计也有借鉴价值。

关键词:发光涂料　节能照明　司辰视觉　余辉

0　引言

我国高速公路建设事业蓬勃发展,陆续建设和投入运行的公路隧道里程日益增多,据交通运输部统计,截至2009年年底,全国公路隧道为6 139座、合计394.20km,比2008年末增加713处、75.56km。高速公路车速高、交通流量大,特别是车辆进入隧道时,视野内的光线明暗发生急剧变化,人的视力骤然下降,给行车安全带来危险。因此,公路隧道照明设计是确保公路运行安全的重要措施。按照《公路隧道通风照明设计规范》(JTJ 026.1—1999)规定,长度大于100m的高速公路隧道应设置照明设施。调研资料表明,我国高速公路每公里隧道照明负荷大于60kW,隧道照明耗电费用已成为公路运营中最主要的开支,在保障行车安全的前提下,如何降低能耗是目前交通运输行业迫切需要解决的问题。

1　公路隧道照明的特点

隧道照明的目的是为了给驾驶员提供良好的视觉环境,保障交通安全,提高运输效率。隧道视觉环境的特点为:一是进入隧道时的黑洞效应。白天由于隧道内外的亮度差别大,从长距离隧道外部看,隧道入口呈现出黑洞现象。二是进入隧道后的暗适应。汽车由明亮的外部驶入隧道后,驾驶员眼睛要经过一段时间才能看清隧道内部情况,即“适应滞后现象”。三是隧道内部可见度低。由于汽车排出的废气无法迅速消散形成烟雾,将光吸收和散射,降低可见度。为适应驾驶员在白天驾车进入隧道的视觉变化,避免产生黑洞效应和发生意外,《公路隧道通风照明设计规范》(JTJ 026.1—1999)规定,公路隧道照明系统照明段分为入口段、过渡段、中间段、出口段,见图1。

各设计段的长度和照度(lx)是从全年行车安全要求出发,对洞内最大照度的设计是以全年洞外最大亮度和最高行车时速来确定隧道内各段灯具的功率和灯具的分布密度。为了确保

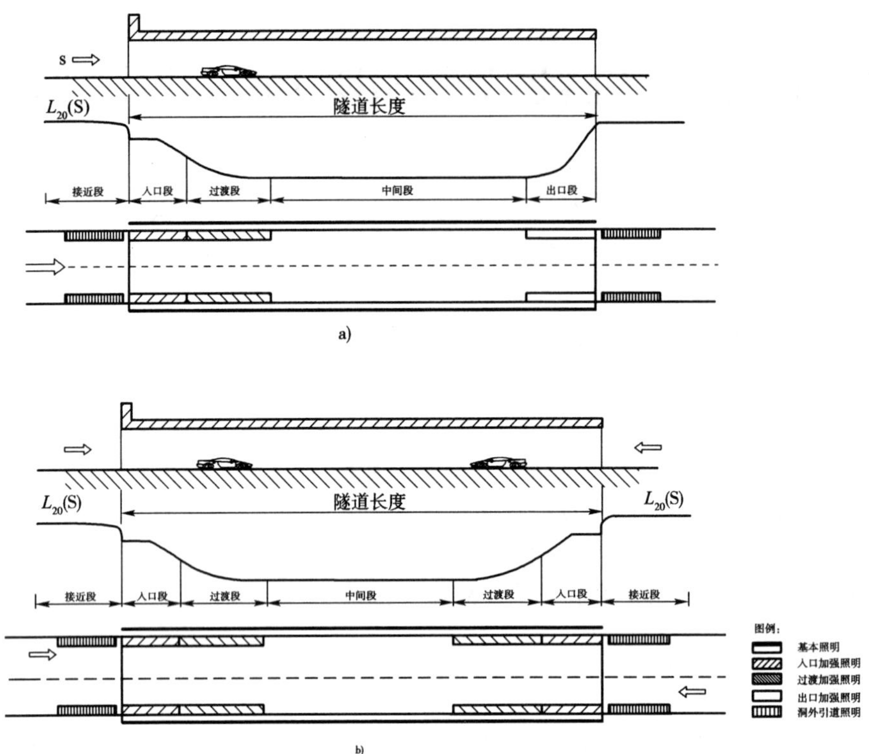

图1 公路隧道照明系统照明段分段简图

a）单向交通隧道；b）双向交通隧道

高速公路隧道的行车安全，规范已明确规定高速公路隧道内各段照明的平均照度和灯具的闪烁频率低于2.5Hz或高于15Hz。

2 目前公路隧道节能照明的几种设计方法

公路隧道的照明特点决定了隧道里的灯具是24h常亮，越是白天越要求洞内外的光线差距小，以避免产生黑洞效应，发生意外。为了节约用电，已有一些单位采取了如下的节能设计和应用研究。

2.1 采用自动无极调光的隧道照明智能控制系统

根据季节、天气、时间、车流量进行自动照明设计控制。进行隧道照明设计时，洞外亮度是隧道照明设计的一个最基本的参数，通常规定在7、8月份的夏季中午晴天测得，照明的设计都要依据这个参数。但洞外亮度实际上是受季节、时间、气候的影响，实际亮度远小于这个值，因此在一年90%的时间里，洞外亮度都小于这个规定的测试值，造成过度照明和电能的浪费。有研究表明，年平均白天功率需求只占设计功率的22.7%，如果亮度可控，则通过根据需求进行亮度的调整，可以节省77.3%的功率。采用自动无极调光的隧道照明智能控制系统，是隧道节能照明的发展趋势。

2.2 使用LED照明光源

目前选择隧道照明光源的指标是:光效高、透雾性好、寿命不小于10 000h。LED光源是一种半导体照明光源,具有光指向性好、寿命长、体积小、重量轻、低电压、响应快、无红外辐射且无汞污染等优点,在同样亮度下,耗电仅为普遍白炽灯的1/10,寿命却可以延长百倍。目前,商用的单粒白光LED效率已达到90~110lm/W以上,虽然与高压钠灯的发光效率100~150lm/W相比还有一定差距,但利用LED的指向性可以设计出集光源和灯具于一体的高效LED照明灯具,其总光通量明显优于同等功率的高压钠灯照明装置。也就是说,用小功率的LED灯具替代大功率的高压钠灯,可以获得相同的照明效果。LED灯与高压钠灯使用光效对比见表1。但LED照明灯具在高温条件下,其性能迅速下降,甚至损坏,解决散热问题是保证LED灯具正常工作的重要条件。笔者在工程实践中曾跟踪检测某高速公路隧道内的LED灯照明,结果表明,LED灯在隧道内连续不间断的照明使用中产生的光衰现象是比较明显的,其亮度的年衰减率平均达28.3%。如何正确解决隧道专用LED照明灯具的光衰和损坏问题,仍是公路隧道节能照明中要重点研究的课题。

100W高压钠灯与60W LED灯光效比较表 表1

参　数	100W高压钠灯	60W LED灯
光源功率(W)	100	60
整机功率(W)	117	60
有效光通量(lm)	3 900	3 975
灯具效率(%)	60	85
利用系数(%)	65	75
光源效率(lm/W)	100	105

2.3 减少光能损失

为了节约用电,必须考虑提高灯具的照明效率,为此,首先要选择合适的灯具。规范规定隧道照明灯具的防护等级不低于IP65,配光合适,眩光少,更换方便,防腐蚀性能好,还要求选择品质优良的照明配套电器附件,使间接耗能少。由于隧道内汽车排出的废气大,可见度差,废气会污染灯具的透光表面,灯具的维护系数一般达0.6~0.7,这样会损耗30%左右的光能。采用二氧化钛(TiO_2)光触媒膜新技术,可提高灯具维护系数至0.8左右。TiO_2光触媒膜会使有机物分解,并可自动清洁灯具透光表面上的废气污垢,增加光输出,减少灯具的人工清洁次数。

隧道节能照明设计时,还应该考虑隧道墙壁对光的反射率问题。在照明设计中,可考虑灯具的安装角度,以使隧道顶棚、墙和路面之间经反射提高照明度;同时,隧道墙面宜铺设反射率不小于0.7的墙面材料,增大光反射比,以达到节约照明的目的,但反射材料的反光效果不能眩光刺眼。

3 发光涂料增光照明的原理

目前,国家还没有隧道节能照明材料的相关技术规范,专用于隧道节能的材料研究开发也相对滞后,隧道中每天24h都需要照明,累计消耗的电能是惊人的。随着人们越来越意识到节能减排的重要性,在隧道中采用发光涂料辅助照明的节能技术研究与应用正成为一个全新的课题。

由于我国现行公路隧道和道路的照明标准中,均是以1924年CIE(国际照明委员会)推荐的在2°视野内由闪烁法于非彩色光条件下,锥状感光细胞在明视觉时的光度学系统进行计算,这没有考虑白天时隧道照明的暗适应和明适应问题,以及没有考虑晚上时道路照明的中间视觉问题,这与实际情况不符合。研究表明,在明视觉条件下,人眼最敏感的光波长为555nm,相应的光视效能最大值为683lm/W,变化到暗视觉条件下,人眼最敏感的光波长是507nm,相应的光视效能最大值为1 700lm/W。同时,因光源的光谱功率分布不同,功率相同的不同光源的发光效率随人眼适应水平的变化而产生较大变化,见表2。

不同视觉条件下两种常用灯具的发光效率值 表2

光源类型	功率(W)	司辰视觉(lm/W)	暗视觉(lm/W)	明视觉(lm/W)
金属卤化物灯	400	约343	181	93
高压钠灯	400	约105	70	108

实际生活中,人眼视网膜上神经结感光细胞对短波长的光辐射更为敏感,富含短波长的光有利于瞳孔收缩,更有利于提高可见度。故隧道的节能照明设计应综合考虑隧道的长度、线形、内饰、路面种类、设计时速、交通量、汽车种类、有无人行道、连接道路的结构和线形,同时还要考虑光源、灯具、光色、排列、照射水平、洞外亮度和人眼的适应状态。

在隧道里使用发光涂料照明的目的是使隧道拱墙自身具有一定的亮度,在降低照明功率的情况下,拱墙亮度不减,拱墙轮廓清晰可见,不影响驾驶员的视觉,从而达到节能降耗的目的。发光涂料的主要成分包括聚合物乳液、填料、阻燃剂、长余辉光致发光材料,其发光增光原理是光源体中的不可见光通过激发光致发光材料而转变成可见光。同时,光致发光材料在接收光的照射后把光能储存起来,在停止光照射后,再缓慢地以荧光的方式释放出来,所以在夜间或者黑暗处,仍能看到发光,持续时间长达几小时至十几小时,从而可保证在意外情况下提供安全逃生的照明。

发光涂料的有效激发光谱在200~450nm之间。试验表明,发光涂料与照明光源高压钠灯、金属卤化物灯、无极荧光灯、节能灯、LED灯组合照明均可增加亮度;同时,发光涂料对自然光的增亮效果更为明显,这种增亮效果符合公路隧道的照明特点。

4 工程应用试验

安徽省六武高速公路地处皖西大别山区,全长约90.9km,受地形地质条件的限制,全线共有8处隧道,左、右线合计长度18 390m。节能照明的设计方法是分别利用发光涂料和发光涂料组合LED灯进行照明,发光涂料的基本性能指标见表3。

六武高速公路隧道照明设计中采用的LED灯具技术指标要求:光源是单芯片大功率白光产品,在350mA恒流供电条件下,单颗LED灯正向电压应控制在3~4V之间,发光光通量不小于100lm;灯具在-25~55℃工作环境温度和170~280V工作电压下应保证正常工作,LED

的测算结温≤80℃；LED光源在正常工作条件下，经50 000h光通量衰减应不大于初始值的30%；灯具防护等级应达到IP65以上；灯具纵向、横向出光角控制在75°~90°之间。

六武高速公路隧道使用发光涂料的技术指标 表3

序号	检验项目	标准要求	序号	检验项目		标准要求
1	容器中状态	无硬块，搅拌后呈均匀状态	11	耐人工老化	老化时间	840h
2	施工性	涂刷2道无障碍			粉化	≤1级
3	低温稳定性	3次循环不变质			变色	≤2级
4	干燥时间	表干≤2h			外观变化	无起泡、剥落、裂纹
5	涂膜外观	正常	12	耐燃烧时间(min)		≥10
6	耐水性	96h无异常	13	火焰传播比值		≤75
7	耐碱性	48h无异常	14	阻火性	阻火性损失(g)	≤15.0
8	涂层耐温变性	5次循环无异常			碳比体积(cm^3)	≤75
9	耐洗刷性	>5 000次	15	材料反射率		≥0.85
10	耐沾污性	<15%	16	余辉降至0.005cd/m^2		≥2h

用发光涂料在公路隧道进行增光照明的具体做法，是在隧道墙拱面上均匀喷涂一层厚度不小于100um的发光涂料(用量0.45~0.50kg/m^2)。通过试验测知，涂料与LED灯具组合照明时，在保证隧道路面相同照度的情况下可节约LED灯的照明功率20%~25%。涂料在光源体照射下，撤掉光源后涂料的余辉延时较长，几种光源体照射涂料30min撤掉光源的余辉亮度试验见表4。

六武高速公路隧道不同照明光源照射后用发光涂料余辉亮度试验 表4

时间(min)	自然光(cd/m^2)	LED灯(cd/m^2)	高压钠灯(cd/m^2)	日光灯(cd/m^2)	节能灯(cd/m^2)	无极灯(cd/m^2)	金属卤化物灯(cd/m^2)
0	4.86	0.998	0.66	0.23	0.101	1.215	0.87
10	0.51	0.101	0.18	0.052	0.015	0.106	0.14
30	0.062	0.035	0.01	0.024	0.007	0.038	0.036
60	0.026	0.016	0.008	0.014	0.004	0.004	0.014
90	0.019	0.009	0.006	0.013	0.004	0.001	0.008
120	0.013	0.007	0.005	0.010	0.003	0.000 9	0.005
150	0.009	0.003 3	0.002	0.009	0.001	0.000 8	0.002 1
180	0.008	0.002 7	0.000 9	0.007	0.000 9	0.000 7	0.001 5
240	0.004 2	0.002 3	0.000 8	0.004	0.000 8	0.000 6	0.000 8
300	0.003 1	0.001 1	0.000 7	0.003 3	0.000 7	0.000 6	0.000 7
360	0.002 5	0.000 8	0.000 7	0.002 7	0.000 6	0.000 5	0.000 6
450	0.003	0.000 7	0.000 6	0.002 3	0.000 6	0.000 4	0.000 4
720	0.002	0.000 6	0.000 6	0.001 1	0.000 5	0.000 2	0.000 2

215m长的李集Ⅱ隧道采用在隧道墙拱面满涂发光涂料，而不再设置照明灯具，试验验证该隧道的照明结果无论是白天或是夜晚行车时均能满足照明视觉的要求，白天实测亮度的代

表数据见表5。发光涂料辅助照明时,其黄绿色或淡蓝色光线柔,有利于驾驶人员兴奋提神,而且该光色针对烟雾的穿透力也较强。

李集II隧道左线涂料照明白天实测亮度的代表数据(单位:cd/m²) 表5

位置桩号	入口位置	10m	20m	30m	40m	50m	60m	70m	80m	90m	100m
亮度	556	136.4	36.8	9.6	3.9	2.1	0.96	0.37	0.33	0.32	0.35
位置桩号	110m	120m	130m	140m	150m	160m	170m	180m	190m	200m	出口
亮度	0.41	0.43	0.48	1.24	1.42	1.6	2.8	6.9	26.4	94.5	522

5 结语

利用阻燃、耐污、耐水洗的发光涂料进行隧道节能照明的方法是合理可行的。利用发光涂料在隧道墙拱上满涂照明,则长度在200~250m的隧道可不再设置灯具照明;在中长隧道中,采用发光涂料辅助照明,可减少照明灯具数量或功率,节约耗电量20%~25%。工程实践表明,采用发光涂料既可装饰,又可增光节能,当发生意外停电等安全隐患时,发光涂料中的光致性发光材料的余辉可起到帮助照明和安全逃生的作用。通过经济技术分析比较,采用发光涂料在隧道内装饰、节能照明,其土建施工费与节约的灯具、电缆等土建建安投资费用基本相当或偏少,但节约的运营耗电成本是巨大的。发光涂料节能照明的技术方法可进一步研究,并可推广应用于公路隧道以外的其他地下工程的节能建设。

参考文献

[1] 中华人民共和国行业标准. JTJ 026.1—1999 公路隧道通风照明设计规范[S]. 北京:人民交通出版社,1999.

[2] 冯守中,宋乐山,胡可,等. 多功能涂料及其制备方法:中国,200810146949.7[P]. 2008-08-28.

[3] 陈仲林. 高速公路隧道照明节能研究[J]. 灯与照明,2008,32(3):6-16,30.

[4] 马二顺. 高速公路隧道照明节能研究[J]. 工程与建设,2010,24 (2):233-235.

[5] 刘衍. 高速公路隧道照明及节电措施[J]. 本溪高等冶金专科学学报,2004(9): 31-33.

[6] 陈家安. 照明节电的电力控制方法[J]. 应用能源技术,2006(2): 62-63.

[7] 叶黎明,贺莉薇. 高速公路隧道照明系统营运节能的设计与实现[J]. 中国交通信息产业,2008(1):105-106.

[8] 包桂钰. 平定高速公路隧道照明节能技术应用实践[J]. 中国交通信息产业,2007(11): 36-37.

黄塔(桃)高速公路隧道照明节能技术研究

胡 可

(安徽省交通投资集团有限责任公司 合肥 230011)

摘 要:黄塔(桃)高速公路全长51.3km,其中隧道单洞总长28.3km,占全线的27.6%,隧道照明能耗巨大。如何在隧道照明方面最大限度地节能,是建设和运营中亟待解决的问题。LED照明技术具有能效高、寿命长、绿色环保的特点,在实用性、可靠性、经济性和相关技术标准上存在的问题也逐步得到解决,系统地用于环境节能、模式节能和控制节能中,显示出突出的优势。与合铜黄高速公路进行的对比试验表明,LED灯能耗较高压钠灯降低一半以上,这些为黄塔(桃)高速公路大范围使用LED照明技术创造了有利条件。

关键词:黄塔(桃)高速公路 隧道照明 节能 LED照明技术

0 引言

安徽省黄山至塔岭(皖赣界)和小贺至桃林(皖浙界)高速公路是国家高速公路网中京台线和杭瑞线的重要组成部分,是安徽省"两山一湖"的重要旅游通道,是安徽省唯一的交通运输部典型示范工程。

黄塔(桃)高速公路北与合铜黄高速公路在屯溪枢纽处相接,南与黄衢南高速公路在皖浙界相接,西与景婺黄高速公路在皖赣界相接,平面上呈"Y"形。全线按高速公路标准建设,路线全长51.3km。其中起点至小贺段长17.5km,六车道,设计速度100km/h,路基宽度33.5m;小贺至桃林和小贺至塔岭两段分别长18.5km和15.3km,四车道,设计速度80km/h,路基宽度24.5m。

路线的91.12%处于山岭重丘区,桥隧占总长的54.6%。全线共设置15处隧道,其中长坞岭隧道、长干一号隧道、长干二号隧道、竹下隧道位于起点至小贺段,设计速度100km/h;其余隧道分别位于小贺至桃林段和小贺至塔岭段,设计速度80km/h。

经初步计算,隧道照明将产生巨大能耗,如何在隧道照明方面最大限度地节能,是山区高速公路建设和运营亟待解决的问题。

1 隧道照明初步方案

1.1 系统规模

黄塔(桃)高速公路基本处于山岭重丘区,15处隧道单洞长86~3 380m不等,单洞总长28.3km,占全线的27.6%。

位于起点至小贺段的长坞岭隧道、长干一号隧道、长干二号隧道、竹下隧道,右、左线长度分别为630m和769m,345m和227m,112m和86m,214m和170m。

位于小贺至塔岭段的牛岭隧道、管铺街一号隧道、管铺街二号隧道、塔岭隧道,右、左线长度分别为2 554m和2 553m,725m和534m,235m和223m,1 766m和2 082m。

位于小贺至桃林段的璜源山隧道、中村南隧道、马金岭隧道、西坑一号隧道、西坑二号隧道、古楼隧道、桃林隧道,右、左线长度分别为:2 905m和2 867m,367m和367m,3 380m和3 325m,118m和118m,128m和238m,118m和118m,808m和826m。

按计算行车速度100km/h、80km/h控制,主线照明初步确定入口段亮度设计参数分别为180cd/m^2、140cd/m^2。根据隧道长度等相关因素,进行入口段、过渡段、中间段、出口段照明的设计。

初步方案采用高压钠灯为隧道主线照明灯具。高压钠灯照明系统具有技术成熟、产品可靠、光效率高、穿透性强、价格较低、寿命较长等诸多优点,为目前我国公路隧道主要采用的照明系统。

1.2 存在问题

采用高压钠灯照明系统,仅隧道照明灯具总功率即高达2 076kW,日耗电费约2.1万元,年耗电费约7 580万元。

2 照明节能方式探讨

目前,隧道照明可采用的灯具有高压钠灯、荧光灯、高频无极灯、LED灯等。其中,高压钠灯和荧光灯基于气体放电,无极灯基于气体放电和高频电磁感应的结合,LED(Light Emitting Diode)即半导体发光二极管,基于注入式电致发光。

高压钠灯是我国目前高速公路隧道照明主要采用的灯具,但新型LED灯具有高效节能、使用寿命长、维护方便、工作电压范围宽、工作温度低、绿色环保等显著优点,是目前高速公路隧道照明强有力的竞争产品。国际上单芯片大功率白光LED在技术和标准上发展较为成熟,以其为光源的灯具是市场上的主流产品。本次调研和比选的结果限于该类型灯具(表1)。

灯具性能和技术指标 表1

参数名称	高压钠灯	LED灯
光源发光效率	120lm/W	90~110lm/W
光源光通量		>100lm(单芯片LED)
发光色温	2 000~2 500K	2 600~10 000K
发光显色指数	23Ra	70~80Ra
光衰指标	20 000h光衰<50%	50 000h光衰<30%
功率因素	0.6~0.95	0.95
电源效率	>0.8	>0.9
灯具效率	>0.7	>0.85
利用系数	0.4~0.5	0.8~0.9
养护系数	0.6~0.7	0.85
灯具有效发光效率	40~50lm/W	60~80lm/W

续上表

参数名称	高压钠灯	LED 灯
工作电压	AC200～230V	AC175～265V
环境温度	—	-25～50℃
启动特性	5min	<2s
发热量	大	小
光源使用寿命	20 000h	>50 000h
灯具使用寿命	<10 000h	>20 000h
防护等级	IP65	IP65
防触电保护	Ⅰ类	Ⅰ类
呼吸过滤系统	需要	不需要

3 LED 灯应用问题研究

3.1 LED 照明节能集成技术

黄塔(桃)高速公路隧道照明节能技术体现出集成性和原创性,重点通过“环境节能、模式节能、控制节能”3 大环节实现。

(1)控制内外环境实现基础性节能。一是洞外环境的把握,要求测定现场洞外亮度,制订洞外减光措施,复核完工后的洞外亮度,进行具有针对性的照明设计和实施前的设计修正,切实控制隧道照明节能上的洞外环节。二是洞内环境的营造,要求结合洞内装饰,以分段的方式在洞内涂料上采用高反光材料、自发光材料等,实现功能与形式的完美结合。

(2)优选照明模式实现核心层节能。包括照明光源的选择(高压钠灯、高频无极灯、LED 灯等及其组合)、照明方式的选择(隧道长≤100m、≤300m、≤1 000m、>1 000m 条件下,“不设照明、诱导照明、标准照明”等的论证)、照明参数的选择。

(3)建立控制系统实现高端级节能。针对洞外亮度、洞内交通量和行车速度对洞内亮度的影响特点,洞内照明控制系统拟由以洞外亮度为标准的无级控制和以洞内交通量和行车速度为标准的分级控制组成。

根据在控制系统与 LED 照明技术的结合上取得的突破性研究成果,以洞外亮度为标准的无级控制由 0～5V 低压信号实现。0V 和 5V 分别对应灯具最大和最小功率,即灯具的最大和最小照度。白天,初始系统控制电压设至 5V,置灯具在最小功率状态下。此后,系统控制电压随洞外亮度的增大或降低而相应降低或增大,控制灯具照度和洞内亮度的增大或降低,直至转换为夜间照明模式。

初步测算,通过“环境节能”和“模式节能”环节,可实现隧道照明节能约 50%,用电功率降至 1 044kW,减少 1 032kW,每年节省用电费用约 377 万元。再通过“控制节能”环节,可进一步降低照明能耗约 30%。

3.2 LED 灯具的实用性选择

使 LED 灯具在适当密度下的照度满足隧道各段,尤其是加强段亮度要求,在应用中受到重点关注。其中,LED 的发光效率起到关键作用。

(1)LED 技术近年来快速发展,商业产品发光效率不断提高,已达 100 ~ 140lm/W,基本突破大功率、高照度与小体积之间的实用技术瓶颈。

(2)LED 灯具采用白色 LED 为光源,显色指数超过 80Ra,在实用中,较低亮度可达到显色指数低的光源的同样照明效果,即等效亮度。如与显色指数 60Ra、照度相对值 1.6 的高压钠灯比较,显色指数 80Ra、照度相对值 1.41 的 LED 灯采用的亮度标准可为前者的 1.41/1.6 = 0.88 倍。

3.3 LED 灯具的可靠性保证

LED 灯具在公路隧道照明中还处于试验阶段,市场上无统一的定型产品,在形式、组织、结构、标准上参差不齐。调研和试验的初步结果表明,针对 LED 技术特点,对公路隧道 LED 灯具提出控制要求是十分必要的。

(1)LED 模块品质的可靠性。以下两种情况下认为 LED 模块品质不可靠:一是在正常工作环境下 LED 模块突然失效;二是在正常工作环境下 LED 模块短时间内严重光衰。要求控制货源以保证质量,制定标准并实施检测。

(2)LED 灯具回路的可靠性。LED 模块组合方式有串联、并联和串并联三种,要求以恒流源供电的串联电路为基础,辅助以并联断路导通技术,以保证 LED 灯具各回路的可靠性。

(3)LED 灯具散热的有效性。LED 灯具良好的散热可为模块提供持续稳定的工作环境,在防止 LED 模块工作性光衰,控制 LED 模块寿命性光衰上起关键作用。由此,要求 LED 灯具应注意“优化结构,加强散热,保持低温”。

(4)LED 灯具寿命的协调性。LED 灯具寿命虽然以 LED 模块 50 000h 光衰 <30% 为基础,但同时也受到灯具导热件、铝基板、电路板、反射器等部件的影响。由此,要求 LED 灯具应做到“灯具结构模块化,光源电源分离式”。

3.4 LED 系统的经济性比较

初步测算工程总计需安装 LED 灯具 9 458 盏,其中 50W 灯具 7 192 盏,100W 灯具 632 盏,200W 灯具 1 634 盏。与先期设计的钠灯照明系统相比,计入供配电设施的综合建设费用分别为 7 685 万元和 7 357 万元,一次性投入增加 4.6%,计 328 万元。

对 LED 照明系统的经济性应综合分析,正确认识,主要可由以下几方面考虑。

(1)LED 灯具价格较高,增加了系统建设费用;但 LED 灯具功耗较低,缩小了系统规模,降低了建设费用。

(2)LED 灯具在功耗和寿命上的优势,极大地降低了运营期间的耗电费用和维护费用。与系统实施后每年直接节省用电费用约 377 万元相比,一次性投入增加 328 万元是值得的。

(3)LED 模块发光效率在不断提高,建设费用将更向着有利于 LED 系统的方向倾斜。

(4)合理取值和精细设计是 LED 照明系统体现节能优势并具备经济价值的关键。在环境、模式和控制等节能环节中,LED 照明系统在发光效率、显色指数、电源效率、灯具效率、利用系数、养护系数、使用寿命等方面的优势逐步积累,形成了系统优势。

3.5 LED 照明技术标准支持

(1)LED 技术处于快速发展之中,但 LED 模块和 LED 隧道灯具的质量控制标准参差不齐,给 LED 技术的推广应用造成诸多困惑。统一完善相关标准,保证该项技术健康发展的工作正在进行之中。

(2)交通运输部《公路隧道通风照明设计规范》(JTJ 026.1—1999)对LED照明技术还未制定具体标准和规定,采用LED照明技术不得不套用高压钠灯的相关规定,由此限制了其特点的有效发挥。修正完善相应规范,促进该项技术合理使用的工作也在进行之中。

4 工程试验

4.1 研究内容

安徽省合铜黄高速公路黄榜岭隧道左、右线单洞长均近500m。2007年8、9月,在黄榜岭隧道左、右线单洞内分别安装了高压钠灯和LED灯进行对比试验,主要进行以下几方面工作。

(1)分析研究国内外照明技术,结合国家标准和规范,制订黄榜岭隧道LED照明总体方案。

(2)分析计算隧道洞外亮度及各照明段功率密度,确定LED照明灯具功率、形式及布置等。

(3)根据LED光源特点,研究确定LED照明灯具导热件、铝基板、电路板、反射器等。

(4)分析研究光源照度实时控制系统,控制线路线损补偿装置,解决电路抗干扰问题。

(5)安装调试、验证对比试验隧道的LED照明系统,测试效果,跟踪运行,总结改进。

4.2 研究结论

(1)左线LED灯满负荷总功率49.3kW,年耗电费17万元;右线高压钠灯相应为115.7kW和53万元。LED灯能耗较高压钠灯降低,年节约电费36万元。

(2)LED光线显色指数较高压钠灯极大提高,夜间照明效果明显提高,其对隧道照明设计亮度参数的影响值得进一步研究。

(3)LED灯具价格较高压钠灯高,但如在设计阶段即采用LED系统,则其对供配电设备的低功率要求可进一步对建设费用产生有利影响。

试验项目对LED照明技术及光源实时控制技术的综合应用取得了积极的成果,对我国山区高速公路隧道照明节能技术的探索具有重要意义。

5 结语

许多国家对LED的技术开发与应用都极为重视。美国2000年制定的“下一代照明计划”被列入能源法案,欧盟2000年启动了以专项补助推广LED应用的“彩虹计划”,我国也于2003年由科技部牵头成立了“国家半导体照明工程协调领导小组”,许多省份已纷纷开始这方面的应用研究。

在既有研究成果和实践经验的基础上,通过进一步研究和解决LED照明技术中存在的困难和问题,黄塔(桃)高速公路隧道将建设以LED照明技术为核心的照明系统,并力争率先实现这一隧道照明节能技术的大范围应用。

隧道LED照明系统的建设具有研究性和开拓性的特点,要求跨行业和多专业的合作,系统设计与产品生产的对应、相关标准的统一以及相应规范应进一步完善。

参考文献

[1] 国家发展和改革委员会环境和资源综合利用司. 中国绿色照明发展报告[R]. 北京:中国电力出版社,2005.

[2] 中华人民共和国行业标准. JT/T 609—2004 公路隧道照明灯具[S]. 北京:人民交通出版社,2004.

[3] 中华人民共和国行业标准. JTJ 026.1—1999 公路隧道通风照明设计规范[S]. 北京:人民交通出版社,1999.

[4] Cree 公司. CLD—DS05.010,Cree XLamp XR-E LED 技术数据表[S].

[5] 合肥源辉光电子公司. 合铜黄高速公路黄榜岭隧道 LED 照明技术试验研究报告[R]. 合肥:合肥源辉光电子公司,2008.

[6] 上海市照明灯具研究所. 安徽省七星交通工程科技有限公司 LED 照明灯具照明计算报告[R]. 上海:上海市照明灯具研究所,2008.

长大公路隧道新型节能环保 LED 照明技术

季倩倩[1] 田海洋[1] 沈海平[2]

(1. 上海长江隧桥建设发展有限公司 上海 210029；2. 复旦大学 上海 200433)

摘 要：上海长江隧道属国家特大型交通基础设施项目，隧道全长 8.95km，双向六车道，为超长大隧道，因而需要较多照明灯具，且隧道内为 24h 全天候照明，因此照明负荷较重，具有较大节能潜力。目前的城市隧道照明多采用直管荧光灯和高压钠灯，为突破传统模式，达到节能效果，采用绿色、高效、长寿命的 LED 光源成为本项目的亮点。另外，大规模总线网络照明控制技术的应用也取得了重大突破。上海长江隧道为国内外首次在超长大公路隧道中采用 LED 照明，每年可节电 30%，而且通过调光控制可进一步节能至 50%，经济效益和节能减排效果显著。

关键词：长江隧道 LED 半导体照明 照明控制

0 引言

LED 固态照明(SSL)技术已发展成为当今世界热门新技术之一，引起各界科技领域的热切关注。由于 LED 在节能和寿命方面的巨大潜力，在交通行业引起了一场研究和应用热潮。随着公路建设的发展，公路隧道的建设规模和技术需求越来越大。LED 在道路照明、监控等领域逐步显现出其发展潜力和优势，特别是隧道内照明节能潜力巨大，如果能利用新型节能照明技术实现照明节电，则在当前世界节能减排的趋势背景下具有重大意义。本文以上海长江隧道工程为背景，在上海长江隧道这个特长大隧道工程内采用 LED 照明替代常用的荧光灯具，由于这样大规模的 LED 应用在世界上也属首次，为此，围绕 LED 关键技术指标与测试技术、灯具测试实验、调光控制系统及现场试验等进行了相应的工作。

1 工程概况

上海长江隧桥(崇明越江通道)工程位于上海东北部长江口南港、北港水域，是我国长江口一项特大型交通基础设施项目，也是上海至西安高速公路的重要组成部分。该工程的建设对形成和完善沿海交通大通道，充分发挥上海市的区位优势将起到重要作用。工程起于上海市浦东新区的五号沟，经长兴岛到达崇明县的陈家镇，全长 25.5km，采用南隧北桥方案，按双向六车道的高速公路标准设计，其中穿越南港的上海长江隧道工程全长 8.95km，江中圆隧道采用盾构法施工，长 7.5km，外径为 ϕ15m，设计速度 80km/h。由于隧道是 24h 不间断照明，且上海长江隧道属世界特长大隧道，所以其照明负荷占隧道运营能耗非常大的比例(40% ~ 50%)。上海长江隧道照明段主要包括出入口照明和中间段照明(基本照明)，总长约 8 100m。原基本照明方案采用荧光灯两侧对称布设，灯具选用 T5 荧光灯管，照明总功率为 850.5kW。因长江隧道工程设计车速为 80km/h，根据规范要求，隧道中间段照明(即基本照明)路面亮度值为4.5 cd/m^2,考虑维护系数0.65，隧道基本照明路面初始亮度值为6.9cd/m^2。根据此标准,该工程采用LED照明方案,单灯光源功率为81W，总功率为95W,灯具间距5.6m，左右两排灯具对称布置,共设置5 786盏。

2 长大公路隧道新型节能环保LED照明测试技术与实验

首先介绍LED隧道照明灯具的几项关键技术指标,这些指标对于LED灯在隧道照明工程中的正确应用非常重要,甚至可直接影响到整个工程的成败。对于这些技术指标的精确测试也非常重要,因而本项目很大一部分内容进行了LED照明关键技术指标测试方法的研究。有了科学的测试方法之后,对不同的LED隧道样灯进行了综合测试,选取了最佳的样灯进行试挂实验,最后对LED光源与传统光源进行了对比分析。

2.1 长大公路隧道LED照明关键技术指标

LED照明的关键技术指标主要分为光学性能指标、电学性能指标和热学性能指标。光学性能指标主要包括光通量、光效、灯具效率、配光曲线等,大部分光学参数的精确测量都涉及光通量的精确测量,因而光通量的精确测量对于LED照明非常重要;电学性能指标主要包括驱动效率、功率、功率因数和电磁兼容性能等;热学性能指标主要包括结温、结温升、壳温和壳温升等。

2.2 长大公路隧道LED照明关键技术指标测试方法

为了实现LED光通量的精确测量,提出了一种全新的“采用窄光束标准光源的LED光通量的测试技术及系统”,申请并获得了美国专利。

(1)采用窄光束标准光源的LED光通量测试技术原理

现有LED光通量测试系统存在的问题包括:①采用传统方法,积分球内如放置光源、挡屏时,由于测试LED的光通球一般很小,甚至直径只有5cm,积分球理论将无法满足,因而造成测试原理性误差;而且由于光源放置于球内,球开启的接缝处在球关闭时也将对测试结果有一定的影响,及长期的开关球将使球内壁不容易保持均匀良好的漫反射,这些都对测试结果造成误差。②如将光源放置于球表面,向四面发光的常规标准灯将无法采用,而采用LED标准灯又存在无法实现光谱定标的问题。③采用光电池探测器,由于无法对LED实现V(λ)在所有光谱点的准确匹配,而造成测试误差。

针对这些问题,本项目采用窄光束标准光源放置于球表面,球内无任何遮挡,通过窄通光孔径的光纤引出被测光到微型多通道光谱仪器,进行光谱能量分布测试并进而计算光通量的方法,实现对光通量的精密测试,如图1所示。

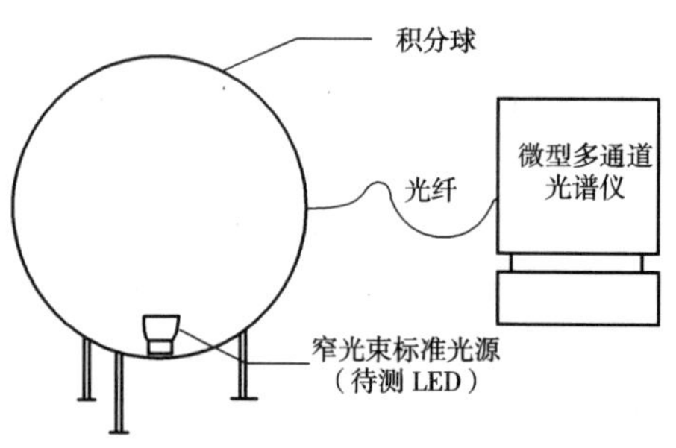

图1 采用窄光束标准光源的LED光通量的测试原理

(2)微型多通道光谱仪器的研制

本项目设计了一种微型多通道光谱仪器,可解决光电池探测器V(λ)失配造成测量误差的问题,其结构如图2所示。

(3)窄光束标准光源的研制

窄光束标准光源不是为了模拟LED,而是为了使该标准光源的所有发光能进入积分球内。窄光束出光孔径必须与积分球入孔很好地匹配,同时必须具有良好的时间稳定性,光谱必须丰富,且易于标定。窄光束标准光源原理设计图如图 3 所示。

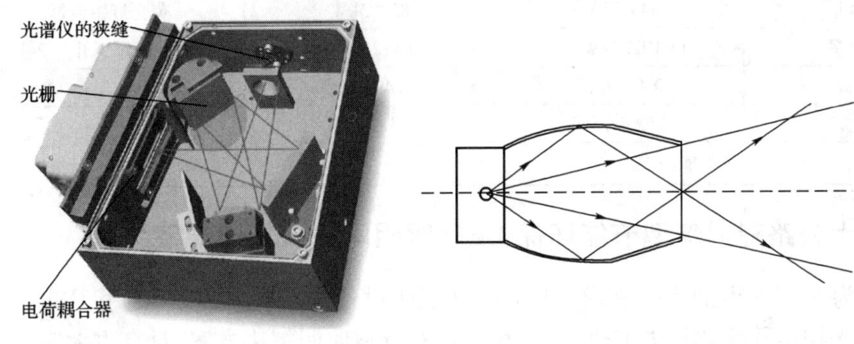

图 2　微型多通道光谱仪结构图　　　　图 3　窄光束标准光源原理设计图

2.3　长大公路隧道 LED 照明灯具测试实验

考虑到 LED 光源的特殊性和长江越江隧道工程的重要性,对 LED 隧道照明灯具的光、电、热三部分的关键指标做了实验室级别的测试。此项工作要求有相关的专业仪器,并对样灯做破坏性试验,主要测试指标为灯具总光通量、灯具有效光通量、光束角、灯具光效、结温升、壳温升、色温、显色指数、实测功率、功率因素、电源效率等。LED 隧道照明灯具关键指标测试数据汇总表如表 1 所示。

LED 隧道照明灯具关键指标测试数据汇总表　　表 1

样灯序号	样灯功率(W)	检测依据 GB/T 7002—2008			专业实验室测试						
		灯具总光通量(lm)	灯具有效光通量(lm)	灯具光效(lm/W)	结温升(℃)	壳温升(℃)	色温(K)	显色指数	实测功率(W)	功率因素	电源效率(%)
1	80	4 666.5	4 550.1	52	42.1	27.1	5912	6.7	86.46	0.971	86.7
2	48	3 170.7	3 057.1	31.3	79.6	39	7 070	4.5	108.8	0.96	64.75
3	48	3 523.9	3 419.9	57	25.7	19	5 852	67.1	61.13	0.68	86.5
4	70	4 520.8	4 401.1	52.5	36.0	25	6 512	8.7	84.18	0.983	77.76
5	80	3 523.9	6 103	67.5	32.5	21.2	7 366	1	90.35	0.726	88.8
6	56	3 211	2 918.1	51	51.7	34.3	5 449	65.3	84.18	0.977	83.8
7	80	2 860.9	2 762.9	35.6			10 712	73.4	80.65	0.566	
8	00	6 354.9	6 202.4	61.7	46.7	37	6 836	67.6	102	0.958	79

2.4　长大公路隧道 LED 照明与传统光源对比

将 LED 照明方案与原有的 T5 荧光灯方案作了比较,结果表明:结构、功率和光学设计合理的 LED 隧道灯,配合科学的整体照明方案,能够实现比荧光灯节能 30% 以上。LED 灯与传统荧光灯节能比较见表 2。

LED 灯与传统荧光灯节能比较 表2

项目	LED 灯具 95W	荧光灯 2×28W	说明
数量	5 786	13 500	
电力容量	549.7kW	850.5kW	荧光灯镇流器功率 7W
日耗电量	13 192.8kW·h	20 412kW·h	以每天开灯 24h 计
日电费	0.96 万元	1.49 万元	以 0.73 元/kW·h 计
年电费	350.4 万元	543.9 万元	
结论:LED 灯比荧光灯节约电能约 35%			

3 长大公路隧道新型节能环保 LED 照明网络调光控制系统

针对上海长江隧道的照明需求,结合 LED 照明设备最新发展成果,采用了首套隧道 LED 灯照明及调光控制系统的整体解决方案,相对已有隧道照明解决方案,具有重大突破。此为国内首次针对隧道 LED 灯设计实施大规模调光控制系统,可针对每盏 LED 灯具进行输出光亮度调节,也可隧道全线统一调光,在 LED 光源本身节能的情况下,再通过调光达到进一步节能。此外,控制系统还可以对所有灯具的亮度状态、故障状态进行检测。

3.1 调光控制系统原理

(1)灯具调光原理

每个 LED 灯具安装有电源模块和检测控制模块,电源模块由 DCDC 等电子电路组成,检测控制模块由高性能的 Atmel AVR 单片机及其外围电路组成,具备总线通信接口,可以接受调光命令参数并且采用 PWM 方式输出到电源模块,控制 LED 灯具供电的电流大小,从而实现对 LED 灯具的亮度控制。

(2)调光控制系统架构

调光系统采用两级网络控制架构,隧道沿线分布 16 台调光控制器,控制器之间采用光纤环冗余以太网互联,并连接长兴岛管理中心内照明控制工作站;调光控制器提供 4 路 485 总线,分别连接本区段内的基本照明灯具,实现对整条隧道灯具的调光控制和巡检功能。总线设备通信采用主从协议,调光控制器为主站,每个灯具为从站。本系统预留接口可与综合监控系统连接,并受其控制。

调光控制系统架构见图 4,调光系统网络控制架构见图 5。

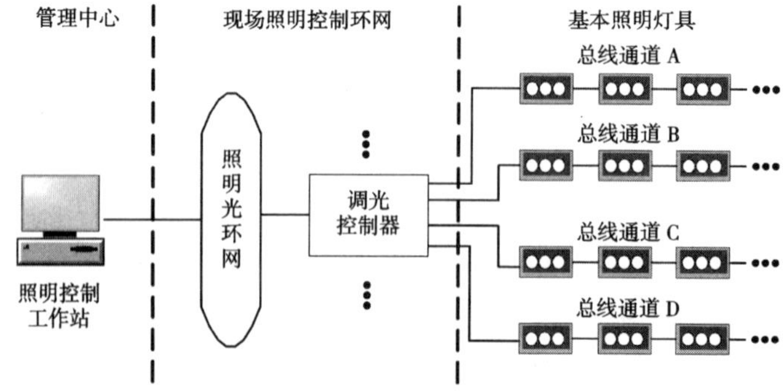

图4 调光控制系统架构

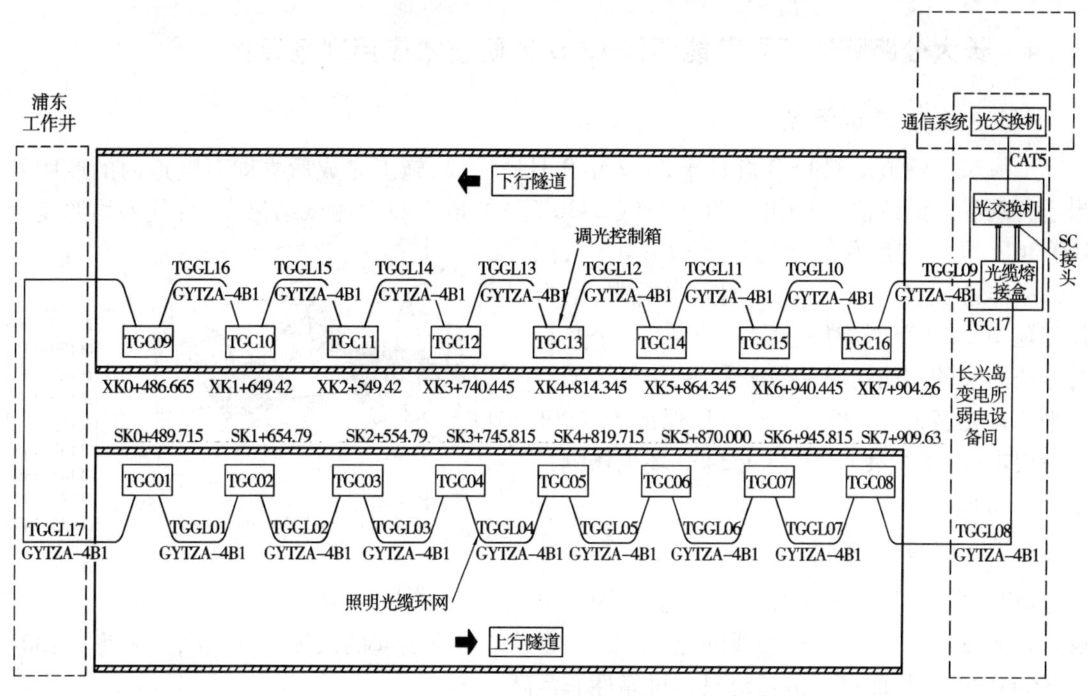

图 5　调光系统网络控制架构

(3)调光控制系统工作原理

通过设备编制选址,每盏 LED 灯具皆可设置总线地址,接收命令参数,恢复工作状态。LED 灯具地址通过序列号配对设置。每个调光控制器内置以太网交换机,调光控制单元支持 SNMP 通信协议,可以设置 IP 地址,提供开放的 MIB 信息库,并通过调光巡检和状态上传及时调整 LED 灯具状态和显示相应状态数据。调光巡检流程见图 6,状态上传流程见图 7。

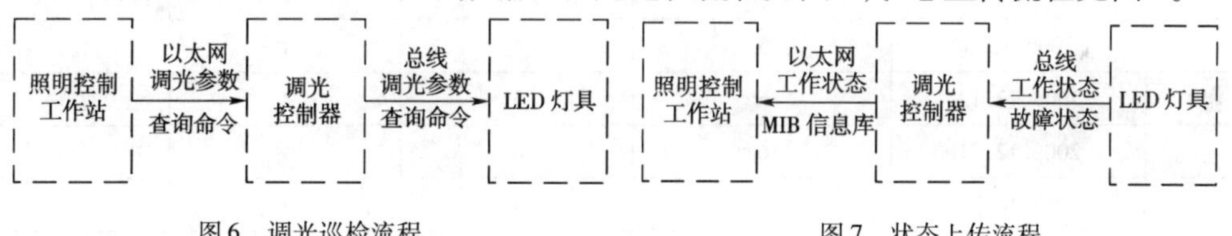

图 6　调光巡检流程　　　　图 7　状态上传流程

3.2　调光控制系统功能

在时间校准功能方面,由照明工作站每 24h 进行一次时间校准,统一工作站和各个控制台的时钟,保证时控模式的准确。在调光功能方面,LED 灯具通过控制电流可以实现 9 级亮度控制,调光级数分为 20%、30%、40%、50%、60%、70%、80%、90%、100%。在巡检功能方面,每盏 LED 灯具的智能单元周期性自检,对该灯具的电源状态和灯具状态进行判断,并通过灯具智能控制单元内预设 LED 灯各个亮度级数正常状态信息,通过自检获得实时信息,比较判断灯具是否有故障(电源告警、灯具告警)。在故障处理恢复功能方面,当灯具、调光控制器、照明工作站电脑出现故障时,需要巡检维护人员及时诊断处理。

长江隧道工程刚开通近 10 个月,属于运营初期,运营人员将基本照明 LED 灯整体调光至 70%,地面亮度值达到 4.5 cd/m^2,满足规范要求。

4　长大公路隧道新型节能环保 LED 照明技术应用现场评估

4.1　现场测试评估

上海长江隧道工程 LED 灯具于 2009 年 9 月底完成，施工完成后立即对隧道内的照明效果进行现场测试评估。其中一段(上行线 3430 环)的地面照度测试结果表明：其平均照度为 160.36lx，总均匀度和纵向均匀度均为 0.94，照明效果非常优良。因此，从照明效果看来，上海长江隧道 LED 照明应用非常成功。3.5 个月后对这段路段的照明情况又做了复测，结果表明灯具平均月光衰为 0.69%，因此可以保证 30 000h 寿命要求(30% 光衰)。上行线 3430 环现场测试结果见图 8。

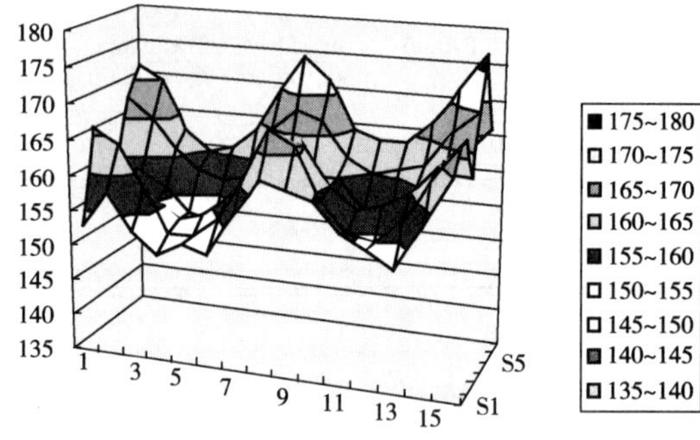

图 8　上行线 3430 环现场测试结果

4.2　灯具故障情况

LED 灯具故障主要涉及接线问题、电源故障及灯具故障等几方面，排除接线问题，由 LED 隧道灯本身引起的故障为 30 次，故障率为：30/5 788 = 0.5%，因而 LED 隧道灯具的可靠性非常高。

灯具故障汇总表见表 3。

灯具故障汇总表　　表 3

批次	日期	报故障次数(次)	检修结果		
			接线问题(个)	电源故障(个)	灯具故障(个)
1	2009.8.31	47	25	19	3
2	2009.11.27	7	2	5	—
3	2009.12.3	5	4	1	—
4	2009.12.12	6	5	1	—
5	2009.12.21	6	6	—	—
6	2009.12.24	5	4	1	—
合计		76	46	27	3

4.3　视觉评估实验

为了检验 LED 照明在驾驶安全性和视觉舒适性方面对人体的影响，同时也为了从驾驶员的主观角度对上海长江隧道内的 LED 照明效果做个评价调查，项目针对 LED 照明的视觉评估进行了专门的问卷调查，主要涉及 LED 光照下的路面清晰度、路面亮度水平、路面亮度均匀性、墙面亮度水平、墙面亮度均匀性、隧道顶部管道设备吸引性、视野中各空间组件亮度对比、隧道灯具刺眼与否、照明环境安全感、中间段照明质量等问题。通过分析表明，受访对象普遍认为本隧道的照明质量良好，提供的驾驶安全性和舒适性较好。

5　结语

上海长江隧道应用 LED 照明属国内外首次在超长大公路隧道中采用 LED 照明方式，长江隧道工程刚开通近 10 个月,属于运营初期,运营人员将基本照明 LED 灯整体调光至 70%,地面亮度值达到 4.5 cd/m^2,满足规范要求。并且测试结果表明:隧道内照明效果优良,照度为 160.36lx,均匀度达到了 0.94;平均月光衰为 0.69%,可以保证 30 000h 寿命要求(30% 光衰);照明节电达到了 30%(与 T5 荧光灯比);视觉评估,受访对象普遍认为本隧道的照明质量良好,提供的驾驶安全性和舒适性较好;另外,运用照明调光控制系统进行调光,可将节能效果进一步提高至将近 50%。长江隧道应用 LED 照明对其他隧道工程起到了很好的示范作用,长江隧道已形成了 LED 灯具的技术标准,为了更好地进行 LED 推广,还需要加强隧道 LED 应用标准和运营期检测标准的研究工作。

参 考 文 献

[1] 周小丽,刘木清,钱勇,等. LED 光通量测试系统的研究[J]. 光电子·激光,2008,19,(6):728-730.

[2] 姜允肃,刘千伟,孙俊,等. 长江隧道 LED 照明工程[J]. 中国照明电器,2009,(1):1-5.

[3] 沈海平,刘木清,李文宜,等. 上海长江隧道工程 LED 应用研究报告[C]//第三届国际新光源 & 新能源论坛论文集. 上海:国家半导体照明工程研发及产业联盟、台湾区电机电子工业同业公会,2009.

[4] 刘木清,姜允肃,傅铭,等. 上海长江隧道工程 LED 应用研究[C]//2009 中国道路照明论坛论文集. 余姚:中国照明电器协会、中国照明学会城市照明专业委员会、中国市政工程协会道路照明专业委员会,2009.

[5] 刘木清,李文宜,张万路,等. LED 在上海长江隧道工程中的应用[C]//海峡两岸第十五届照明科技与营销研讨会论文集. 天津:中国照明学会、台湾区照明灯具输出业同业公会,2008.

[6] 中华人民共和国行业标准. JTJ 026.1—1999 公路隧道通风照明设计规范[S]. 北京:人民交通出版社,1999.

[7] 2009018ZM—02,上海长江隧道照明系统优化方案[R],2009.

[8] LED 隧道照明工程应用技术规范(草案)[R],2009.

我国公路隧道照明技术的发展与创新

王少飞[1,2] 涂 耘[1,2]

(1. 招商局重庆交通科研设计院有限公司 隧道建设与养护技术交通行业重点实验室 重庆 400067;2. 国家山区公路工程技术研究中心 重庆 400067)

摘 要:本文全面回顾了我国公路隧道照明技术研究的发展历程,系统总结了我国公路隧道照明技术研究取得的创新成果,并指出目前我国公路隧道照明技术研究存在的主要问题,最后对我国公路隧道照明技术发展趋势进行了展望。

关键词:公路隧道 隧道照明 技术创新 研究综述

0 引言

与铁路隧道[1]相比,在很长一段时间里,我国公路隧道发展较为缓慢[2]。我国高速公路隧道的修建,无论是从时间上还是在规模上,均落后于铁路隧道。因此,最初在设计公路隧道时,多是套用或者照搬铁路隧道设计标准,对其土建工程部分考虑得比较周详,而对交通安全问题等却考虑得很少[3]。20 世纪 90 年代初,我国大部分公路隧道都无照明或仅悬挂几盏路灯供行人照明,仅有几座隧道安装了照明设施,且其技术标准也是很低的[4]。

进入 21 世纪,我国在公路隧道建设领域取得了举世瞩目的重大成就[2,5],以秦岭终南山公路隧道为代表的一大批长大隧道的建成通车,标志着我国公路隧道的设计、施工、监理、养护和运营水平达到了一个新的高度。公路隧道照明技术也随着公路隧道修筑技术和运营管理水平的提升而不断发展。据统计,截至 2002 年,我国 1km 以上的公路隧道照明形式为完全照明占 87%、局部照明占 4%、无照明占 9%[2]。

由于公路隧道数量不断增加,长大公路隧道及隧道群不断出现,公路交通量不断上升,公路隧道照明技术也由此逐渐得到关注和重视。近 20 年来,我国交通运输部门投入大量科研经费,围绕公路隧道照明工程的实际问题开展技术研究并取得了许多重要成果,强有力地推动了我国公路隧道照明技术的进步。本文全面回顾了我国公路隧道照明技术研究的发展历程,系统总结了我国公路隧道照明技术研究取得的创新成果,并指出目前我国公路隧道照明技术研究存在的主要问题,最后对我国公路隧道照明技术发展趋势进行了展望,旨在为公路隧道照明技术深入研究提供借鉴和参考。

1 我国公路隧道照明技术的发展历程

我国在 20 世纪 80 年代初开始关注公路隧道照明课题[6,7],而直到 2000 年,国内第一部有关公路隧道照明设计的专用技术规范才正式发布[8]。国内对公路隧道照明技术的研究大体上可以分为以下 3 个阶段。

1.1 第一阶段(1990 年以前)——公路隧道照明理论引入和技术研究萌芽阶段

在这一时期,随着国外公路隧道照明理论的建立和发展,公路隧道照明课题在国内开始得到关注。很多国外公路隧道照明研究文献经翻译而在国内公开发表,如陈田中(1981 年)[9]、王太同等(1982 年)[10]翻译了日本学者成定康平和吉川孝次郎(日本公路隧道照明理论的两位创始人)有关短隧道照明研究的文献;董国贤(1984 年)[7]介绍了法、意合建的勃朗峰隧道(Mount Blanc Tunnel)照明系统设计方案;徐正言(1988 年)[11]翻译了国外公路隧道照明控制系统构成的文献;林贤光等(1990 年)[12]翻译了荷兰学者范·波莫、德·波尔(两位著名道路照明专家)的著作《道路照明》,将公路隧道照明理论正式引入国内。此外,国内在学习和借鉴的基础上,也开始了公路隧道照明设计的尝试性工作,如李尊爱(1983 年)[6]介绍了某越岭隧道照明系统设计方案;颜叔屏(1987 年)[13]介绍了上海在借鉴荷兰、阿根廷、中国香港和台湾地区等隧道修筑技术的基础上,对延安东路隧道照明系统所做的探索性研究工作;朱应龙等(1988 年)[14]介绍了在考察香港隧道设施以及参照日本公路隧道照明标准的基础上,对福(州)马(尾)一级公路鼓山隧道照明系统进行的设计;杨公侠等(1989 年)[15]对上海打浦路隧道遮阳棚改建方案进行了模拟试验,为设计提供可靠依据。

1.2 第二阶段(1991 ~1999 年)——公路隧道照明技术研究发展阶段

此阶段以《公路隧道设计规范》(JTJ 026—90)[4]开始实施为标志,自此我国公路隧道照明设计有了相应的技术标准。但由于其不很完善[16],为了适应我国公路隧道照明技术发展需求,国内主要在以下 3 个方面进行了相关研究。

(1)介绍国外公路隧道照明设计标准及实践经验,为国内公路隧道照明工程设计提供借鉴和帮助。郑汉璋(1993 年)[17]分析了 CIE《公路隧道和地道照明指南 NO. 26/2. 1990》的主要贡献及其不足;刘南山(1993 年)综述了国外公路隧道照明的研究成果及实践经验;程昌华(1994 年)翻译了日本对隧道光照度和烟雾浓度关系所进行的研究;郑晋丽(1995 年)介绍了挪威道路隧道照明设计准则;齐向军(1995 年)编译了瑞士公路隧道照明系统必须满足的几个要求;王华牢(1995 年)翻译了《公路隧道和地道照明指南 CIE NO26. 1990》。

(2)研究如何设计公路隧道照明系统,以消除“黑洞效应”、“白洞效应”等实际工程问题。陈之启(1991 年)介绍了香港海底隧道的照度分布图以及全线照明设计成照度可控的系统;王芃(1993 年)论述了北京西客站前机动车隧道照明光源选择高压钠灯的必要性与合理性;李小泉(1994 年)介绍了在没有成熟的经验和方案可供选择的情况下,我国第一座城市公路隧道——珠海板樟山隧道的照明系统设计方案;漆光荣(1994 年)介绍了泉(州)厦(门)高速公路隧道照明系统设计思路;王源昆(1994 年)探讨了公路隧道照明设计原则、光源与灯具选择、照明方式等问题;张祉道(1994 年)提出一种用等间距光带公式计算遮光栅内亮度的方法;李满航等(1996 年)介绍了广州珠江隧道照明系统设计方案的成功经验;过廷献等(1996 年)介绍了公路隧道的照明要求及技术处理;吴德兴等(1998 年)介绍了 107 国道清连一级公路焦冲隧道照明设计标准、布灯及配光方案;李玉文(1998 年)提出根据灯具厂家提供的光强表进行隧道照明数值计算的方法;朱树强等(1998 年)阐述了北限子隧道照明系统设计方案;赵忠杰(1999 年)探讨了公路隧道照明设计的原则和标准,并提出一种改进后的隧道照明曲线。

(3)研究设计公路隧道照明控制系统,对隧道照明进行动态控制。洪刚(1994 年)从控制方式与控制对象两个方面，阐述了公路隧道照明控制设计问题；王学堂等（1999 年）研究了隧道内光强的亮度函数，建立了速度、亮度和入/出口段长度之间的数学关系，设计了隧道内亮度动态控制方案；赵鸿鸣等（1999 年）提出结合隧道照明灯具的分布及其控制设备，对隧道照明进行集散控制与监测，保证白天洞外照度与洞内照度的平缓过渡，并从节能角度考虑，保证根据车流量进行照明控制。

1.3 第三阶段（2000 年至今）——公路隧道照明技术深入研究和应用实践阶段

此阶段以《公路隧道通风照明设计规范》（JTJ 026.1—1999）[8]开始实施为标志，自此我国公路隧道照明设计有了专用的技术标准。这在我国是一项具有开创性的成果，并先后获得重庆市科学技术进步二等奖（2000 年）和中国标准创新贡献奖三等奖（2006 年）。在这一阶段，国内主要研究方向不再集中于讨论如何设计公路隧道照明系统，其焦点是如何在确保隧道运营安全的基础上实现照明节能的最大化。

（1）公路隧道照明设计参数研究，主要包括洞外亮度 L_{20}（S）和隧道照明设计指标。在洞外亮度 L_{20}（S）研究方面，上海市照明灯具研究所采用黑度测试法对浙江甬台温高速公路、福建福厦高速公路和罗宁高速公路的山岭隧道进行了一系列实测，分析了隧道洞外亮度变化规律及代表性洞外景物亮度值；重庆交通科研设计院曾在国内首次采用环境简图法，对京珠高速公路粤境北段和南段隧道群进行了大量的现场实测和数据分析，为公路隧道照明工程建设提供了科学合理的指导意见，节约了近千万元的投资和运营费用；涂耘等（2007 年）在国内首次提出基于数码技术的隧道洞外亮度 L_{20}（S）测试方法，使得大规模、高效率地测试隧道洞外亮度成为可能。在隧道照明设计指标研究方面，郑晅等（2007 年）提出基本段照明指标可以降低，过渡段照明设置可以简化的思路；重庆交通科研设计院与福建高速公路建设指挥部对短隧道照明设计参数进行了初步研究。

（2）对公路隧道照明节能与运营安全技术开展研究，以平衡“节能”与“安全”二者之间的关系。在隧道照明节能技术研究方面，重庆交通科研设计院先后开展了《特大断面隧道的节能技术研究》、《山区高速公路隧道节能型照明系统研究与应用》、《高速公路隧道照明需求与节能技术研究》等课题，从系统工程角度提出了解决公路隧道照明节能问题的一整套关键技术。在隧道照明安全技术研究方面，同济大学承担了《公路隧道进出口运行安全研究》课题，提出了“视觉震荡”的概念，以及基于视觉适应的隧道进出口照明公式；张天乐（2009 年）研究了小半径曲线隧道照明对交通行车安全的影响；刘洋（2009 年）对人长时间处于隧道光环境下的生理、心理变化情况进行了研究，并提出长隧道照明设计的优化思路。

（3）公路隧道照明光源研究，主要集中在 LED 灯和电磁感应灯。白炽灯、高压汞灯、低压钠灯、荧光灯和金卤灯都曾在国内隧道照明中得到应用，目前国内公路隧道照明大多采用高压钠灯和荧光灯（主要用于洞内紧急停车带和横通道照明）。受国家“节能减排”战略的导向，以 LED 灯和电磁感应灯为代表的新型高效节能光源得到广泛关注，韩直（2007 ~ 2009 年）认为，隧道 LED 灯照明在均匀性方面具有高压钠灯不可比拟的优势，并指出采用显色指数较高的 LED 灯，可适当降低隧道照明标准；王亚琼等（2009 年）提出采用高压钠灯与 LED 灯组合照明技术，尝试解决照明成本和能源短缺方面的难题，即隧道加强段照明采用高压钠灯与 LED 灯组合形式，以解决冷暖光源对隧道入口段的影响，在中间段则采用 LED 灯照明，以降低隧道运营成本;广州珠江黄浦大桥建设有限公司编制了国内首部《公路隧道 LED 照明企业标准》。

2 我国公路隧道照明技术的创新成果

我国公路隧道照明技术的创新突出表现为原始创新和集成创新,尤其是自 2000 年以来,我国在公路隧道照明技术研究方面取得了丰硕的成果,集中体现在以下 3 个方面。

2.1 新理论的提出

在公路隧道照明理论研究方面,复旦大学陈大华课题组与重庆大学陈仲林课题组对中间视觉进行了深入研究。陈文成(2008 年)通过视觉功效实验建立了新型中间视觉 S 光度学模型,由此计算出各种光源在不同亮度水平下的中间视觉修正系数,并将其应用于公路隧道照明设计;崔璐璐(2008 年)研究了光源显色性和色表对驾驶员视觉的影响,研究结果表明显色性较高的 LED 灯照明效果比显色性较低的高压钠灯照明效果好,并且显色性较高的 LED 光源可以在不提高路面亮度的情况下提高彩色小目标的正确识别率,更有利于公路隧道照明节能。

2.2 新技术的推广

(1)基于数码技术的洞外亮度 L_{20}(S)的测试方法已在福建、重庆、广东、河北等地进行成功应用并取得了良好的实践效果,该方法将纳入《公路隧道照明设计细则》(正在编制中)在国内全面推广。

(2)公路隧道照明节能成套技术的应用和示范在重庆、广东、安徽等地产生了较好的经济效益和社会效益,在国内"节能减排"政策导向下,公路隧道照明节能技术在交通运输行业值得全面、大力推广。

(3)公路隧道特殊灯光带照明在陕西秦岭终南山隧道、湖南雪峰山隧道、甘肃麦积山隧道、山西宝塔山隧道等特长公路隧道中得到了成功应用,在缓解驾驶员视觉疲劳、减少隧道交通事故等方面发挥了重要作用。

(4)对太阳能技术在公路隧道照明中的应用进行了初步探索,太阳能交通安全设施在 109 国道东方红隧道中得到成功应用;国内最大的太阳能隧道照明系统在承德市韩郭公路小梁东隧道投入使用;吉林省建成全国首座公路隧道太阳能智能 LED 照明系统。

(5)公路隧道照明控制系统先后经历了集中式控制系统、集散式控制系统和现场总线控制系统 3 个阶段,新建隧道目前多采用基于工业以太网的现场总线控制系统;模糊控制、神经网络等智能控制技术在公路隧道照明控制中得到初步应用;高压钠灯主要采用分级控制法,LED 灯、电磁感应灯和荧光灯等类型灯具则进行了无级调光控制试验;相关研究表明,基于洞外亮度、交通量和车速为参数的照明控制模式节能效果显著,相对于天气分级控制模式节能达 36.6%。

2.3 新设备的应用

(1)在世界范围内首次将 LED 灯及其无级调光技术应用于公路隧道照明。陕西前义坪隧道、广东龙头山隧道、安徽前家山隧道、河北司马台隧道等先后进行了工程示范,其应用前景非常光明。

(2)电磁感应灯在公路隧道照明中获得应用。江西雁列山隧道应用实践表明,与传统高压钠灯相比,采用电磁感应灯可节能 12.8%。

(3)逆光照明灯具和宽光带照明灯具在浙江、福建、陕西等地进行了应用。浙江大溪岭—湖雾岭隧道在国内首次采用了逆光照明技术和宽光带照明技术,研究表明,在灯具功率相同的情况下,与传统普通对称照明配光相比,采用对称宽光带照明配光,路面平均亮度提高64.3%,采用逆光照明配光,路面平均亮度提高 121%。

(4)LED 诱导灯在公路隧道中的应用具有较大发展潜力,其能使隧道轮廓线更加清晰,缓解驾驶员的心理压力,同时在满足隧道内行车安全性的前提下,可以适当降低隧道照明亮度(尤其是在夜间)。

(5)电子镇流器和智能调压设备等照明节电设施得到应用。福建漳诏高速公路鼓志山隧道采用电子镇流器后,与采用传统电感镇流器相比,年节约电费可达 214 492.04 元;山东济莱高速公路隧道安装智能调压设备后,节电率达 39.02%。

(6)在公路隧道照明计算分析软件研制方面,浙江丽水永通照明科技有限公司牵头开发的 R&TLAS 软件,可在任意布灯的情况下,通过二维数值分析模拟隧道的照明情况,综合分析壁面反射对路面亮度的影响等;重庆交通科研设计院开发出照明计算软件,采用逐点法的数值计算方法可实现繁琐的重复计算工作。

3 我国公路隧道照明技术研究存在问题

虽然我国在公路隧道照明技术研究方面取得了一些创新成果,但是我们必须要清醒地看到,国内在公路隧道照明技术研究方面还存在很多问题。

3.1 专业人才不足

我国在培养隧道照明专业人才方面存在一定不足,主要表现在对隧道照明专业不够重视、隧道照明专业师资严重匮乏、获取隧道照明专业教育的途径太少,致使国内道路(隧道)照明专业人才非常短缺,这是制约我国隧道照明设计水平提高和技术理论创新的重要因素之一。

3.2 基础研究不够

国内目前开展的公路隧道照明科研项目,主要以应用型研究课题为主,基础理论研究非常薄弱,洞外亮度参数、入口段亮度折减系数、连续隧道照明折减率、各照明区段亮度设计参数、中间视觉理论、色温及显色性对隧道照明影响等问题均需花大力气深入研究。

3.3 成果转化不力

由于无法实现资源共享,加之技术交流不畅,很多公路隧道照明科研成果未得到推广应用,致使公路隧道照明科研与设计、管理工作脱节,公路隧道照明的现代化、自动化水平有待进一步提高。

3.4 技术竞争不强

洞外亮度仪、洞内照度仪等隧道照明检测设备目前多为进口,国产设备在可靠性、稳定性、准确性方面与国外产品相比还有较大差距;隧道 LED 灯芯片主要采用日本或欧美公司产品,国内生产企业尚未掌握其核心技术;在国际隧道照明学界,尚未形成中国理论流派,原始创新还需要有新的更大突破。

4 我国公路隧道照明技术发展趋势展望

随着自动控制、通信工程、计算机、软件工程、半导体照明等相关技术的进步与发展,我国公路隧道照明技术也必将会有新的突破。在全球“低碳经济”背景和国家“节能减排”战略导向下,公路隧道照明的发展趋势是环保节能、安全舒适的“绿色照明”,公路隧道照明技术研究应围绕以下方向开展。

4.1 不断健全行业技术标准体系

国内已先后发布了《公路隧道通风照明设计规范》(JTJ 026.1—1999)、《公路隧道照明灯具》(JT/T 609—1999),《公路隧道照明设计细则》和《公路隧道和地道照明指南》也正在编制之中,公路隧道照明行业标准日臻完善,但这些设计规范和技术标准还不够全面,隧道LED灯、隧道LED诱导灯、洞外亮度仪、洞内照度仪、照明节能控制设备等至今尚无行业技术标准,编制《公路隧道定向光照明设计指南》亦迫在眉睫。

4.2 不断深入开展基础理论研究

围绕中间视觉等研究课题实现重大技术创新,针对公路隧道照明设计参数开展模拟试验,基础理论研究成果应能在国际隧道照明学术界占有一席之地。

4.3 新型隧道照明技术应用研究

研发以光纤照明为代表的新型隧道照明系统,实现成套技术开发产业化和典型工程示范化,研制色温可调的公路隧道LED照明系统,研究太阳能、风能等新能源在公路隧道照明中的有效利用,实现公路隧道照明关键设备国产化,形成拥有自主知识产权的核心技术,进一步提升国产设备的国际竞争力。

参考文献

[1] 何华武.中国铁路隧道建设技术的发展[J].铁道经济研究,2006(6):8-16.

[2] 凤懋润.中国公路和隧道建设[C]//“国际隧道研讨会暨公路建设技术交流大会”论文集(上册).北京:中华人民共和国交通部公路司、世界道路协会、交通部科学研究院、中国公路技术交流中心,2002:3-8.

[3] 张进华.高速公路隧道设计与交通安全[J].中南公路工程,1998,23(2):26-28.

[4] 中华人民共和国行业标准.JTJ 026—90 公路隧道设计规范[S].北京:人民交通出版社,2004.

[5] 蒋树屏.我国公路隧道建设技术的现状及展望[C]//“国际隧道研讨会暨公路建设技术交流大会”论文集(上册).北京:中华人民共和国交通部公路司、世界道路协会、交通部科学研究院、中国公路技术交流中心,2002:537-546.

[6] 李尊爱.介绍一座公路隧道的设计[J].公路,1983(12):18-20.

[7] 董国贤.水下公路隧道[M].北京:人民交通出版社,1984.

[8] 中华人民共和国行业标准.JTJ 026.1—1999 公路隧道通风照明设计规范[S].北京:人民交通出版社,1999.

[9] 成定康平,吉川孝次郎(著).陈田中(译).短隧道照明及其出口亮度对照明水平的影响[C]//国际照明委员会第十八届大会论文选.北京:中国建筑科学研究院建筑物理研究所,1981:121-129.

[10] 成定康平,吉川孝次郎(著).王太同,林贤光,戴凤昆(译).短隧道照明[C]//道路照明(论文集).北京:人民交通出版社,1982.145-160.

[11] M·E·Judge(著).徐正言(译).有关隧道安全的若干阐述[J].地下工程与隧道,1988,(1):45-46,48.

[12] 范·波莫,德·波尔(著).林贤光,李景色(译).道路照明[M].北京:轻工业出版社,1990.

[13] 颜叔屏.上海延安东路隧道照明[J].地下工程与隧道,1987(1):13-19.

[14] 朱应龙,戴文光.福(州)马(尾)一级公路双洞式隧道的设计与施工[J].华东公路,1988(1):39-43.

[15] 杨公侠,丛 艺,郑汉璋,等.上海打浦路隧道遮阳棚模型试验与研究[J].照明工程学报,1989(1):17-28.

[16] 宋白桦,李 鸿,贺科学.公路隧道照明的研究现状和发展趋势[J].湖南交通科技,2005,31(1):96-98.

[17] 郑汉璋.CIE《公路隧道与地道照明准则 NO.26/2.1990》中的概念更新与不足[C]//第二届全国公路隧道学术会议论文集.重庆:交通部重庆公路科学研究所,1993:138-144.

西汉高速公路隧道照明系统评估

涂 耘[1,2] 王少飞[1,2] 张 琦[1,2] 邓 欣[1,2] 陈建忠[1,2] 李 科[1,2]

(1.招商局重庆交通科研设计院有限公司 隧道建设与养护技术交通行业重点实验室 重庆 400067;2.国家山区公路工程技术研究中心 重庆 400067)

摘 要:如何通过科技手段在确保隧道运营安全的基础上实现照明节能最大化,创建“环境友好”型隧道,是公路运营管理部门亟待解决的重要课题。对西汉高速公路隧道照明系统进行检测评估,主要有隧道照明系统过度设置、部分隧道照明存在安全隐患、未系统性考虑隧道照明节能等九方面突出问题。以尽可能不改造现有隧道照明系统为前提,提出针对性的照明节能优化策略,与原设计方案相比,可实现西汉高速公路隧道加强照明节能30%以上,具有较好的经济效益和社会效益。

关键词:公路隧道 隧道照明 照明节能

0 引言

西安至汉中高速公路是陕西省“2367”高速公路网六条辐射线中的重要组成部分,也是国家高速公路“7918”网(北)京—昆(明)线(G5)陕西境的重要一段。西汉高速公路是我国第一条穿越秦岭山脉的高速公路,实现了打通千年蜀道的梦想,是沟通中原、西北与西南实施西部大开发的黄金通道,在2008年除雪保畅和抗震救灾过程中发挥了巨大作用,被誉为“入川第一路”、“救灾生命线”。西汉高速公路全线共设置隧道137座(单洞),总计103 458.8延米[1]。目前,西汉高速公路隧道(图1)年运营电费高达数千万元[2],高电耗、高电费已成为高速公路运营管理公司的沉重负担。

a)

b)

图1 西汉高速公路隧道

受陕西省高速公路建设集团公司委托,招商局重庆交通科研设计院有限公司(重庆公路工程检测中心)承担了西汉高速公路隧道照明系统评估项目,立足于通过现场检测及数据分析,评估西汉高速公路隧道照明系统运营现状,并提出相应的科技手段,在确保隧道运营安全、畅通的基础上实现照明节能效果最大化，以促进西汉高速公路运营管理事业又好又快发展[3]。

1 西汉高速公路隧道照明系统运营现状

为全面、合理、高效地对西汉高速公路全线隧道照明系统现状进行检测和评估，根据竣工图纸及实地调研后，可将全线隧道照明系统设计方案按隧道规模、照明系统设置情况等分为五类，见表1～表5。目前，除秦岭隧道群、郭家山隧道、朱家垭隧道和良心隧道外，其余隧道白天照明控制方案为：将有应急照明一侧的加强照明和基本照明同时开启（即全部照明灯具的1/2）[2,4]。

隧道照明设计方案一（以两涝隧道为例） 表1

项目		长度（m）	灯具型号	布置方式	单侧灯具间距（m）	测试路面亮度（cd/m^2）
加强照明	入口段 L_{th}	42.0	400W +250W +50W 高压钠灯	双侧对称布置	1.0	144.12
	过渡段1 L_{tr1}	49.0	250W +150 W 高压钠灯	成组双侧交错布置	14.0	45.89
	过渡段2 L_{tr2}	70.0	250W +150 W 高压钠灯	成组双侧对称布置	6.0	16.67
	出口段 L_{ex}	63.0	250W +150 W 高压钠灯	成组双侧对称布置	7.0	20.84
中间段 L_{in}			150 W 高压钠灯	双侧交错布置	14.0	4.05

隧道照明设计方案二（以油坊坪隧道为例） 表2

项目		长度（m）	灯具型号	布置方式	单侧灯具间距（m）	测试路面亮度（cd/m^2）
加强照明	入口段 L_{th}	88.0	400W +250 W 高压钠灯	双侧对称布置	1.0	181.41
	过渡段1 L_{tr1}	77.0	400W 高压钠灯	成组双侧对称布置	11.0	54.29
	过渡段2 L_{tr2}	55.0	250W +150 W 高压钠灯	成组双侧对称布置	11.0	19.53
	出口段 L_{ex}	55.0	250W +150 W 高压钠灯	成组双侧对称布置	11.0	19.99
中间段 L_{in}			150 W 高压钠灯	双侧对称布置	11.0	

隧道照明设计方案三(以秦岭一号隧道为例) 表3

项目		长度(m)	灯具型号	布置方式	单侧灯具间距(m)	测试路面亮度(cd/m^2)
加强照明	入口段 L_{th}	72.0	400W 高压钠灯	双侧对称布置	1.5	88.07
	过渡段1 L_{tr1}	72.0	250W 高压钠灯	双侧对称布置	3.0	20.98
	过渡段2 L_{tr2}	90.0	250W 高压钠灯	双侧对称布置	9.0	18.52
	出口段 L_{ex}	63.0	150 W 高压钠灯	双侧对称布置	3.0	27.60
中间段 L_{in}			100 W 高压钠灯	双侧对称布置	9.0	6.29/2.86

隧道照明设计方案四(以龙王潭隧道为例) 表4

项目		长度(m)	灯具型号	布置方式	单侧灯具间距(m)	测试路面亮度(cd/m^2)
加强照明	入口段 L_{th}	100.0	400W 高压钠灯	双侧对称布置	1.25	193.73
	过渡段1 L_{tr1}	72.0	250W 高压钠灯	双侧对称布置	2.5	55.90
	过渡段2 L_{tr2}	89.0	150 W 高压钠灯	双侧对称布置	2.5	34.27
	过渡段3 L_{tr3}	133.0	150 W 高压钠灯	双侧交错布置	10.0	14.28
	出口段 L_{ex}	60.0	150 W 高压钠灯	双侧对称布置	2.5	20.45
中间段 L_{in}			100 W 高压钠灯	双侧交错布置	10.0	4.87

隧道照明设计方案五(以良心隧道为例) 表5

项目		长度(m)	灯具型号	布置方式	单侧灯具间距(m)	测试路面亮度(cd/m^2)
加强照明	入口段 L_{th}	30.0	400W 高压钠灯	双侧对称布置	2.0	129.79
	过渡段1 L_{tr1}	42.0	400W 高压钠灯	双侧交错布置	4.0	54.88
	过渡段2 L_{tr2}	72.0	250 W 高压钠灯	双侧交错布置	12.0	15.52
	过渡段3 L_{tr3}	96.0	250 W 高压钠灯	双侧交错布置	12.0	16.13
	出口段 L_{ex}	68.0	250 W 高压钠灯	双侧交错布置	12.0	10.24
中间段 L_{in}			100 W 高压钠灯	双侧交错布置	12.0	4.37/3.17

2 西汉高速公路隧道照明系统检测评估

根据资料调研、现场检测、数据分析及技术交流，目前西汉高速公路隧道照明系统主要存在以下九方面突出问题。

2.1 隧道照明系统过度设置

以两涝隧道为例，根据隧道洞内亮度检测数据及理论分析，得出此类照明设计方案的洞内亮度参数对比分析结果，见表6。

隧道照明设计方案一洞内亮度参数对比分析(以两涝隧道为例) 表6

照明区域	入口段	过渡段1	过渡段2	基本段	出口段	备注
亮度 $L_{全}$ (cd/m²)	144.12	45.89	16.76	4.05	20.84	①
亮度 $L_{理论}$ (cd/m²)	157.5	47.25	15.75	4.5	22.5	②
系统设计过度比例	-8.50%	2.88%	6.41%	10.00%	-7.38%	(①-②)/②
亮度 $L_{所需}$ (cd/m²)	115.5	34.65	11.55	4.5	22.5	③
实际所需亮度差值比	24.78%	32.44%	45.11%	-10.00%	-7.38%	(①-③)/③

注：① $L_{全}$：隧道各照明段灯具全开模式下的亮度值；

② $L_{理论}$：按《公路隧道通风照明设计规范》(JTJ 026.1—1999)相关规定及实测洞内亮度值 $L_{全}$ 所推算的洞外亮度值计算确定的隧道理论亮度值；

③ $L_{所需}$：根据隧道实测洞外亮度值、交通量等参数计算确定的隧道实际所需亮度值。

由上述计算结果可以得出：

(1)洞内亮度检测值与理论计算值相比：各照明段灯具在全开模式下的检测亮度值与理论计算亮度值相当，此类照明方案的实际照明效果合理、可行。

(2)洞内亮度检测值与实际所需值相比：入口段、过渡段1和过渡段2的检测亮度值基本超过了实际所需亮度值的25%以上，如图2所示，即目前的照明水平远高于实际所需照明水平，现有照明系统存在设置过度问题，具有较大节能空间。其主要原因在于设计时采用的洞外亮度值 L_{20}(S)(4 500cd/m²)远远超过实测值(3 300cd/m²)。中间段和出口段的检测亮度值则略低于实际所需亮度值，基本可满足隧道运营需求。

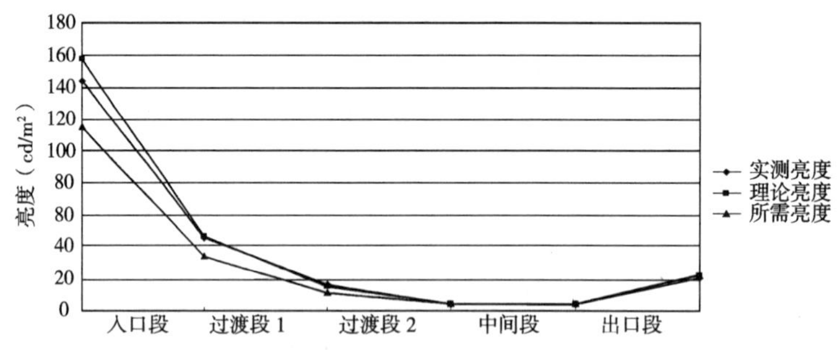

图2 隧道照明设计方案一洞内亮度值对比

其他四类隧道照明照明设计方案也存在相似问题。

2.2 中短隧道照明系统过于庞大

西汉高速公路全线短隧道数量约占隧道总数的79%，经资料调研及实地调查，该路段短隧道照明系统基本参照长隧道照明系统的设置规模进行设计,从而造成短隧道照明灯具基本为加强照明灯具,长度小于300m的短隧道照明系统规模尤其庞大(图3),不但灯具数量众多、电能浪费严重,而且未针对短隧道自身特点建立有效的照明控制模式,存在一定的运营安全隐患(图4)。

a)

b)

图3 西汉高速公路短隧道照明系统规模庞大

a)

b)

图4 西汉高速公路短隧道夜间照明眩光严重

2.3 隧道照明系统控制方式落后

西汉高速公路中短隧道照明目前无法实现远程人工/自动控制,需要隧道运营管理人员在现场人工控制,由于中短隧道数量较多,管理所每天的照明控制工作量较大。一方面,造成不必要的能源浪费,另一方面,耗费较大的人力、物力去开关照明灯具,运营管理效率太低。

2.4 隧道灯具受污染情况较严重

部分长大隧道出口段及靠近出口侧的基本照明存在亮度不足情况,除灯具自身质量和布置间距等因素外,其主要原因在于灯具受污染情况较严重,降低了灯具的利用率。以秦岭一号隧道(上行线)中间段照明为例,在灯具功率(100W高压钠灯)、布置间距(单侧间距9.0m)相同条件下,靠近入口端的基本照明亮度检测值为6.29 cd/m^2,而靠近出口端的基本照明亮度检测值仅为2.86cd/m^2,二者相差54.5%。根据现场调查,秦岭一号隧道(上行线)入口端空气质量较好,而出口端烟雾浓重,隧道灯具、路面、侧墙均受到严重污染,如图5所示。

秦岭、宁陕管理所每季度或每半年对下辖路段隧道灯具清洗养护一次,此清洗养护频率基本可满足短隧道、下坡隧道的灯具养护要求;但对长大隧道、上坡隧道,由于西汉高速大型车比例较高(约60%),此清洗养护频率已根本不能保证受污染严重隧道的照明效果。

a) b)

图5 秦岭一号隧道(上行线)运营环境

a)入口端;b)出口端

2.5 隧道有源电光诱导标应用少

西汉高速公路仅有少数隧道设置了有源电光诱导标,由于大多数隧道为曲线隧道,在照明亮度不足或诱导性不佳的情况下,极易发生交通事故。此外,尤其应重视曲线隧道照明的视觉诱导问题:开启隧道内单侧灯具时,弯道外侧照明比内侧有更好的视觉诱导性。西汉高速公路部分曲线隧道在进行照明控制时,就未考虑视觉诱导性问题,如图6所示,图7则为较好的照明视觉诱导实例。

a) b) c) d)

图6 西汉高速公路隧道照明视觉诱导实例(效果不佳)

a) b)

c) d)

图7 西汉高速公路隧道照明视觉诱导实例(效果较好)

2.6 部分隧道灯具安装角度不佳

隧道照明灯具安装的角度直接影响到照明亮度水平和均匀度。西汉高速公路部分隧道灯具安装角度不合理,光轴线过于集中在行车道一侧或路缘(图8),从而降低了灯具利用率。在仅开启一侧照明灯具时,往往会出现左右两侧行车道路面亮度相差较大、路面总均匀度较差等问题。

a) b)

图8 隧道左右侧行车道照明亮度不均匀

2.7 部分隧道照明存在安全隐患

由于西汉高速公路隧道照明系统规模存在过度设置问题,加之众多中短隧道未实现远程人工/自动控制,在实际运营中为节约电能、减少电费,绝大多数隧道白天照明控制方案为开启有应急照明一侧的加强照明和基本照明，而未针对隧道长度、线形等自身特点设计科学合理的照明控制方案，致使隧道照明亮度不能根据洞外亮度、交通量等条件进行有效调节，不但耗能严重，而且还存在亮度不足或眩光严重等安全隐患。

2.8 未考虑连续隧道照明特殊性

根据《公路隧道通风照明设计规范》(JTJ 026.1—1999)[5]，当两座隧道间的行驶时间按设计车速考虑小于30s，且通过的前一座隧道内的行驶时间大于30s时，后续隧道入口段亮度应进行折减。西汉高速公路连续隧道众多，隧道照明系统设计未考虑连续隧道入口段亮度折减，也是造成西汉高速公路隧道照明系统规模庞大的原因之一。

2.9 未系统性考虑隧道照明节能

隧道照明节能是一项系统工程[6,7]，需要从照明设计参数取值、光源和灯具选择、灯具布置、照明控制模式、节电设备应用、养护管理等方面统筹考虑。目前，西汉高速公路隧道照明节能措施较为单一，仅凭借减少灯具开启数量节约电能，不能实现照明节能效果最大化，而且还存在一定的安全隐患[8]。

3 西汉高速公路隧道照明节能优化策略

根据西汉高速公路隧道照明系统检测评估结论，以尽可能不改造现有隧道照明系统为前提，笔者提出了如下照明节能优化策略。

3.1 隧道照明控制模式优化方案

在不改变现有照明系统的基础上，以隧道照明亮度检测值为依据，结合《公路隧道通风照明设计规范》(JTJ 026.1—1999)，合理组合各照明区段配电回路，制订相应的照明控制预案。与原设计方案相比，该策略可实现加强照明节能30%以上的目标。

3.2 隧道照明系统构成优化方案

主要针对西汉高速公路中短隧道照明系统过于庞大问题，结合目前短隧道照明设计参数的最新研究成果[9]，合理减少隧道加强照明灯具数量，降低加强照明系统总功率。

3.3 中短隧道照明远程监控方案

首次提出基于GPRS技术的中短隧道照明远程监控方案[10]，其实施将改变以往中短隧道照明人工现场控制或分散时序控制现状，在实现中短隧道照明控制自动化的同时，有效节约照明能耗，提高运营照明管理水平。

3.4 隧道智能照明节电设备应用

根据招商局重庆交通科研设计院在1:1实体试验隧道开展的智能照明节电设备应用试验，当电网电压为390V时，智能照明节电设备投入后，隧道照明系统节能约20.2%；当电网电压为400V时，智能照明节电设备投入后，隧道照明系统节能约25.3%；当电网电压为410V时，智能照明节电设备投入后，隧道照明系统节能约30.9%。

3.5 隧道照明系统改造分期实施

西汉高速公路长度为300m以下的隧道和长度为300～500m的直线隧道比例较高，且其照明系统构成优化方案较目前设置的照明系统规模分别节能约86%和41%。因此,应优先考虑对上述隧道照明系统进行节能优化改造。

4 结语

(1)西汉高速公路隧道年运营电费高达数千万元,高电耗、高电费已成为高速公路运营管理公司的沉重负担。通过资料调研、现场测试、数据分析及技术交流,对西汉高速公路隧道照明系统运营现状进行了评估,主要存在隧道照明系统过度设置、中短隧道照明系统过于庞大、隧道照明系统控制方式落后、隧道灯具受污染情况较严重、隧道有源电光诱导标应用少、部分隧道灯具安装角度不佳、部分隧道照明存在安全隐患、未考虑连续隧道照明特殊性、未系统性考虑隧道照明节能九方面突出问题。

(2)根据西汉高速公路隧道照明系统检测评估结论,以尽可能不改造现有隧道照明系统为前提,提出隧道照明控制模式优化方案、隧道照明系统构成优化方案、中短隧道照明远程监控方案、隧道智能照明节电设备应用、隧道照明系统改造分期实施等节能优化策略。与原设计方案相比,上述策略实施可实现西汉高速公路隧道加强照明节能30%以上,具有较好的生态效益、经济效益和社会效益。

(3)截至2009年,全国公路隧道为6 139处,总计394.20万延米[11]。在"低碳经济"发展背景下,如何通过科技手段,在确保隧道运营安全的基础上实现照明节能最大化,创建"环境友好"型隧道,是近年来公路隧道照明技术研究的热点问题。我国部分高速公路隧道已建成通车数年,各运营管理公司应及时组织相关单位对公路隧道照明系统进行检测评估,并结合公路隧道照明技术研究的最新成果,对其进行有针对性的改造设计是非常重要且很有必要的。这项工作的开展实施对于推动交通运输行业节能减排,促进公路隧道运营管理事业又好又快发展具有十分重要的意义。

参考文献

[1] 陕西省高速公路建设集团公司.西汉高速公路简介[EB/OL].2010[2010-05-18].http://www.sxgs.com.

[2] 陕西省高速公路建设集团公司西汉高速公路分公司.西汉高速公路隧道照明运营管理汇报材料[R].西安:陕西省高速公路建设集团公司西汉高速公路分公司,2009.

[3] 招商局重庆交通科研设计院有限公司,重庆公路工程检测中心.陕西西汉高速公路隧道照明系统评估报告[R].重庆:招商局重庆交通科研设计院有限公司、重庆公路工程检测中心,2009.

[4] 陕西省高速公路建设集团公司西汉高速公路分公司.秦岭路段隧道照明控制方案[R].西安:陕西省高速公路建设集团公司西汉高速公路分公司,2009.

[5] 中华人民共和国行业标准.JTJ 026.1—1999 公路隧道通风照明设计规范[S].北京:人民交通出版社,1999.

[6] 重庆交通科研设计院.公路隧道洞口段照明参数研究成果报告[R].重庆:重庆交通科研设计院,2008.

[7] 招商局重庆交通科研设计院有限公司. 山区高速公路隧道节能型照明系统研究与应用研究成果报告[R]. 重庆:招商局重庆交通科研设计院有限公司,2009.

[8] 王少飞,邓欣,吴小丽. 公路隧道照明控制技术综述[J]. 公路交通技术,2010(2):132-138,146.

[9] 涂耘,陈建忠. 公路隧道短隧道照明参数研讨[J]. 公路交通技术,2009(6):125-128.

[10] 王少飞,张琦,李科. 基于GPRS技术的中、短公路隧道照明远程监控方案[C]//第十二届中国高速公路信息化管理及技术研讨会论文集. 北京:《中国交通信息产业》杂志社,2010:363-370.

[11] 中华人民共和国交通运输部. 2009年公路水路交通运输行业发展统计公报[EB/OL]. 2010[2010-04-30]. http://www.moc.gov.cn.

高速公路隧道照明现状及节能对策分析

邓 欣 涂 耘 屈志豪

(招商局重庆交通科研设计院有限公司 重庆 400067)

摘 要:隧道运营中耗能较大、费用较高的照明系统如何实现节能,在国家提出的"节能降耗"基本国策的背景下日益受到关注。本文结合目前公路隧道照明系统的运营现状,分析隧道照明系统存在的节能空间及相应对策,包括对设计参数的选用、新节能光源的应用等关键技术进行探讨,以期从根本上保证高速公路隧道运营安全和满足节能的要求。

关键词:公路隧道照明 短隧道 照明参数 LED 灯 分期实施

0 引言

我国公路隧道数量和规模增长迅速,建设相对集中,但隧道照明技术起步较晚,经验和基础性研究工作不足。作为保证隧道安全运营必不可少的照明系统,在实际运行中呈现出与隧道安全行车、经济运营宗旨等不相符合的现象。在国家提出的"节能降耗"基本国策的背景下,对于运营中耗能较大、费用较高的隧道照明系统,如何提高其运营效率、降低能耗备受关注。本文将结合高速公路隧道各路段近、远期交通量的差异较大、短隧道众多等特点,对隧道照明现状及节能对策进行分析,以期从设计上满足山区高速公路隧道运营安全与节能的要求。

1 高速公路隧道照明的现状

通过对已投入运营隧道的调研发现,公路隧道运营存在的一个突出问题是隧道照明设备"配得起、用不起",照明系统的运营电费及维护费用是公路隧道运营的最主要开支。通过笔者分析,引起目前国内公路隧道照明耗能严重的现状的原因主要有以下几点。

(1)隧道照明系统过度设计较为普遍

隧道照明系统的过度设计最终主要表现为隧道的路面亮度远高于隧道安全运营所需的亮度水平,系统庞大、灯具数量众多,其主要原因有以下几个方面。

①未考虑照明系统的分期实施。在国家高速路网形成前,大多数公路隧道近期、甚至中期的交通量远小于远期预测交通量,而国内隧道照明系统大多是按照隧道远期最大预测交通量和最大洞外亮度进行设计的,并未考虑照明系统按交通量增长的分期实施,从而导致照明系统长期处于过亮状态,进而造成电能的浪费。

②各照明设计参数取值过于保守。为确保安全,很多设计人员对各项参数取值过于保守,例如:无论隧道地理环境、自然条件如何,洞外亮度参数通取高值;灯具利用系数、系统养护系

数等不分具体情况均偏低取值等。因此,各项参数的取值过于保守造成了照明系统规模偏大并使运营能耗升高。

③短隧道照明系统规模庞大。由于短隧道照明普遍参照长隧道进行设计,尤其是长度≤300m的隧道往往出现隧道全长均为加强照明段,没有中间照明段,进而导致隧道内亮度过高,耗能较大。短隧道照明的安全与节能在山区高速公路运营中是一个比较突出的问题。

(2)隧道照明系统控制不合理及自动化程度不高

目前,多数隧道照明控制只考虑了环境因素的影响,但未考虑交通量变化对照度的要求,各照明段照度始终处于交通量最大值时的状态,造成了不必要的浪费。大量中/短隧道未能实现自动化控制,往往仅采用一种运营模式,耗能严重,还存在一定的安全隐患。

(3)新型节能光源未能合理应用

目前,国内外的相关规范、标准等中均无对新型光源应用指标、范围等的阐述,在实际工程应用中存在参数取值及使用范围不合理等问题,从而未能真正体现此类光源、灯具的高节能性,造成了"既不节能也不节钱" 或"节能不节钱"的现状。

(4)未能系统性地考虑隧道照明节能

隧道照明节能是一个系统工程,而国内各公路隧道照明系统采用的节能措施较为单一,不能最大限度的达到节能目的。想达到有效节能的目的,应有针对性地分析各隧道特点并制订相应的照明方案,从而形成按需照明的运营模式,系统性地解决隧道照明能耗高的问题。

从上述隧道照明系统存在的问题可以看出,隧道照明设计参数取值直接影响隧道照明规模,也是实现节能的关键因素。针对上述问题,应首先通过合理选取设计参数进行照明系统设计,从根本上探讨照明系统的节能对策。

2 隧道照明系统过度设计的节能对策分析

本文先从隧道照明系统的过度设计的三种原因进行节能对策的分析。

2.1 照明系统的分期实施

笔者通过全国范围内多个省份已建高速公路隧道的调研发现,各省份大多数路段公路隧道在建成通车后十年左右才能达到现行《公路隧道通风照明设计规范》(JTJ 026.1—1999)(以下简称《规范》)规定的照明设计交通量低值(>700veh/h),因此在隧道建成通车的近十年间,照明系统应提供《规范》所要求的路面亮度低限值即可满足运营安全要求。另外,隧道内环境条件较为恶劣等原因常常导致设备的老化和损坏,因此,运营八至十年的隧道照明系统需要进行大规模的改造,建成之初的大量灯具需被更换。因此,高速公路隧道照明系统有必要考虑根据交通流的增长而作相应的变化调整,通过"一次设计、分期实施"的方法,既保证隧道在一段周期内的运营安全,又解决照明系统近期耗能过大的问题。中间段照明分期实施是照明系统分期实施的重点,一般可从不同照明光源的选择、近远期照明灯具的不同布设方式以及选用双光源照明灯具、变功率电感镇流器等新型产品技术方面进行考虑。

2.2 合理选取照明参数

针对设计人员对各照明设计参数取值过于保守的问题,则需要通过不断提高照明设计工作者的技术水平，不断加强设计人员对相关规范、标准的深入理解以及不断跟踪了解照明产品设备的发展等，选用合理的照明设计参数；同时，设计时应"因隧制宜"，精细化设计，制订出符合隧道工程特点及需要的照明方案。

对于短隧道照明的节能对策，重点是制订出符合短隧道特点的照明指标及设计方法。据资料显示，对国内高速公路短隧道现场调研情况表明：影响短隧道照明规模、参数指标的主要因素是驾驶员在距隧道洞口一个停车视距处所能看穿隧道的程度，这取决于短隧道的长度、宽度、高度、平纵线型等，因为看穿隧道程度不同决定了短隧道对照明的需求不同。对于行车出口不可见或不完全可见的曲线隧道，照明以消除"黑洞效应"（图1）为目的设置；对于行车出口完全可见的直线短隧道，照明以消除"黑框效应"、"白洞效应"（图1）为目的设置。

a)

b)

c)

图1 短隧道视觉效应图

a)"黑洞效应"；b)"黑框效应"；c)"白洞效应"

同时，由于短隧道长度上的优势，能较大程度的利用自然光，尤其是行车出口端洞口对自然光的利用。当从隧道入口看去，出口占很大一部分背景时，可以轻易地看见行驶的车辆和其他物体。同时，由于短隧道洞内的低亮度和出口处的高亮度形成鲜明对比，洞内的目标物由于负对比效应，被看成较暗的物体，其轮廓也更清晰可见，此时，白天隧道的照明标准可有所降低甚至可不设置照明。若隧道出口所占比例较小时，即由于线形或长度的影响，不能有效利用洞外自然光的可见或亮度对比的负对比效应来识别目标物，此时即需要设置一定的照明亮度水平。

相关研究表明，隧道交通事故主要发生在长大隧道内，800m 以下的隧道很少发生交通事故，这也得益于短隧道长度较短、洞内行驶时间较短的原因。无论其线形如何，驾驶员一旦进入隧道后，如果能看见行车出口，在心理上便减少了对隧道的恐惧，从而降低了事故的发生率。

因此，与长隧道相比，短隧道内车辆行驶时间短，且短隧道中没有长隧道中所特有的一些视觉现象，其照明系统功能也不同于长隧道所要求的解决驾驶员在隧道内行驶时间较长、亮度水平逐渐降低的视觉适应问题。此外，在短隧道内行驶的心理不利影响较在长隧道中行驶大大降低，同时，可利用洞外自然光与目标物或障碍物形成的亮度负对比效应。

综上所述，短隧道照明的规模及系统构成应较长隧道有所降低，但需结合短隧道的自身线形等进行参数取值及设计。笔者通过研究短隧道照明的不同需求及国外相关技术成果，拟定短隧道如下照明指标和设计方法如表1所示，以供参考。

高速公路短隧道照明参数表 表1

隧道长度	亮度指标				说明
	入口段	过渡段	出口段	中间段	
100~150m 直线隧道	—	—	—	—	可不设置照明
100~150m 曲线隧道	50% L_{th}	—	—	L_{in}	
150~300m 直线隧道	$5L_{in}$	—	—	L_{in}	
150~300m 曲线隧道	L_{th}	—	—	L_{in}	
300~500m 直线隧道	50% L_{th}	L_{tr}	L_{ex}	L_{in}	根据交通量大小分析是否需要设置过渡段
300~500m 曲线隧道	L_{th}	L_{tr}	L_{ex}	L_{in}	

注：L_{th}——长隧道入口段亮度值；
L_{tr}——长隧道过渡段亮度值；
L_{ex}——长隧道出口段亮度值；
L_{in}——中间段亮度值。
各照明段设置长度与长隧道相同。

3 新型节能光源/灯具合理应用节能分析

LED 隧道灯、无极荧光灯等新型照明设备，由于其长寿命、高节能性、高环保性等优点而日益受到重视。其中，尤其 LED 隧道照明光源日益受到公路隧道管理者、建设者及照明技术工作者的关注，也已在实际工程中开始被试验性地采用。其应用效果表明：在较低亮度水平条件下（如隧道中间段照明、夜间照明水平等），照度相同时，显色性好的 LED 光源比显色性差的高压钠灯光源在感觉上要亮，若按现行《规范》的亮度指标进行 LED 光源的照明系统设计，结果是洞内视觉亮度明显高于所需亮度，甚至刺眼，影响行车安全；而在高亮度水平条件下（如入口段），照度相同时，则高压钠灯光源比 LED 光源在感觉上要亮，更利于消除“黑洞效应”。实践表明，在长隧道中间段照明、夜间照明等属于中间视觉范畴的照明水平条件下，不同的照明光源的光谱分布对视觉的影响不同，新型节能光源应用的节能效果，反映在照明指标上，通过研究确定不同光色的亮度等效性，使隧道照明更有利于驾驶员的视觉工作，针对不同亮度水平合理地选择隧道照明光源。

笔者有幸参与了利用“对目标物反应时间”的实验方法，采用“道路照明反应时间测量系统”模拟夜间（或隧道中间照明段）驾驶条件下多种隧道照明光源对高压钠灯的亮度换算关系实验室测试研究，从而建立起科学选用隧道照明光源的措施和合理评价指标，这也是高速公路隧道照明节能的重要措施之一。通过开展多样本人群、多次多组测试实验，得到反应时间相等时 LED 灯对高压钠灯的亮度对比系数值如表 2 所示。

LED 灯对高压钠灯的亮度对比系数值 表2

背景亮度（cd/m^2）	1.0	1.5	2.0	2.5	3.6	4.5
LED	0.310 7	0.388 1	0.477 7	0.461 3	0.403 1	0.349 1

从上表可以看出，在隧道低亮度照明水平条件下，LED 的照明效果比高压钠灯（HPS）好。但鉴于 LED 隧道的产品性能有待提高，且为白色光源、透雾性较差，为保证行车安全，建议目

前在通风情况良好、能见度高的长隧道中间段照明采用 LED 光源,其亮度值可取为《规范》规定中间段亮度值的 50%,但不得低于 1.5cd/m^2。

4 结语

作为保证公路隧道运营安全必须设置的照明设施,其参数取值、系统设置的合理性是从根本上保证行车安全、节约能源的重要技术措施。但除此之外,要实现高速公路隧道安全、节能运营的目的,各种节能对策还存在于照明系统的各个构成方面,如照明系统的自动化控制技术、太阳能光伏发电技术的采用、照明节电设备的应用以及运营管理的智能化、精细化等。由于我国隧道照明技术及节能方面经验积累较少,还需要对照明系统的各种参数及指标继续予以研究和关注,更好地总结经验,进而完善隧道照明系统节能技术,以指导今后的隧道照明系统节能工作。

参考文献

[1] 中华人民共和国行业标准. JTJ 026.1—1999 公路隧道通风照明设计规范[S]. 北京:人民交通出版社,2000.

[2] 招商局重庆交通科研设计院有限公司. 山区高速公路隧道节能型照明系统研究与应用研究总报告 [R]. 重庆:招商局重庆交通科研设计院,2008,12.

[3] 招商局重庆交通科研设计院有限公司. 公路隧道通风照明设计细则编制工程调研报告[R]. 重庆:招商局重庆交通科研设计院,2009,4.

[4] 招商局重庆交通科研设计院有限公司. 高速公路隧道照明关键技术研究中间成果报告[R]. 重庆:招商局重庆交通科研设计院,2009,7.

[5] CR14380:2003, Lighting Applications-Tunnel Lighting[S].

[6] CIE:882004,Guide for the Lighting of Road Tunnels and Underpasses[S].

[7] 杜志刚,潘晓东. 高速公路隧道进出口视觉震荡与行车安全研究[J]. 中国公路学报,2007,20(5):101-105.

高速公路隧道节能型供配电系统研究及应用

赵清碧[1,2] 张 琦[1,2] 吴小丽[1,2]

(1.招商局重庆交通科研设计院有限公司 隧道建设与养护技术交通行业重点实验室 重庆 400067;2.国家山区公路工程技术研究中心 重庆 400067)

摘 要:隧道机电工程节能途径较多,但目前主要体现在隧道照明节能研究方面,隧道供配电节能的研究在国内微乎其微。由于金属材料(含有色金属)价格不断上扬,隧道机电工程建设成本大大增加,而隧道供配电系统在其中占有相当大的比例,因此,对隧道供配电系统节能进行专题研究是非常必要的。课题组在一个关于隧道供配电系统节能研究的课题中从负荷等级划分、供电系统到节能电气设备等进行了系列研究,研究成果可作为山区高速公路隧道供配电系统节能设计的重要理论支撑。

关键词:节能 调研 电能损耗 节能设备 供电方案

0 引言

安全、环保、高效、节能作为公路工程建设追求的目标,在公路隧道运营管理中尤显突出。随着高速公路向山岭重丘区的不断延伸,隧道在高速公路中的比重越来越大,隧道机电工程初期投资和运营成本将是一笔不小的费用,因此,节能研究迫在眉睫。隧道节能技术涉及许多方面,只有通过挖掘各方面的潜力,"因隧制宜",才能达到综合节能效果,取得最大的节能效益,而隧道供电技术和合理配置供电设施的研究应用也是节能的有效途径之一。根据目前很多建设项目的实施情况,隧道供配电系统的投资额在隧道机电工程中占有非常大的比例,随着型材和铜材价格的不断上扬,这个比重将会越来越大,因此展开对较优的供电方案、合理的节能设备和变压器容量、分期实施方案等的研究是非常有必要的。隧道供配电系统是隧道内机电设施运行的保障系统,因此,隧道的可靠性供电也是我们应重视的一个问题。由于各行业设计院技术人员对隧道各系统用电设施在隧道运营中的重要程度理解不同,造成了国内隧道供电系统方案差异很大。这些方案在设计时普遍存在以下两个矛盾:一个是供电系统可靠性与整体投资成本之间的矛盾,另一个是初期设备投资(选择容量和型号)与后期运营费用之间的矛盾。因此,供电系统节能研究的方向之一是研究系统可靠性与总体投资、初期投资与后期运营费用的综合性方面。

1 研究重点

结合大家目前所关心的隧道供配电系统节能设备、节能途径以及与供电系统方案影响较大的隧道用电设施负荷等级等,课题组对以下几个问题做了重点的研究。

1.1 隧道用电设施的负荷等级划分

隧道内所有用电设施的负荷等级划分对隧道供电系统方案和配电电缆的回路数、电缆型号的选择和确定有着直接的影响,同时影响到变电所设备房间大小、柴油发电机应急电源以及变压器容量选择等。如划分不当,可能造成极大的浪费或隧道供电可靠性降低,而供配电系统方案又是直接影响隧道内的用电设施在正常和异常运营状态下是否能够运行的关键因素,因此,研究隧道用电设施的负荷等级是非常必要的。目前,国内虽然有最新颁布的《公路隧道交通工程设计规范》(JTG/T D 71—2004)对隧道内用电设施的用电负荷等级进行了划分,但各行业的设计人员在对规范中用电设施负荷等级划分上仍存在着争议,执行上也是各有不同,因此,对隧道用电设施用电负荷等级进行研究是非常重要的。

1.2 隧道供配电方案研究

多项数据表明,隧道供配电系统工程造价在隧道机电工程中的比例达到40%,因此,合理配置隧道供配电系统是非常有必要的,但是评价一个系统的优劣不仅仅在初期投资方面,还要分析其在运营期间的电能损耗,因此,隧道供配电系统方案的合理与否是建设方重点关注的内容。同时,目前隧道的运营安全也提上了重要日程。在长、特长隧道中,供配电系统的供电可靠性关系着交通系统的正常运行,一旦其中部分环节出现问题,就可能引发危害公共安全的重大事故,因此如何评估和提高隧道供电系统的可靠性已成为当前规划、建设大型隧道和隧道群必须解决的问题。

1.3 隧道照明节能设备的研究

课题组在研究过程中发现,高速公路隧道所用的电网普遍存在电压偏高的情况,隧道照明灯具所承受的电压普遍高于正常供电电压,特别是在日间和午夜后的用电低谷时段。隧道灯具长期在高电压状态下工作,不仅会造成电力资源浪费,也会对灯具的使用寿命有所影响。目前,节能电气产品种类很多,而并非任何节能产品在隧道内都很适用,因此,对照明节能设备在隧道内的适应性和节能效果研究是非常有必要的。

1.4 隧道节能型变压器容量的研究

由于国内无隧道用电设施组需要系数值的专题研究,且设计手册中无资料可查,因此大多数投入运营的隧道变压器负载率都在10%~30%左右,造成了极大的资源浪费,致使隧道在运营期间费用偏高,因此,对变压器合理容量进行研究是非常有必要的。

1.5 分期实施方案研究

由于大多数高速公路隧道地处偏远地区,近期实际交通量远达不到设计交通量,而隧道供电系统最终变压器等设施的容量考虑了远期用电要求,其设计选用的容量大于投运初期需要,使得隧道供配电系统的一次投资成本过大,且变压器的负载率过低,进而造成损耗功率与负荷功率的比值较大,电能的利用率低,带来不必要的浪费,因此,对变压器和相应的高、低压开关柜采用分期实施方案是非常有必要的,选择最佳的分期实施方案是课题组的主要研究方向。

2 具体研究内容

课题组对运营隧道现场调研和收集的资料进行了分析和研究,并建立数学模型以及系统可靠性评价体系,同时,对节能电气设备进行1∶1实体试验隧道试验和运营隧道现场试验,从隧道供配电系统到节能设备进行了系统的研究。

2.1 隧道用电设施的负荷等级划分

课题组对隧道内交通异常的发生几率进行了理论分析和研究，并根据隧道交通正常和异常状态下的用电设施的运行状况，分析各用电负荷在隧道中所处的重要地位。结合《供配电系统设计规范》(GB 50052—95)，对公路隧道内具体照明设施、通风设施、消防设施、监控设施在交通正常和异常情况下停电时将产生的政治或经济影响确定其负荷等级。通过研究，得出以下结论：

(1)隧道防灾用射流风机、隧道基本照明(含应急照明)设施、隧道消防设施以及隧道监控系统为一级负荷，隧道应急照明和隧道监控系统为一级负荷中的重要负荷。

(2)隧道通风用射流风机、隧道加强照明设施为二级负荷。

(3)隧道检修用电设施为三级负荷。

2.2 隧道供配电方案研究

随着社会经济的进一步发展，安全、环保、高效、节能已经成为公路工程建设追求的目标。隧道供配电方案研究建立了系统可靠性评价体系，对隧道供配电系统的可靠性评价从原来的定性评价提升到定量评价，同时结合系统初期投资和运营电能损耗的综合费用，综合确定不同长度隧道的供电方案和特长隧道的中压供电方案。

(1) 系统可靠性评价体系

运用连续马尔可夫模型，串、并联模型以及复杂系统分析方法对系统进行研究，并采用逻辑计算公式，将各可靠性指标用 10 分制表示(用户平均停电时间考虑 0 ~ 1 000h)，具体的公式和分值见公式(1)、公式(2)和表 1。

$$S = 10 - \log_2[(1 - \mathrm{ASAI}) \times 8\ 760 + 1] \quad (1)$$

式中：S——系统供电可靠性对应得的分值，其取值范围为 0 ~ 10，当用户平均停电时间大于 1 000h时，该系统可靠性得分为 0；

ASAI——系统供电可用率，其取值范围为 0 ~ 1。

$$\mathrm{ASAI} = \frac{\sum_{i \in R} 8\ 760 N_i - \sum_{i \in R} U_i N_i}{\sum_{i \in R} 8\ 760 N_i} = \frac{8\ 760 - \mathrm{SAIDI}}{8\ 760} \quad (2)$$

系统可靠性分值与可靠性水平的对应关系 表 1

系统可靠性分值	系统可靠性水平	系统可靠性分值	系统可靠性水平
9.8 ~ 10	非常非常好	6 ~ 6.99	一般
9.0 ~ 9.79	非常好	4 ~ 5.99	较差
7 ~ 8.99	较好	4 以下	非常差

(2)不同长度隧道供配电方式研究

现对长度 7 000m 以下隧道的变电所设置位置和供电方案进行研究，研究重点为可靠性指标和综合费用(供电系统初期投资与运营电能损耗费用之和)，系统分析数据后推荐合适的方案。具体的方案设置和综合经济技术比较如表2、表3所示。

不同长度隧道的变电所位置设置 表2

隧道长度(m)	方案	经济性			技术性(可靠性分值指标)	建议方案
		初期投资(万元)	运营电能损耗(万元)	综合费用(万元)		
<1 000	1个变电所	152.11	49.95	202.06	变配电设施维护工作量小	1个变电所
	1个变电所+箱变	150.42	48.40	198.82	变配电设施维护工作量大	
1 000~1 500	1个变电所	661.02	72.19	733.21	低压配电电缆施工难度大	1个变电所+箱变
	1个变电所+箱变	491.58	61.62	553.20	低压配电电缆施工难度小	
1 500~3 500	2个变电所	770~891	82.7~97.7	853~989	8.704 2	2个变电所
	2个变电所+洞内设地埋变	758~819	81.0~95.5	839~915	7.690 0	
>3 500	2个变电所+洞内变电所(含地埋变)				7.670 0	2个变电所+洞内变电所(含地埋变)

特长隧道中压供电方案 表3

隧道长度(m)	方案	经济性			技术性(可靠性分值指标)	建议方案
		初期投资(万元)	运营电能损(万元)	综合费用(万元)		
3 500~4 500	常规中压方案	1 218.55	130.33	1 348.88	8.263 6	常规中压方案
	常规中压+地埋变中压	1 385.94	143.16	1 529.10	7.785 8	
	全地埋变的中压	1 333.74	215.97	1 549.71	6.545 2	
>4 500	常规中压方案	1 804.25	219.79	2 024.04	8.262 6	常规中压+地埋变中压
	常规中压+地埋变中压	1 783.09	208.60	1 991.69	7.784 8	
	全地埋变的中压	1 622.69	348.63	1 971.32	6.544 2	

2.3 隧道照明节能设备的研究

随着科学技术的发展,各种节能电气设备应运而生,据厂家提供的产品资料显示,这些设备节能效果明显,但节能设备节能效果是否明显且能否运用到隧道中尚需进行详细论证。

2.3.1 EPS和UPS应急电源设备可靠性与能效初步试验

EPS和UPS应急电源设备可靠性与能效初步试验重点在失电切换速度和自身能耗损失分析。

(1) 试验内容

在1:1实体试验隧道内的整个照明回路中串入EPS和UPS应急电源设备,同时安装电能计量设备。通过在等时间范围内投入两种设备,并经过实际运营,记录电能消耗,判断 EPS 和 UPS 应急电源设备的节能效果。

(2) 试验结果

①EPS 与 UPS 的对比节能试验。同负载条件下 EPS 与 UPS 能耗如表 4 所示。

同负载条件下 EPS 与 UPS 能耗 表 4

设备名称	试验时间(h)	用电量(kW·h)	设备名称	试验时间(h)	用电量(kW·h)
UPS	4	83.5	EPS	4	73.55

②EPS 切换速度试验。通过数字储存示波器抓取并储存 EPS 应急电源设备高速静态开关切换瞬间的电压波形(图 1)来显示其切换速度,通过电压波形可知,在 EPS 应急电源设备高速静态开关切换瞬间电压的正弦波波形完整,没有出现断点。电压波形展开后,在 5ms 范围内,波形比较完整,没有出现明显断电,因此可以说明高速静态开关切换小于 4ms。切换前后的隧道照度基本无变化。

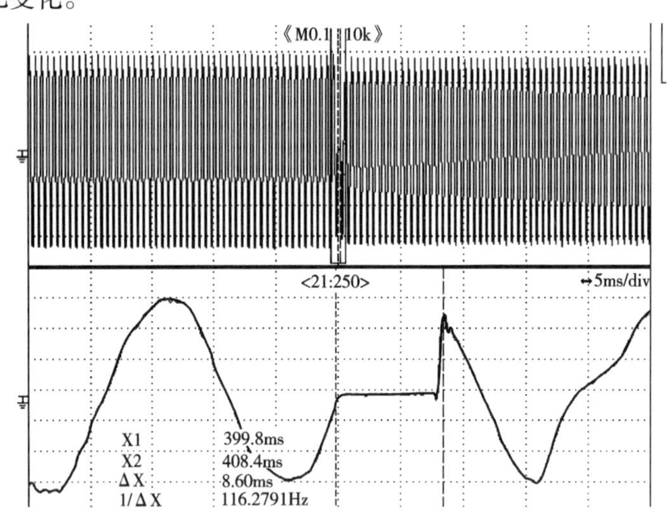

图 1 切换瞬间电压波形

2.3.2 照明节电设备节能效果试验

(1)1∶1实体试验隧道试验

根据 1∶1实体试验隧道现有供电系统,在整个照明回路中串入照明节电设备,模拟市电情况,同时安装电能计量设备,通过接触式调压器调节照明回路的输入电压,使其分别稳定在 380V、390V、400V 和 410V 四个电压状态,在等时间范围内记录四个电压状态时的电能消耗,判断其节能效果。具体试验数据见表 5。

同负载条件下节能设备能耗 表 5

试验用调压器设备运行状态	运行电压(V)	试验时间(h)	用电量(kW·h)
投入	356	8	113.8
不投入	380	8	137.9
不投入	390	8	140
不投入	400	8	150

从表5可以看出，以356V电压为基准，当模拟市电电压分别调至380V、390V、400V和410V时，调压调流节能设备投入后可分别节能约17.5%、20.2%、25.3%和30.9%。值得我们注意的是，在电压为356V时，其照明效果在人的理论视觉中只感到降低了2.2%左右，对车辆安全行驶基本上没什么影响。

(2)运营隧道试验

课题组对重庆某长度1 200m左右，近期安装了调压调流节能设备的运营隧道进行了为期1个月的节能试验，试验方式为节能设备半个月挂网运行，半个月退网运行，在1个月周期内交替进行。试验方法同前。经过1个月的数据测试并将其推算到1年得知，隧道采用调压调流节能设备后，年节约用电量约296 075kW·h，折合电费约为17.8万元。调压调流节能设备的设计使用寿命可达15年以上，可节约333万kW·h电量。

2.4 隧道节能型变压器容量的研究

变压器的节能应该从两个方面进行考虑，一是选取空载损耗和负载损耗小的变压器，二是根据隧道用电设施负荷特性确定合理的变压器容量。

在节能变压器的型号选取方面，节能变压器的选取应考虑初期投资和运营电能损耗费用之和的综合费用。目前，市场上应用的干式变压器主要有SC型、SG型和非晶合金型。我们在研究中发现，在这三种类型的变压器中，非晶合金型变压器的空载损耗和负载损耗是最小的，当然，其在运营期间的电能损耗也是最小的，但其价格目前是最高的，综合费用也高于SC型变压器；SG型变压器的空载损耗和负载损耗值和SC型差不多，但其价格略高于SC型变压器，其综合费用是最高的。因此，目前SC型变压器是最节能的变压器，但随着非晶合金变压器的价格下调，且其具有高可靠性、低损耗、低噪声的优势，非晶合金型变压器将在配电工程中有着巨大的发展空间。

变压器容量选取的关键要素是各用电设施组的需要系数以及变电所的同期系数。隧道内主要用电设施为射流风机、照明设施以及消防设施、监控设施等。根据隧道用电设施在正常和异常交通状态下的运行情况，课题组对隧道的用电设施的需要系数进行了研究，并且运用研究结果反推其综合费用，与以往实施的工程相比，其综合费用是最低的，且可提高其负载率，负载率可达到60%左右。研究数据表明，隧道内射流风机需要系数采用0.7~0.8、隧道照明设施需要系数采用0.8~0.9、隧道监控和消防设施需要系数采用1.0是比较合适的。

2.5 分期实施方案研究

隧道供配电系统由多种电气设备和材料组成。在研究中结合各种因素将公路隧道供配电系统的构成进行了分类，主要类型为“一步到位”类型、“需更换”类型和“需增装”类型。

对于隧道电缆桥架/电缆预埋管、电缆沟支架等长寿命、低成本的耐用配电附件、隧道洞口变电所/洞内变电所、隧道预留洞室及其相关预留预埋设施、隧道10kV外部电源等系列采用一次设计，“一步到位”的方案。对于变压器、高低压开关柜等涉及电能损耗费用和产品老化的产品需考虑分期实施的方案。

研究根据工程经济学的相关理论建模并计算隧道运行年限内各分期实施阶段上述所有的费用，并折算成等年值，该等年值可科学的反映隧道供配电系统所发生的年费用，从定量的角度给出了不同规模隧道的最佳分期实施方案。以下是不同隧道的分期实施方案，具体内容见

表6。

如果表6中的方案一采用高速公路全线变压器容量统一调整方式，其增加费用可能更低。

隧道分期实施方案经济对比表 表6

序号	隧道长度	项目	分期实施方案			备注
			方案一（更换变压器和新增开关柜）	方案二（增加变压器和新增开关柜）	方案三（新增同容量变压器和新增开关柜）	
1	1 000m左右隧道	初期投资	380	380	380	一次性实施方案的系统投资约为450万元
		追加投资	102	87	89	
		更换的变压器残值	2			
		等年值	较原方案节省2.73%	原方案节省3.24%	原方案节省3.01%	
		电量损耗	原方案节省16.90%	原方案节省15.88%	较原方案节省6.39%	
2	3 000m左右隧道	初期投资	650	650		一次性实施方案的系统投资约为845万元
		追加投资	120	105		
		更换的变压器残值				
		等年值	较原方案节省2.91%	原方案节省3.22%		
		电量损耗	原方案节省22.15%	原方案节省22.15%		
3	3 000m以上隧道	初期投资	850	850		一次性实施方案的系统投资约为900万元
		追加投资	150	130		
		更换的变压器残值				
		等年值	较原方案节省2.68%	原方案节省3.02%		
		电量损耗	原方案节省21.35%	原方案节省21.45%		

3 结语

本文对隧道供配电系统从系统方案到电气设备容量以及节能设备进行了系列研究，研究成果可为公路行业设计人员提供一定的参考。综上所述，隧道供配电系统在隧道机电工程造价中占有相当大的比重，而各省市隧道内用电设施的运营措施和隧道供电系统方案设计也各有不同，因此，行业建设和设计人员可根据工程自身情况进行参考和运用，同时随着新技术和新产品的不断发展，隧道供配电系统的节能研究还有进一步的潜力挖掘。

参考文献

[1] 赵清碧，张琦，吴小丽，等. 公路隧道节能型供配电系统方案评价与节能设备试验研究[J]. 公路交通科技，2008(6):121-124.

[2] 金星，洪延姬. 一般供配电系统可靠性分析方法[J]. 导弹和航天运载技术，2003(1):40-44.

[3] 曾崇宁. 公路隧道供配电主要矛盾及对策[C]//2001年全国公路隧道学术会议论文集.

厦门:中国公路学会,2001:430-434.

[4] 杨光. 照明节电设备的种类和类型[J]. 灯与照明,2006,30(2):18-22.

[5] 高远望,冯杰. 隧道供配电及照明系统中节能技术综合应用探索[J]. 公路交通科技 2006,10(10):40-43.

[6] 黄利华. 论变压器电能损耗及节能措施[J]. 铜业工程,2002,3(12):47-49.

[7] 王大刚,刘凇伯,王力强. 电力电缆截面选择方法的发展与应用[J]. 电力设备,2004,9(8):27-32.

[8] 糜彤,颜静仪. 高速公路隧道中压供电技术应用与实践[C]//2005 年全国公路隧道学术会议论文集. 成都:中国公路学会、四川省公路学会,2005:557-561.

[9] 曹崇智. 中压环网系统在高速公路长大隧道中的应用[C]//2001 年全国公路隧道学术会议论文集. 厦门:中国公路学会,2001:439-443.

[10] 谭迪. 中压电能传输系统用于高速公路供配电工程[J]. 电气时代,2004,11(15):53-56.

[11] 中国航空工业规划设计研究院,等. 工业与民用配电设计手册[M]. 北京:中国电力出版社,1994.

寒区公路隧道防冻保暖技术及应用

张玉强[1] 张国柱[2] 赵清平[3]
(1.绥满国道主干线博牙高速建设管理办公室;2.同济大学 上海 200092;
3.武汉广益工程咨询有限公司 武汉 430074)

摘 要:在寒冷地区修建交通隧道的工程,最主要的问题是隧道主体结构尤其是洞口段的结构抗防冻能力、运营期间的安全性及结构的长期寿命等。寒区隧道建成后受地质构造、地下水、地温、气候条件和隧道通风等多种因素的影响,易出现洞内路面结冰、衬砌破损、渗漏水,并导致拱部挂冰、侧墙出现冰柱等病害,严重影响行车的安全。目前,常用的冻害治理方法是被动防寒和主动供暖。以林场隧道为例,分析隧址区的水文地质、工程地质和气象条件,综合采取行之有效的防冻保暖措施。

关键词:寒区隧道 冻害 被动防寒 主动供暖

0 引言

在我国冻土面积分布非常广泛,其中多年冻土主要分布在东北大、小兴安岭和松嫩平原北部及西部高山和青藏高原,并零星分布在季节冻土区内的一些高山上[1]。我国多年冻土区面积有215万km^2,占国土总面积的22.4%;在西部大开发战略中,建成西部便利的交通系统是西部经济发展和社会进步的必然环节。随着我国在青藏高原铁路、公路建设的兴起,寒冷地区隧道的抗防冻问题日益受到工程界的关注和重视。在寒冷地区修建隧道工程,与一般地区相比,技术性问题要复杂得多,最主要的问题是隧道结构尤其是洞口带的结构抗防冻能力、运营期间的安全性及结构的长期寿命等问题。

日本道路公团和日本铁道综合技术研究所最近的统计表明[2],日本全国3 800座铁路隧道中有1 100座因冻害原因,在冬季运营期危及行车安全;公路隧道中,仅北海道地区的302座大型公路隧道中发生严重冻害的就有104座。挪威寒区隧道都出现了大范围的漏水、挂冰以及冰溜等灾害。

在我国东北和西北地区有33座铁路隧道存在不同程度的冻害,以致常年有8~9个月不能使用,东北嫩林线和牙林线的洞门都有开裂现象,嫩林塔河—樟岭白卡尔隧道、西罗奇2号隧道、林碧支线上的翠岭2号隧道、牙林线岭顶隧道和南疆线奎屯隧道等处于严寒或多年冻土地区,在建成后普遍存在衬砌冻涨开裂、酥碎、剥落、挂冰、道床冒水、积水及结冰等病害,严重威胁行车安全[1]。我国40个寒区隧道冻害统计如图1所示。

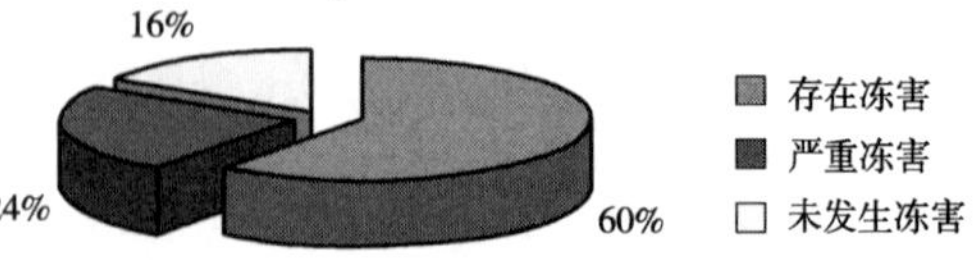

图1 我国40个寒区隧道冻害统计

国内外的寒区隧道工程针对自身的气候、结构特点,采取了多种形式的防冻保暖措施。以林场隧道为例,分析隧址区的水文地质、工程地质和气象条件,综合采取行之有效的防冻保暖措施。

1 寒区公路隧道的冻害情况

通过对大量寒区隧道冻害现象的调查研究,并经过实地考察,寒区隧道主要发生以下类型的冻害。

1.1 隧道衬砌漏水、挂冰[3]

当寒冷地区年降水量较大、围岩破碎、围岩内储水量丰富时,隧道通过融区时往往有地下水涌出,在排水系统不通畅的情况下,地下水将不可避免的通过隧道衬砌上的裂缝向隧道内渗漏。

地下水的渗漏一到冬季就会出现麻烦,隧道衬砌裂缝渗漏出来的地下水在负温下逐渐冻结,在拱顶及边墙上将出现一串串的冰柱,其形状很像钟乳石,随着渗漏地下水的不断补给冰柱也逐渐加粗,有时冰柱的直径可超过1m,严重侵入隧道的建筑限界。

1.2 隧道衬砌开裂、酥碎、剥落

寒区隧道普遍存在衬砌开裂的问题。隧道衬砌开裂的原因除了地质情况、结构类型和施工影响等因素外,寒冷地区气温的日较差及年较差都很大,因而隧道衬砌上产生的温度应力和冻胀力的作用是寒区隧道衬砌开裂最主要的原因。隧道衬砌环向开裂是寒区隧道比较突出的一个弱点,并且非常普遍。环向裂缝一多就增加了地下水渗漏的通道,同时,也使衬砌的风化剥蚀作用加剧。根据调查统计,在东北林区铁路隧道中,沿着隧道轴向环向裂缝平均4m就有一条,裂缝宽1.0~3.0mm,冬季扩展,夏季闭合,宽度随气温的变化而变化。

隧道衬砌水平及斜向开裂绝大部分产生在隧道边墙处。这种开裂危害性很大,严重时可使边墙凸出、错牙。这种开裂大多发生在地下水涌出的地段,而且是衬砌背后无排水系统的边墙上,开裂在入冬时开始鼓起,春融时又逐渐收缩,但一般收缩量要小于鼓起量,有残余变形。此外,开裂与隧道衬砌的结构形式关系密切,直墙式衬砌比曲墙式衬砌开裂要严重得多。由此可见,隧道衬砌水平及斜向开裂主要是衬砌背后的积水或含水围岩冻胀所致。

1.3 隧道底部冒水、积冰、冻胀

隧道围岩中的地下水往往具有承压性,在排水系统不通畅的情况下,隧道底部常常会出现冒水现象,在入冬及春融季节形成冰锥。承压地下水是产生冰锥的必要条件。冰锥长度最长沿线路方向可达300m,如果不及时刨冰,靠衬砌边墙位置积冰厚度可达0.3~1.3m,靠线路道床位置积冰有时还要埋没轨顶。此外,还有线路冻胀的问题,其冻胀隆起高度最大可达170mm,比积冰更难处理,处理时只能在冻胀地点的前后用木垫板起道顺坡,等待春融时回落,而且必须随时监测侵入隧道建筑限界的情况,必要时应要求车辆慢行。冻害发生模式如图2所示。

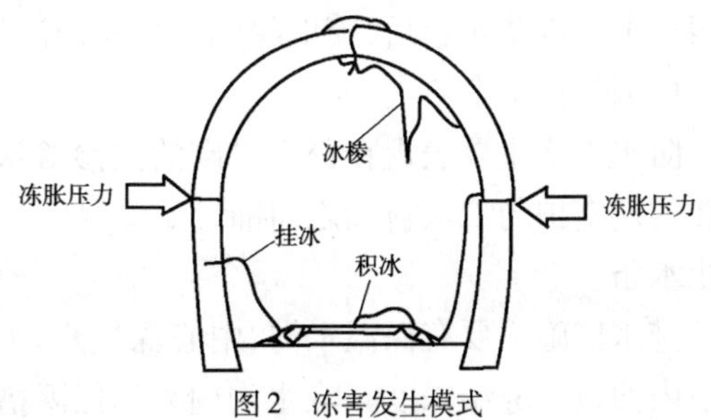

图2 冻害发生模式

2 寒区隧道的防冻保暖措施

目前，为防止寒区隧道可能产生的各种病害，国内外都采取了相应的防治措施，具体防治办法如图3所示。

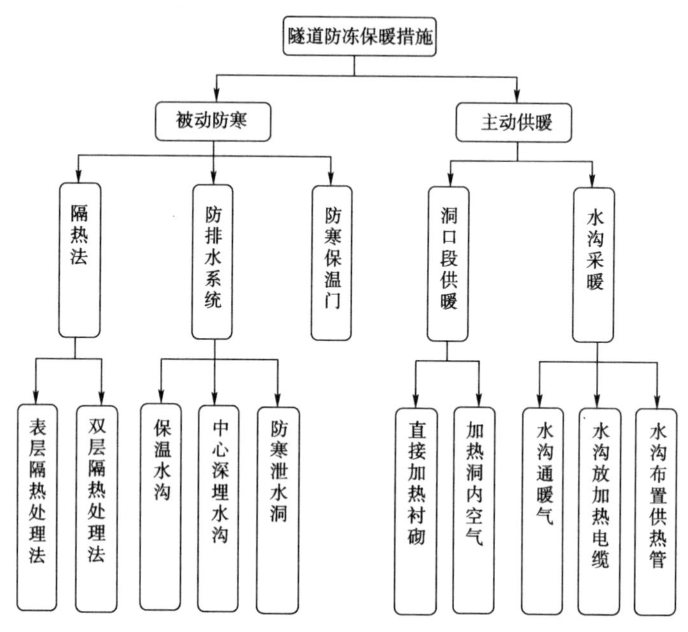

图3 隧道冻害防治措施

由图3可知，隧道防冻保暖主要有两种形式，即被动防寒和主动供暖。被动防寒措施已经在国内多条寒区公路、铁路隧道得到应用，下面仅对被动设防进行简要介绍，将详细介绍主动供暖。

2.1 被动防寒[4-6]

(1)隔热法

隔热法是在衬砌表面或初衬与二衬之间设置隔热材料，使围岩的热量在冬季不逸出，并保持隔热材料的表面温度在冰点以上而防止冻害的方法。该措施有表面隔热处理法和双层衬砌隔热处理法两种方法。

表面隔热处理法是在二衬表面布置隔热材料的方法；双层衬砌隔热处理法是在喷射混凝土表面上铺设防水板后，喷射隔热材料或铺设保温隔热板，再修筑二次衬砌的方法。

(2)防排水措施

防水措施主要表现在提高衬砌的抗渗等级，寒区隧道的混凝土抗渗等级一般不低于S8，并在初期支护与二次衬砌之间铺设耐地温的防水板材、施工缝、伸缩缝、沉降缝应该选用耐低温止水条。

排水措施主要有保温水沟、中心深埋水沟和防寒泄水洞。保温水沟采用浅埋方式(浅于隧道内的最大冻结深度)，在水沟内采用保温措施，以达到冬季不冻结的目的。

中心深埋水沟是把水沟埋设于隧道内相应的冻结深度之下,利用地下水的初温达到冻融平衡,从而达到防冻的目的。

防寒泄水洞是隧道排除地下水的主要措施之一,形似小隧道,位于隧道的正下方,利用竖井、钻孔或岩石裂隙将隧道周围的地下水位降低,从而防止衬砌周围介质冻结对衬砌产生的冻涨影响。为了充分发挥泄水洞的排水作用,修建泄水洞时,还必须修筑配套排水系统,包括竖向盲沟、泄水孔、支导洞、检查井、锥体保温出水口等。

(3)防寒保温门

防寒保温门,在隧道进出口处安装双层防寒门,当列车接近隧道时,自动装置将双层门打开,让列车通过,然后又将门关上。

这种保温措施只能应用于车流量较小的隧道。

2.2 洞口段供暖

隧道冻害经常发生在隧道洞口段,根本原因在洞口段洞内气温与大气气温非常接近,二衬未能抵抗冻胀、冻融反复作用,导致衬砌发生不同程度的破坏,失去原有的抗冻害能力。所以,洞口段供暖主要针对隧道衬砌进行。目前,常用的供暖有两种形式:一种是直接采取加热措施直接对二衬进行加热,该种加热方式需与隔热层法联合使用;另一种是通过暖气设备加热洞内空气,提高洞内温度,避免二衬受冻。

(1)二衬与保温隔热层之间铺设供热管

紧贴隧道二衬表面延洞轴线方向以一定的环向间距铺设 PE 管,在管内充满一定温度的循环液体,从而实现对衬砌的供热,热源可由电锅炉、燃煤锅炉以及新型能源提供。

(2)在防水层与衬砌之间设置电加热带[7]

衬砌施工时在衬砌与防水层间预埋 UPVC 塑料管,该塑料管下埋至纵向排水管,上端从距路面 6m 处弯出衬砌。隧道运营管理中根据需要向管内下插 PTV 电热带,并在必要时通电供热。

(3)隧道内通暖气

在洞口段按一定距离铺设暖气片,加热洞内空气,避免衬砌受冻,可根据洞内气温进行针对性供暖。

2.3 水沟采暖

水沟采暖是通过一定的设备向水沟内供给热量,确保水沟内水体不冻结,保证隧道有通畅的排水系统。在铺设供热设备之前,一定要处理好排水沟的保暖问题,常用做法是在排水沟沟壁及沟底由外向内设沥青涂层、聚氨酯保温板和沥青涂层。最外层设沥青涂层的目的在于保证保温材料与隧道排水沟之间不留透水空隙并对水沟找平。内层设沥青涂层的目的在于保证保温材料的保温效果。

(1)水沟通暖气

在水沟内或水沟上方两层盖板之间布设暖气散热片,一天送三遍气,送气时沟内温度可达到 20℃以上,一般维持在 7 ~8℃,以彻底避免了冻害的发生。

(2)在排水沟内设置供热管

为了确保水沟内水体不发生冻结,在水沟壁、沟底铺设 PE 管,管内充满一定温度的循环液体，从而实现对水沟的供暖。

（3）在水沟内铺设加热电缆

加热电缆可对水沟进行沿程加热，加热设备选用可置于水中的加热电缆，加热电缆铺设于保温水沟内底、靠近隧道外壁一侧。南疆线奎先隧道运营多年以后的后期治理中，在防寒水沟里采用了加电热器的方式进行治理。

3 工程应用

3.1 工程概况

林场隧道行政区划属于内蒙古自治区牙克石市免渡河镇。地理位置：东经 120°27′～120°29′，北纬 49°04′～49°05′，距免渡河镇东约 30km 处，工作区内交通不发达，仅有一条护林防火砂石公路与免渡河镇相连。

隧道区位于大兴安岭中南部中低山腹地，山体走向自东北至西南，海拔高程为 900～1 000m，构成本区二级夷平面，山势较平缓，坡角 5°～30°，地形相对高差为 100.0m。

隧道区位于欧亚大陆中纬度偏高地带，属于温带大陆性半干旱草原性气候。冬季寒冷漫长，夏季温凉短促，春季干燥风大，秋季气温骤降、霜冻早。多年平均气温 -2.6℃，历年最高气温 36.5℃（1969 年），最低气温 -46.7℃（1970 年）。多年平均风速 3.3m/s，平均最大风速 18.6m/s，历年最大风速 29m/s。多年平均降雨量 385.8mm，主要集中在七至九月份。年蒸发量 1 101.67mm，主要集中在五至九月份。多年平均无霜期 95d，最大冻结深度为 3.0m。

3.2 防排水措施

3.2.1 防水设计

（1）复合式衬砌的初期支护与二次衬砌之间设置了 EVA 防水板，EVA 采用厚度 1.5mm 产品，内衬土工布，该种防水板具有韧性好、阻燃、抗冻裂性能好，易铺设等特点。EVA 防水板采用无钉铺设，防水板接头质量采用充气检验。

EVA 防水板的设置是整个隧道防水系统中最重要的一项措施，其施工质量的好坏直接影响到隧道使用及衬砌结构的安全。

（2）隧道的施工缝使用遇水膨胀橡胶条，沉降缝使用橡胶止水带止水，衬砌外侧防水板上设置背贴式止水带，防止施工缝和沉降缝处渗漏水。

（3）明洞采用 EVA 防水板加两层土工布作为防水层，纵向盲沟汇水，并用横向排水管把水引至中心排水沟。

（4）模筑混凝土衬砌采用 C30 防水混凝土，混凝土抗渗等级不得低于 S8。施工时应进行混凝土的抗渗试验，以确定混凝土的配合比及外掺剂的品种和用量。

3.2.2 排水设计

（1）隧道初期支护与围岩之间设置环向渗排水片材汇水，衬砌的边墙底用纵向渗排水管材集水，然后由横向排水管将水排至中心排水沟。环向渗排水片材的纵距根据地下水量大小确定，地下水丰富地段间距 5m，不丰富地段间距 10m，施工时可根据实际情况适当调整，但设置的总数量不应少于设计图中的数量。局部涌水处在围岩表面设置了 Ω 形塑料排水管，设计未指定其具体位置，施工时可根据涌水情况确定。

(2)隧道中心排水沟设置于隧道中心线处，中心排水沟根据不同的排水长度分别采用内径50cm、60cm和80cm，壁厚8cm或10cm的钢筋混凝土圆管。

(3)为满足防冻要求，保持排水路径畅通，林场隧道在隧道洞口500m范围内将中心排水沟深埋至冻深线以下，以保证隧道衬砌外的地下水顺利地得以排出。

(4)中心排水沟每隔250m左右设置一处中心检查井，用于检查疏通中心排水沟，洞内中心排水沟与深埋段中心排水沟通过检查井连接。

(5)隧道行车道右侧设置内径25cm排水边沟，纵向每隔25m左右设置一处沉砂井，用于排出路面积水和消防用水及检查疏通排水边沟。

3.3 保暖措施

鉴于隧道处于高寒地区，必须在隧道洞内采用保温设施，使围岩水保持一定的温度才能不被冻结并顺利排出。设施中的"保温材料"必须具备保冷抗冻性好、防火性好、防水及耐腐蚀性好等特点；"装饰抗冻层的面板"必须具备优良的防火性和抗冻性，并能随隧道拱弯曲成弧形。因此，博克图隧道和林场隧道的隧道洞口1 000m范围内的二次衬砌表面设置了福利凯隧道保温系统(FLOLIC SDBW)，系统施工工序如下。

(1)首先检查隧道二次衬砌表面是否平整以及是否存在空洞、蜂窝或深裂缝等问题。如有以上问题应预先处理解决，之后再继续下一步工序。

(2)在隧道二次衬砌表面测位、放线、打眼，并安设$\phi6\times65$mm的FL膨胀螺栓。沿隧道纵深方向的间距是610mm；沿隧道环向的间距是以一块面板为单位，间距为405mm；螺栓杆外露于隧道二次衬砌表面的长度为20mm。

(3)将50mm×34mm的FL-U形件固定在螺栓端头，FL-U形件与螺栓垂直，不可出现松动。

(4)先用厚度为40mm的福利凯板将FL龙骨U槽填实后，再将FL龙骨用FL自攻钉固定在FL-U形件上。FL龙骨延展方向同隧道纵深方向一致。FL龙骨加长时，必须使用FL接长件连接。

(5)将厚度为40mm的福利凯板镶嵌在FL龙骨框架内，福利凯板块必须连接紧密。

(6)用FL自攻钉将6mm厚FL纤维增强板固定在FL龙骨框架上，FL自攻钉的间距为200mm。板与板相接时，留2~3mm伸缩缝。整个施工面沿隧道纵深每隔30m留一个25mm宽伸缩缝，要求整个施工面随隧道拱成自然弧形且平整牢固。

(7)用专用腻子及网带将FL纤维增强板之间缝隙密封后并打磨平整。要求板缝处封闭完全，平整。

(8)在FL纤维增强板表面做装饰处理，如贴瓷砖或涂各种涂料。

4 结语

(1)寒区公路隧道的冻害形式为隧道衬砌漏水、挂冰，隧道衬砌开裂、酥碎、剥落，隧道底部冒水、积冰、冻涨。上述冻害表明，水是产生寒区隧道冻害的根源，为了防止冻害的发生，寒区隧道首先必须采取高效的防排水措施，注意施工质量，尽量减少隧道冻害的发生。

(2)寒区隧道的防寒保暖采用被动防寒和主动保暖两种形式，被动防寒主要包括隔热法、防排水措施和防寒保温门，主动供暖主要包括洞口段供暖和水沟采暖。

(3)考虑隧址区的水文地质、工程地质以及气象条件等多种因素,综合制订寒区隧道防冻保暖措施。

参考文献

[1] 铁道第三勘测设计院.冻土工程[M].北京:中国铁道出版社,2002.

[2] 苏林军.寒区隧道冻害预测与对策研究[D].成都:西南交通大学,2004.

[3] 吴紫汪.寒区隧道工程[M].北京:海洋地质出版社,2003.

[4] 吕康成,等.隧道防排水工程指南[M].北京:人民交通出版社,2005.

[5] 陈建勋.隧道病害防治技术的研究[D].西安:长安大学硕士论文,2004.

[6] 孙文昊.寒区特长公路隧道抗防冻对策研究[D].成都:西南交通大学,2005.

[7] 崔凌秋,吕康成,王潮海,等.寒冷地区隧道渗漏与冻害综合防止技术探讨[J].现代隧道技术,2005(5):22-26.

二、防灾与环保技术研究

特长公路隧道通风防灾关键问题探讨

王明年　郭　春

（西南交通大学土木工程学院　四川成都　610031）

摘　要：我国最长的高速公路隧道为秦岭终南山特长公路隧道，全长18.02km，双洞双车道，正在规划或建设的10km以上高速公路隧道有7座。通风防灾问题将是特长公路隧道设计、施工、运营管理所面临的重要问题，本文对隧道火灾通风力、火灾烟流控制标准、火灾网络通风计算方法以及公路隧道防灾救援设计方法等几个方面进行了简要探讨。

关键词：特长公路隧道　防灾救援　通风力　烟流控制标准　网络通风

0　引言

目前，世界上已建成的长度超过10km以上的公路隧道达14座之多。公路隧道运营通风方式分为自然通风和机械通风两大类。其中，机械通风分为纵向式、半横向式、全横向式及在这三种基本方式基础上的组合通风方式。长度超过10km以上公路隧道通风模式见表1。

10km以上公路隧道通风模式　　表1

序号	隧道名称	国家	修建年代	长度（m）	通风方式	竖井数（个）	井深（m）	斜井数（个）	斜井长（m）	最大通风长度（m）
1	Aurland Laerdal	挪威	1995～2001	24 500	纵向			1		18 000
2	秦岭终南山	中国	2001～2007	18 020	纵向	3	180～661			5 494
3	圣哥达（St. Gothard）	瑞士	1970～1980	16 918	横向	2	522 303	2	513 896	1 597
4	阿尔贝格（Arlberg）	奥地利	1978～1982	13 927	横向	2	736 218			2 470
5	弗雷儒斯（Frejus）	法国—意大利	1974～1979	12 901	横向	1	735	1	705	2 345
6	雪山（Pinglin）	中国台湾	1993～2004	12 900	纵向	3	249～501			
7	勃朗峰（Mt. Blance）	法国—意大利	1959～1965	11 600	横向					1 450
8	居德旺恩（Gudvanga）	挪威	1991	11 400						

续上表

序号	隧道名称	国家	修建年代	长度（m）	通风方式	竖井数（个）	井深（m）	斜井数（个）	斜井长（m）	最大通风长度（m）
9	包家山	中国	2005～2009	11 200	纵向	2	235	3	950	4 940
10	Folgefonn	挪威	2001	11 100						
11	关越Ⅱ（Kan-Etsu）	日本	1990	11 010	纵向	2				3 735
12	关越Ⅰ（Kan-Etsu）	日本	1977～1985	10 920	纵向	2				3 735
13	Hida	日本	2010	10 750						
14	格兰萨索（Gran Sasso）	意大利	1968～1984	10 173 10 170						

由表1可见，20世纪80年代以前修建的长度超过10km以上的公路隧道，大都采用横向式通风，20世纪80年代以后修建的特长公路隧道基本都采用纵向式通风，15km以上的三座公路隧道中，挪威的Aurland Laerdal和中国的秦岭终南山公路隧道都采用了纵向式通风，只有圣哥达（St. Gothard）公路隧道采用了横向式通风。可见，纵向式通风是当前和未来特长公路隧道的主流通风模式。由表1还可以看出，特长公路隧道在纵向式通风模式下，基本都采用了分段通风模式，一般分段长度不超过6 000m。

特长公路隧道在设计、施工、运营过程中，防灾救援都是其考虑的重点之一。但是，在特长公路隧道的运营期间内，仍然会发生灾难性事故。1999年3月24日，勃朗峰隧道发生火灾，死亡41人，36辆汽车被毁，火场燃烧了53h；1999年5月29日，奥地利的陶恩隧道内后方的重型载货汽车高速撞击前方停放的小汽车而导致大火，造成了14辆货车、26辆小汽车烧毁，12人死亡，49人受伤；2001年10月24日，瑞士圣哥达隧道发生火灾，11人丧命；弗蕾儒斯隧道2005年6月4日由于燃油泄漏致使1辆运载轮胎的载货汽车起火，2名驾驶员死亡，多辆汽车被毁。另外，1977年4月上海打浦路隧道火灾、1991年上海延安东路隧道火灾、2002年1月10日浙江猫狸岭隧道火灾等都给人们留下了深刻的教训。

长大公路隧道的火灾，尽管发生频率很小，但是，一旦发生，由于隧道内火灾温度高、烟雾大，疏散、扑救困难，因此，造成的影响和损害程度是巨大的。这种损害不仅危及人的生命、车辆被毁、交通中断，还损伤隧道结构，影响其使用寿命，甚至会导致局部地区生产秩序的混乱或停顿。

目前，我国最长的高速公路隧道为秦岭终南山特长公路隧道，全长18.02km，双洞双车道。我国正在规划或建设的10km以上高速公路隧道有7座。

对特长隧道通风防灾相关问题进行研究，有利于将“以人为本”的设计理念落实到公路隧道运营管理中，减小公路隧道发生火灾的概率和规模，杜绝公路隧道发生火灾可能造成的人员伤亡，降低公路隧道发生火灾可能造成的财产损失，减少公路隧道建设和运营投资，提高公路隧道运营管理水平,推动我国公路隧道防灾救援技术进步。

1 隧道通风防灾模型试验

西南交通大学从20世纪80年代即开展对于隧道通风防灾的研究工作,近年来更承担了“公路长隧道纵向通风研究”、“秦岭终南山公路隧道综合技术研究—防灾救援技术研究”、“大相岭泥巴山深埋特长隧道关键技术研究”、“高速公路螺旋形曲线隧道营运安全控制技术研究”、“TBM超长距离施工通风及安全卫生保障技术”、“高原特长隧道运营安全、通风与防灾救援技术研究”和“长大隧道通风关键技术研究”等多项国家科技项目以及西部交通建设科技项目、铁道部科技项目等。并结合各项科研项目,建立了占地约4 000m^2的大比例隧道通风防灾模型试验基地。大比例隧道网络通风防灾试验设施如图1所示。

a)

b)

图1 大比例隧道网络通风防灾试验设施

试验基地拥有1:5大比例尺隧道正常运营和火灾模式下网络通风试验装置,该系统能模拟多隧道多横通道多竖(斜)井共同作用的各种复杂通风和火灾工况,能模拟各种通风风速组合,能实时高速自动同步采集多断面多测点火灾温度、风速、风压瞬态参量,并能对试验数据自动进行分析和处理。该试验系统的建立,为我国隧道通风防灾技术研究打下了坚实基础。主要具有如下特点。

(1)试验设施:由一条主隧道、一条辅助隧道、三条横通道和两条竖井组成,隧道坡度可调,横通道位置可调、竖井高度可调。

(2)试验类型:单隧道通风和火灾试验、多隧道正常和火灾模式下通风组织试验、多竖井在正常和火灾模式对隧道通风组织影响试验。

(3)通风能力:可实现0~6m/s的不同风速组合试验。

(4)火灾规模:可实现多种规模的火灾试验。

(5)采集参数:温度、压力、风速、烟层厚度、烟层扩散速度的瞬态量。

(6)参数精度:温度0.1K、压力0.1Pa、风速0.01m/s。

(7)测点数量:352个,根据试验要求可自由扩展。

(8)参数实时自动采集系统:采用有效支持分布式控制和实时控制的串行通信网络-CAN现场总线系统,可实现多断面多测点多瞬态参数高速同步采集。

(9)数据自动分析和处理:采用先进的Origin6.0软件系统,对瞬态试验数据自动进行分析和处理。

建立了1∶5大比例尺隧道地下风机房试验基地，由一条车行通道、两条人行通道、风机房设备间和风机房区等组成。大比例隧道地下风机房试验设施如图2所示。

a)

b)

图2 大比例隧道地下风机房试验设施

2 隧道火灾通风力

隧道火灾情况下与正常运营时的通风力差别主要在于火灾时增加节流效应烟流阻力、火风压和阻塞区段阻力。

2.1 节流效应烟流阻力

当忽略火灾烟流摩尔质量的变化，节流效应烟流阻力如式(1)所示。

$$H_j = \frac{1}{2}\rho_1\left[v_1^2\left(\frac{1}{M_k} - 1\right) + gh_m \cdot \cos\beta(1 - M_k)\right] \tag{1}$$

式中：ρ_1——火灾前风流的密度，kg/m^3；

v_1——火灾前风流的速度，m/s；

M_k——火灾燃烧生成物的相对变化量，$M_k = T_1/T_0$；

h_m——隧道的高度，m；

β——隧道的坡度。

节流效应烟流阻力由两部分组成。第一部分为 $\frac{1}{2}\rho_1 v_1^2\left(\frac{1}{M_k} - 1\right)$，它是由于烟流的温度变化和质量流量的变化引起的，形式与节流阀的局部阻力计算式相同，该部分是火焰对烟流的节流效应，即火焰占用了过流断面，使过流断面减小，烟流阻力增大，其大小与燃烧状态有关，与隧道形状无关。第二部分为 $\frac{1}{2}\rho_1 gh_m \cdot \cos\beta(1 - M_k)$，它是由于烟流流动过程中的温度变化引起的，该部分说明：由于隧道本身具有一定的高度，当烟流温度变化时断面内的流束受力不均，使烟流受力，它是火灾烟流的湍流节流效应，其大小与隧道特性、燃烧状态和烟流的流动状态等有关。

2.2 火风压

假定烟气流经隧道后，各点的气压值不变，此时，火风压按式(2)计算。

$$h_b = 11.77\Delta Z \frac{\Delta t}{T} \tag{2}$$

式中：h_b——火风压值，Pa；

ΔZ——高温气体流经隧道的高程差，m；

Δt——高温气体流经隧道内空气平均温度增量，K；

T——高温气体流经隧道内火灾后空气的平均绝对温度，K。

对于长大公路隧道，由于温度沿程变化，因此，在进行火风压的计算时，可以将火灾时的隧道分段，分别计算每一段的火风压值，然后叠加，如式(3)所示。

$$h_b = \sum h_{bi} = \sum 11.77\Delta Z_i \frac{\Delta t_i}{T_i} \tag{3}$$

根据上述公式，发生火灾时，火风压对隧道的影响分为两种情况：一是火灾发生在离排风口远的主隧道中，影响仅局限于主隧道中；二是火灾发生在各底部排风口附近，火灾对竖井底部风道和竖井均产生影响两种情况，并考虑坡度影响。

发生火灾后，烟流温度增量用式(4)估算。

$$\Delta T = \Delta t_0 \cdot e^{-\frac{c}{g}x} \tag{4}$$

式中：x——沿烟流方向计算烟流温升点到火源点的距离，m；

ΔT——沿温流方向计算距火源点距离为 x m 处的气温增量，℃；

Δt_0——发火前后火源点的气温增量，℃；

g——沿烟流方向 x m 处的火烟的重量流量，kg/s；

c——系数，$c = kU/3600c_p$；

k——岩石的导热系数，$k = 2 + k'\sqrt{v}$，k' 值为 5～10；

U——相应计算点的巷道周长，m；

c_p——空气的定压比热，取 0.24kcal/(kg·℃)。

当有新鲜空气流入时，新鲜空气与烟流的混合过程看作是绝热过程，然后计算混合后的气流的温度，进行火风压计算。

2.3 阻塞区段阻力

阻塞区段阻力可按式(5)计算。

$$P'_f = (R'_\lambda + R'_\xi) \cdot Q^2 = \left(\lambda_h \cdot \frac{l_T \rho S'}{8F'^3} + \xi' \cdot \frac{\rho}{2} \cdot \frac{1}{F'^2}\right) \cdot Q^2 \tag{5}$$

式中：P'_f——阻塞区段的阻力；

λ_h——环状空间气流的沿程阻力系数；

l_T——阻塞区段长度，m；

ρ——空气密度，kg/m³；

ξ'——阻塞区段局部阻力系数；

F'——阻塞区段断面面积，m²；

S'——阻塞区段断面湿周，m。

3 火灾烟流控制标准

总的来说,在发生火灾的情况下从安全的角度考虑,在设计中应采取如下原则。控制烟流蔓延,尽可能使人们在无烟状态疏散;在任何情况下,人们必须能够在合理的短时间内以及合理短的距离到达安全的地方。为此,应提供诸如应急出口或耐火屏障等设施。通风系统必须能够保证逃生路线和待援点无烟流污染。通风系统必须能够为消防创造良好的条件。在发生汽油燃烧的情况下,必须避免由于不完全燃烧所造成的间接爆炸。因此,通风系统必须能够提供充足的空气,使其充分燃烧或者稀释爆炸性气体。为了最小化发生燃料汽化情况的火场面积,应该提供适当的排水系统。

公路隧道火灾主要有三种场景,即单隧道火灾场景、双隧道火灾场景、单隧道和通风井联合火灾场景。对于不同火灾场景,救援模式不同,因此,通风烟流控制标准也不同。

3.1 单隧道火灾场景

单隧道火灾场景的通风烟流控制标准为风流方向为纵向,由火区上游流向火区下游,风速控制在2~3m/s。

3.2 双隧道火灾场景

对于具有多横通道的双隧道火灾场景的通风烟流控制标准为:火灾隧道内风流方向为纵向,由火区上游流向火区下游,风速控制在3m/s;非火灾隧道内风流方向为纵向,与火灾隧道相反,风速控制在5m/s;火灾点上游两横通道内风流方向为由非火灾隧道流向火灾隧道。

3.3 单隧道和通风井联合火灾场景

对于具有单隧道和通风井联合火灾场景的通风烟流控制标准为:火灾隧道内风流方向为纵向,与行车方向相同,以通风井为分段,由隧道流向排风井,由送风井流向隧道,具体风速控制方式见表2所示。

不同火灾位置送、排风竖井风速组合(单位:m/s) 表2

风机控制类型	火灾点位置		
	排风区段	短道	送风区段
人员疏散完前	0~3	0~3	0~3
人员疏散完后	6~3	3~3	0~最大

4 隧道火灾网络通风计算方法

在隧道火灾时期,迅速准确地掌握隧道通风网络的风流状态及火灾烟流和有害气体的分布,对于现场指挥救灾和合理控制风流具有十分重要的意义。但是,由于隧道火灾的爆发成灾时间很快,并且在火灾过程中,火灾与通风系统的相互作用,使火灾影响波及的范围很大,因而火灾时期风流状态变化十分复杂。在现阶段,只有使用计算机模拟的方法,才能获得较全面的火灾时期风流状态的数据,从而为救灾决策提供依据。

火灾时期的通风网络解析,是用计算机数值模拟的方法,模拟解算动态变化中的通风网络各分支风量、风压、温度、有害气体浓度、节点压力和风机工况等参数。在隧道通风网络的基本理论和解算方法的基础上,可以编制隧道通风网络仿真计算程序来解决这一问题。

4.1 风网的数学解法

风网解算的研究已经持续了一个多世纪,数学解法有几十种,这些方法的基本依据有两条,即拓扑约束和支路约束。所谓拓扑约束就是节点和分支相互关联形式的约束。对于任一风网来说,其基本定律有两个,即分支风量和分支风压,它们也受拓扑约束和支路约束的支配。拓扑约束和支路约束完全描述了风网的特性,它们是解算风网的基本依据。解算隧道通风网络的数学分析方法虽然很多,但都是根据风网的两个基本变量而派生出来的,概括起来可分为风量法和风压法两大类。

将分支风压平衡定律引入回路中,则有隧道通风网络的基本数学模型。

$$\sum_{j=1}^{n} c_{ij} h_j = \sum_{j=1}^{n} c_{ij} p_j \quad (i=1,2,\cdots,b) \tag{6}$$

目前,国内外在解算隧道通风网络时,尤其是应用计算机对通风网络进行解算时,采用居多的方法是回路风量法。其中最著名、应用最广泛的是斯考德—恒斯雷法,其次是牛顿—拉夫森法和平松法。

斯考德—恒斯雷法属于迭代法,其实质是在满足风量平衡定律时预先假定网孔内各分支风量,根据风压平衡定律式和阻力定律式列出网孔风压平衡方程,再按照方程式的泰勒级数展开式求风量的校正值 ΔQ,将风量初拟值作第一次修正,又用第一次校正风量求算第二次修正值,校正得各分支第二次渐近风量,直到满足预定精度为止。斯考德—恒斯雷法的程序框图如图 3 所示。

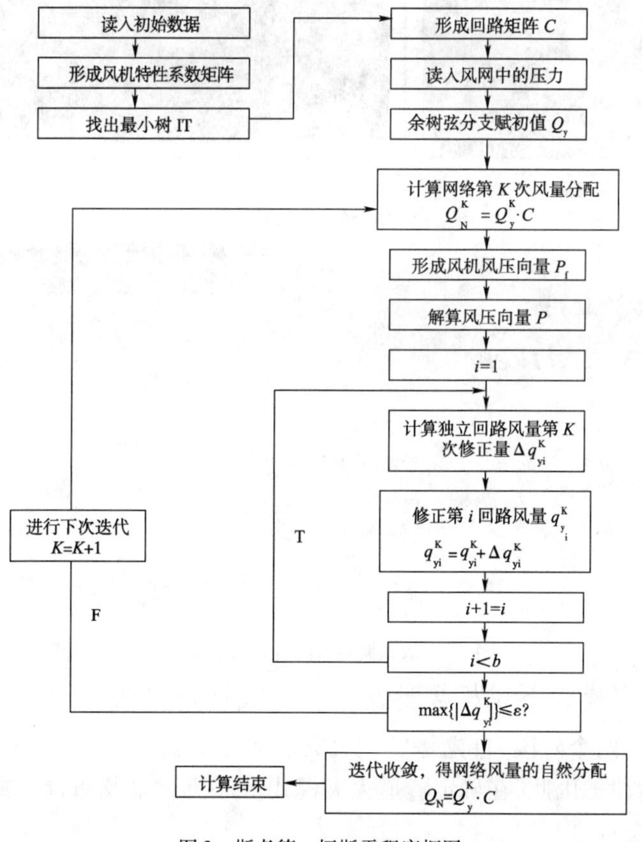

图 3 斯考德—恒斯雷程序框图

牛顿—拉夫森法与斯考德法思路相同。但由于没有忽略同阶无穷小量,此法在理论上是严格的,所以按照此法进行迭代求解时基本上不受回路选择的影响。使用此法利用计算机对由复杂网络建立的方程组进行解算时,虽然所需的迭代次数少,但每迭代一次所需要的时间却较多。对于一个小型的通风网络来说,利用牛顿法进行计算,所需时间少,但当解算大型的通风网络系统时,计算时间就会大大增加,这也就失去了它的优越性。

4.2 网络通风程序实现

本系统以 Visual C + + 6.0 为开发平台。采用可视化编程,进行交互式操作,使得程序使用更具有人性化,操作更加的简单明了。程序可以读入 AutoCAD 的. DXF 格式文件,借助于 CAD 的强大的画图功能,从而使建模更加省时省力。同时程序也具有一些简单灵活的图形操作功能以便对模型进行处理,使之更加的完善。并且系统实现了火灾情况下烟雾影响区段的自动查找并计算相应的火风压,和竖井底部的升压力分支的自动查找与计算。长大隧道火灾通风计算软件如图 4 所示。长大铁路隧道网络通风计算程序如图 5 所示。

a)

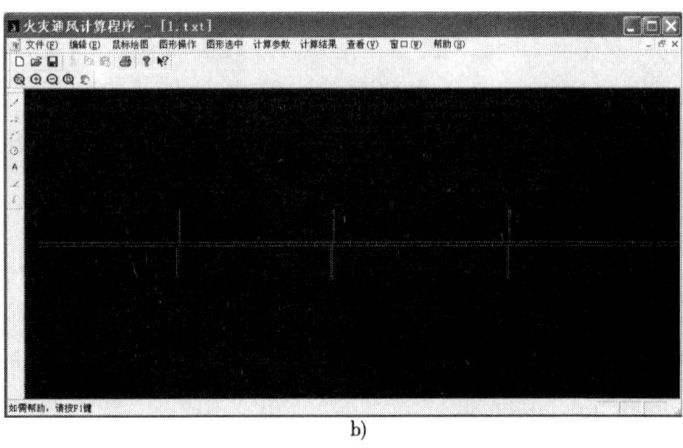

b)

图 4 长大隧道火灾通风计算软件

a)

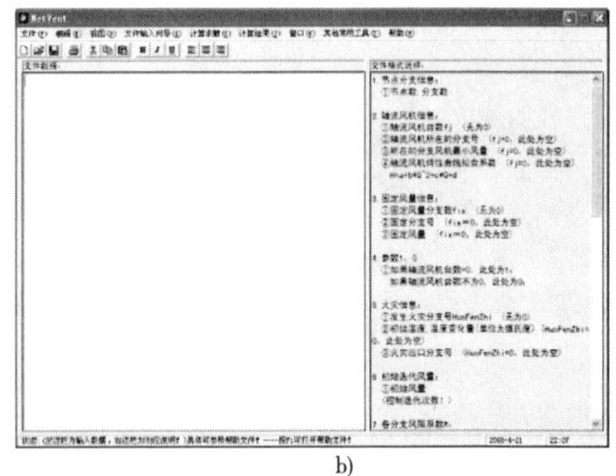
b)

图 5 长大铁路隧道网络通风计算程序

4.3 隧道火灾模式下风机数量及布置方式确定方法

隧道火灾可分为两个阶段,首先是发生火灾后的疏散救援阶段,其次是在疏散救援结束后,便转入的灭火阶段。因此,在确定隧道火灾模式下风机数量及布置方式时,应结合这两个火灾阶段的两种工况综合确定。

隧道火灾模式下的风机数量及布置方式确定的具体流程如图6所示。

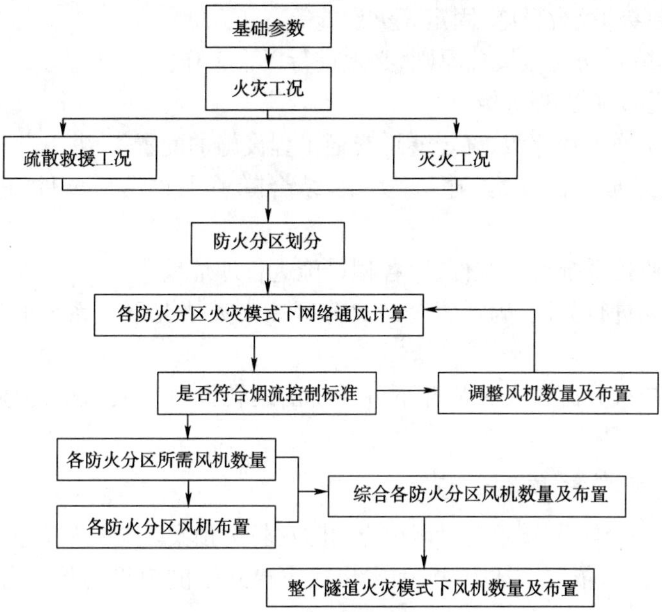

基础参数
火灾工况
疏散救援工况
灭火工况
防火分区划分
各防火分区火灾模式下网络通风计算
是否符合烟流控制标准
调整风机数量及布置
各防火分区所需风机数量
各防火分区风机布置
综合各防火分区风机数量及布置
整个隧道火灾模式下风机数量及布置

图6　隧道火灾模式下风机数量及布置方式确定流程

5　特长公路隧道防灾救援设计方法

5.1　公路隧道防灾救援设计原则

公路隧道的防灾救援设计，应贯彻以下总原则：以人为本，预防为主，防消相结合；监控有效，措施有力，疏散有序，助救与自救相结合；早期发现，及时灭火，移动式和固定式灭火相结合。

(1)以人为本，预防为主，防消结合：将火灾对隧道内人员危害减至最小作为最高原则，建立消除火灾隐患的检测和管理的行车安全保障体系，以及火灾报警、救援和灭火的防范体系，其在软硬件上要作以下考虑。

软件包括正常行车规章制度、非火灾异常情况的处理预案、载有危险品车辆的检测和行车管理办法、日常监控管理制度、报警及消防系统的检查和维护制度等。

硬件包括设备和电缆的耐火设计、车行及人行横通道的布置间距和与主隧道的连接方式、设备布置方式、监控报警系统、消防设备、危险品车辆检测设备等。

(2)监控有效，措施有力，疏散有序，助救与自救相结合：建立高标准的人员助救和自救设施和办法，其在软硬件上要作以下考虑。

软件包括火灾情况下的组织和执行预案、火灾情况下的通风预案、火灾情况下的行车组织预案、火灾情况下的疏散救援预案、火灾情况下的灭火预案。

硬件包括警报设施、逃生通道标志、引导设施、自救设备、助救设施、灭火设施等。

(3)早期发现，及时灭火，移动式和固定式灭火相结合：侧重早期灭火，将火灾扑灭于爆燃之前的5~10min，最大限度地降低损失，其在软硬件上要作以下考虑。

软件包括建立火灾的早期灭火和爆燃灭火预案、灭火通风组织预案、灭火方式预案和消防队伍工作方案,组织消防演习。

硬件包括智能移动灭火设施、固定灭火设施等。

为了实现公路隧道防灾救援总原则,必须进行以下工作。

(1)对公路隧道交通工程等级进行划分。

(2)根据隧道交通工程等级,确定隧道交通工程设施的配置类型。

(3)根据隧道交通工程设施的配置类型,结合隧道土建设计条件,进行隧道监控系统设计。

(4)根据隧道监控系统设计文件,对各型设施进行地址编码。

(5)对隧道防火进行分区,确定每个防火分区在火灾情况下各系统的运转设备及其对应的地址码。

(6)根据每个防火分区在火灾情况下各系统的运转设备及其对应的地址码,制订防灾救援预案。

5.2 隧道防灾救援预案制订

对隧道内的每一个防火分区应制订相应的防灾救援预案。制订过程主要是:

(1)根据防火分区,依照上述方法,确定出火灾模式下隧道设备控制台数及位置,并对各设备进行编码。

(2)根据疏散、救援过程需要,确定各子系统的执行顺序。

(3)根据每个子系统控制特点,确定每个设备的执行顺序,并按设备编码进行排序。目前,可采用群发技术对子系统设备进行控制。

(4)根据设备执行顺序和子系统执行顺序,制订出该防火分区的防灾救援预案。

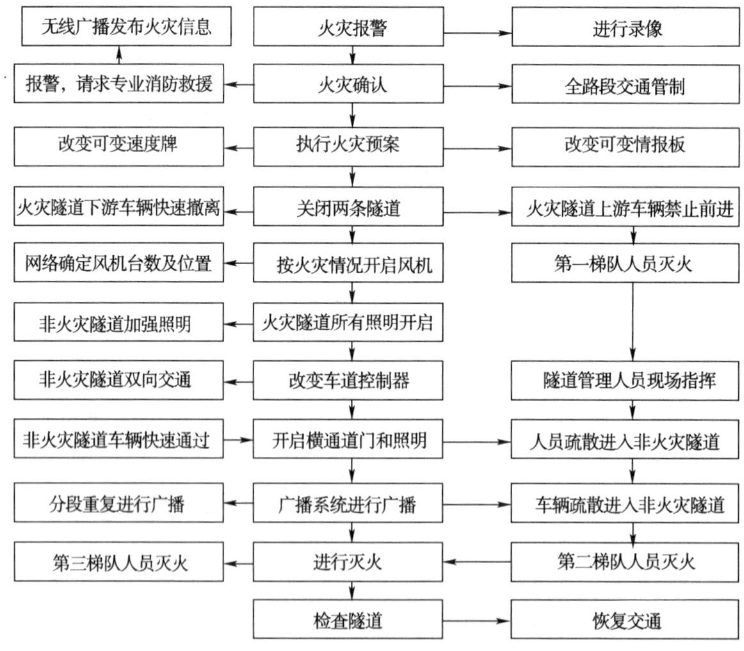

图7 隧道防灾救援预案执行顺序

6 结语

本文通过对隧道火灾通风力、火灾烟流控制标准、火灾网络通风计算方法以及公路隧道防灾救援设计方法等几个特长公路隧道通风防灾所面临的关键问题进行了简要探讨，给出了相关的计算方法、控制标准和设计方法，希望对今后的特长公路隧道设计、施工、运营管理等有所帮助。

参考文献

[1] 王明年，杨其新，袁雪戡，等. 公路隧道火灾温度场的分布规律研究[J]. 地下空间，2003，(3)：317-322.

[2] 王明年，杨其新，袁雪戡，等. 公路隧道火灾情况下风压场变化的模型试验研究[J]. 公路交通科技，2004，(3)：60-63.

[3] 郭春，王明年，周仁强. 公路隧道火灾中火区节流效应理论及试验研究[J]. 四川建筑科学研究，2009，(2)：258-261.

[4] 于丽，王明年，郭春. 秦岭特长公路隧道火灾温度场的数值模拟[J]. 土木工程学报，2007，(6)：64-68.

[5] 杨其新，王明年，邹金杰. 隧道火灾烟流性态的模型试验分析[J]. 地下空间与工程学报，2008，(3)：568-571.

[6] 闫治国. 长大公路隧道火灾研究[D]. 成都：西南交通大学，2002.

[7] 于丽，王明年. 火灾模式下公路隧道竖井温度场分布试验研究[J]. 公路工程，2008，(4)：34-36，46.

[8] 于丽. 终南山特长公路隧道火灾模式下通风设计和控制技术研究[D]. 成都：西南交通大学，2009.

[9] 杨其新，阎治国. 秦岭终南山特长公路隧道火灾模型试验研究[J]. 广西交通科技，2003，(4)：18-25.

[10] 曹智明. 双洞长大公路隧道火灾模式下的通风组织研究[D]. 成都：西南交通大学，2003.

[11] 陶双江. 竖井对长大公路隧道火灾影响的模型试验研究[D]. 成都：西南交通大学，2004.

[12] 郭春. 深埋特长高速公路隧道通风关键技术研究[D]. 成都：西南交通大学，2008.

[13] 于丽，王明年. 长大公路隧道火灾模式下的烟雾特性研究[J]. 现代隧道技术，2007，(4)：101-106.

[14] 严双峰. 公路隧道火灾通风控制技术的数值模拟研究[D]. 成都：西南交通大学，2008.

[15] 沈碧辉. 长大公路隧道火灾烟流性态的三维瞬态数值模拟研究[D]. 成都：西南交通大学，2008.

[16] 王明年，杨其新，郭春，等. 两隧道防灾救援通风组织模拟[D]. 成都：西南交通大学，2001.

[17] 王明年,杨其新,曾艳华,等.终南山特长公路隧道火灾模式下网络通风研究[J].地下空间,2002,(1):65-71.

[18] 周仁强.长大公路隧道火灾模式下通风及控制技术研究[D].成都:西南交通大学,2006.

[19] 杨其新,王明年,曹智明.长大双洞公路隧道火灾模式下横通道风流研究[J].地下空间,2004,(2):220-223.

[20] 王明年,杨其新,曾艳华,等.秦岭终南山特长公路隧道网络通风研究[J].公路交通科技,2002,(4):65-68.

[21] 高旭.特长深埋隧道通风井经济断面积和经济风速研究[D].成都:西南交通大学,2008.

[22] 邹金杰.竖井对长大公路隧道火灾影响的三维数值模拟研究[D].成都:西南交通大学,2006.

[23] 邹金杰,吴向东,杨其新.竖井烟囱效应对隧道火灾影响的数值模拟分析[J].现代隧道技术,2007,(5):15-18.

[24] 王明年,何林生,吴永清.隧道智能监控中心计算机系统[J].公路交通科技,2001,(2):33-36.

[25] 王明年,杨其新,赵秋林,等.秦岭终南山特长公路隧道防灾方案研究[J].公路,2000,(11):87-91.

[26] 赵海东.乌鞘岭隧道辅助坑道对运营通风的影响及特长隧道定点防灾研究[D].成都:西南交通大学,2009.

[27] 付修华,杨其新,刘化冰.秦岭特长公路隧道防火安全体系的探讨[J].广西交通科技,2003,(3):26-30.

[28] 蒋雅君,杨其新.地下铁道防灾救援系统的初步研究[J].地下空间,2003,(4):427-430.

[29] 王明年,杨其新,郭春,等.装运易燃易爆和危险品车辆进入隧道的安全运输管理办法[R].成都:西南交通大学,2001.

公路隧道交通安全理论研究进展

王少飞[1,2] 林 志[1,2]

(1.招商局重庆交通科研设计院有限公司 隧道建设与养护技术交通行业重点实验室 重庆 400067;2.国家山区公路工程技术研究中心 重庆 400067)

摘 要:公路隧道已成为交通事故的多发路段,交通安全问题日益突出,国内外对公路隧道交通安全理论的研究才刚刚起步,目前尚未形成比较完善的理论体系。本文结合大量文献资料,从公路隧道交通流特性、公路隧道交通事故的分布规律、公路隧道交通安全仿真与评价、公路隧道交通事故的影响因素和公路隧道交通安全保障技术5个方面全面阐述了公路隧道交通安全理论发展和应用情况及其当前研究存在的主要问题,并对研究发展趋势进行了展望。

关键词:公路隧道 交通安全 研究综述

0 引言

截至2009年,全国公路隧道为6 139处,总计394.20万延米,其中,特长隧道190处,合计82.11万延米,长隧道905处,合计150.07万延米[1],其运营安全面临巨大的压力和挑战。公路隧道已成为交通事故的多发路段,交通安全问题日益突出[2]。纵观现有研究成果,国内外对公路隧道交通安全理论研究还不够深入,也并未将其作为独立的课题进行系统性、综合性研究[3],目前尚未形成比较完善的理论体系。本文结合大量文献资料,全面阐述了公路隧道交通安全理论发展和应用情况,探讨当前研究存在的主要问题,旨在为公路隧道交通安全理论进一步深入研究提供借鉴和参考。

1 公路隧道交通安全理论发展和应用

国内外专家和学者从不同方面对公路隧道交通安全问题进行了初步探索,主要集中在公路隧道交通流特性、公路隧道交通事故的分布规律、公路隧道交通安全仿真与评价、公路隧道交通事故的影响因素、公路隧道交通安全保障技术这5个方面。

1.1 公路隧道交通流特性研究

交通流特性研究是公路隧道交通安全理论发展和应用的基础。韩直[4,5]根据交通流理论,分析了公路隧道交通流模式特性,并提出相应的控制策略;通过对公路隧道交通控制模式研究,提出单向双车道双洞隧道一般有40种运营工况、12种洞内交通流组织方案和24种控制模式及其应用条件,相关研究成果已运用于陕西秦岭终南山特长公路隧道安全运营管理[6]。丁焰等[7]报道了北京谭峪沟隧道和深圳梧桐山隧道交通量及其变化的调查和分析结果,得出隧道交通量日变化趋势及车型构成特点,并对其可能造成的环境影响进行了探讨。陈劲风[8]、单永欣[9]结合国内外交通流模型研究成果,将 MACK 系列宏观动态交通流模型应用于公路隧道交通流模型,为公路隧道交通诱导与控制策略设计提供了理论依据。许宏科等将数据挖掘技术应用于杭州绕城高速公路黄鹤山隧道交通流数据分析,可得到隧道交通流的一些特性信息,如何时隧道内交通量最大、何时隧道内交通密度最大等。侯常明等对公路隧道进出口车头时距分布规律进行了研究。张生瑞等探讨了公路隧道入口前路段、入口段、过渡段、中间段和出口段的小型车、大型车速度变化特性。高瑛穗对自由车流车辆与行车干扰车辆宏观与微观特性进行了分析。

1.2 公路隧道交通事故的分布规律研究

交通事故分布规律研究是公路隧道交通安全理论发展和应用的重点。张生瑞等根据京珠高速公路韶关段 4 座隧道的交通事故统计资料(2003 ~2004 年),从时间分布、空间分布、事故形态分布和事故车型构成等 4 方面分析了该路段隧道交通事故的分布规律。张道文等从时间分布、空间分布、事故形态分布、事故车型构成和事故的天气分布等 5 方面分析了成南高速公路冯店隧道交通事故分布规律。张玉春等通过对浙江省内 10 条高速公路的隧道交通事故调研,对交通事故形态分布和事故车型构成等进行了分析。俞宇萍等选取浙江省 6 座山区高速公路隧道作为研究对象,对其洞口交通事故的分布规律进行了统计分析。日本、挪威等国学者也曾对公路隧道交通事故的分布情况进行过调查统计,我国学者的部分研究成果与其分析结论较为吻合,如追尾事故比例较高、隧道出入口地段事故多发等。

1.3 公路隧道交通安全仿真与评价研究

交通安全仿真与评价研究是公路隧道交通安全理论发展和应用的难点。

(1)公路隧道交通安全仿真研究

运用虚拟现实(Virtual Reality,VR)技术,对公路隧道交通控制与诱导策略进行仿真研究,可为公路隧道运营管理人员提供虚拟的隧道环境,模拟真实隧道的各种异常工况,具有培训和学习功能,用于提高公路隧道运营管理人员的业务水平和应变能力。以公路隧道意外事件下的跟驰模型和换车道模型为核心,结合公路隧道交通控制与诱导策略,在 Visual C++6.0 环境下对公路隧道意外事件下的车辆行为进行了仿真实现。对公路隧道交通诱导仿真平台设计进行了初步研究,可模拟隧道内各种交通控制与诱导策略。运用 VISSIM 交通仿真软件对公路隧道车行横洞进行交通流微观仿真,得到车辆安全通过车行横洞的时间数据,并给出不同大型车辆构成条件下,隧道车行横洞的可能通行能力。

(2)公路隧道交通安全评价研究

罗玉屏等综合考虑影响公路隧道交通安全的“人、车、路、环境、交通特性”等因素,建立公路隧道交通安全评价指标体系,利用层次分析法、模糊数学理论对其进行综合评价。施洪乾通过对具体隧道事故形态的研究,找出事故的主要影响因素,并对其重要程度进行分析,建立高速公路隧道群交通事故风险评估指标体系,综合运用层次分析法和模糊数学理论对高速公路隧道群发生交通事故的风险进行评估。吴建生等借鉴欧盟先进的方法与技术,应用风险潜势与安全潜势的概念,研究公路隧道行车安全评估方法,并以客观数据对台湾雪山隧道安全等级进行评估。马壮林等研究发现,事故发生时段、碰撞类型、天气、日标准小客车交通量和 AADT 之比与公路隧道交通事故严重程度显著相关。

1.4 公路隧道交通事故的影响因素研究

交通事故的影响因素研究是公路隧道交通安全理论发展和应用的核心。

(1)人的因素研究

世界道路协会(PIARC)隧道运营技术委员会(C5)WG3工作组调查表明:由于隧道使用者的错误行为而导致的事故在隧道事故中占很大比例。对长大公路隧道环境下人的生理和心理反应进行了初步研究,并得出一些基本结论,如不同性别驾驶员的生理和心理变化存在一定差异;心理负荷相对外界道路交通环境较高;"闪烁效应"对驾驶员影响因素最大等。文献[2]研究认为,公路隧道交通事故中,人的因素主要包括:违章驾驶、违章停车、生理和心理变化、驾驶经验和技术等。

(2)车的因素研究

由于车辆因素诱发的公路隧道交通事故主要包括制动失效、轮胎爆裂、操纵稳定性较差、发动机自燃、超限(超高、超长、超宽、超载)运输等。部分公路隧道设在长大下坡处,车辆在行驶过程中连续制动,导致车辆制动系统失灵,之后在隧道内发生交通事故。据统计,公路隧道事故中近1/3的事故车型为大型载货汽车,主要是车辆超限运输所致。此外,一旦车辆在隧道内抛锚,不能及时停靠在紧急停车带内,其后果是极为严重的,甚至有可能造成连环相撞事故。

(3)路和隧道环境因素研究

针对隧道路面抗滑性和阻燃性课题,我国学者进行了大量研究,部分研究成果已纳入《公路隧道设计规范》(JTG D70—2004),但有关公路隧道内采用沥青混凝土路面还是水泥混凝土路面的争论还在继续。从目前应用情况看,沥青混凝土路面仍是高等级公路隧道优先选择的路面类型。在隧道线形研究方面,主要集中在隧道洞口平面线形,且工程设计人员对相关规定的理解也不尽一致。

隧道环境因素主要涉及照明条件、空气质量及噪声大小等,其中前者对公路隧道交通安全影响最为显著。杜志刚等对公路隧道进出口视觉问题进行了深入研究,得出了基于视觉适应的隧道进出口照明公式及隧道进出口照度过渡加强范围及改善措施等;张天乐通过DIAlux软件建立了基于日光分析的隧道入口段照明模型,给出了入口段亮度折减系数参考值;闫桂梅通过视知觉模型来反映隧道照明的显色性与人眼识别的关系:白天隧道内照明光源的显色性要高些,夜晚则相反;崔璐璐认为将"反应时间"作为评价隧道照明光源光色及其光效的参数,是非常重要也是非常必要的。韩直等论述了NO_x对人体的危害,调查了部分隧道NO_2含量,并提出我国公路隧道NO_2浓度建议值;邓顺熙等建立了确定特长公路隧道内CO浓度设计限值的剂量—反应方程。王明年等调查研究表明,公路隧道内的主要噪声源是交通流,其所产生的噪声值远超过规范要求;对公路隧道内噪声预测及降噪措施进行了研究,以提高公路隧道行车安全性与舒适性。

(4)管理因素研究

管理因素对人、车、路和隧道环境等因素均起着激发作用[2],隧道安全运营管理水平的高低在某种程度上影响着交通事故的频发程度和严重程度。从构建运营管理体系、完善法律法规、制订应急救援预案、建立交通管理制度、宣传教育和技术培训等方面对公路隧道安全运营管理技术进行了论述。

1.5 公路隧道交通安全保障技术研究

交通安全保障技术研究是公路隧道交通安全理论发展和应用的关键,也是前文所述4方面研究成果应用的集中体现。周宏敏等提出公路隧道交通安全人性化设计方法,并在景婺黄高速公路蛟岭隧道进行了工程实践与运用。刘宏启等提出紧急停车带与隧道进出口应保持的最小安全距离。介绍通过采用视线诱导和强制提醒的隧道行车安全整治模式,泰赣高速公路隧道群交通安全形势有了很大改观。提出高速公路隧道交通安全保障系统的设计思路及其运作模式。提出公路隧道限速方案及其交通安全策略。提出公路隧道异常事件预警理论和方法。

2 公路隧道交通安全研究存在的问题

国内外对公路隧道交通安全研究才刚刚起步,主要还存在以下问题:

(1)公路隧道交通流特性与开放式道路交通流特性相比有明显区别,主要表现在:隧道内严禁超车和蛇行、隧道内限速行驶、行车间距有严格规定等,但绝大部分研究忽视了上述细节而简单地将开放式道路交通流模型套用于公路隧道(群)交通流模型,使得其应用存在很大的局限。

(2)国内外有关公路隧道交通事故的数据资料明显偏少,我国公安部门每年发布的交通事故白皮书也并未将公路隧道交通事故单列统计,直接影响到公路隧道交通安全基础课题研究的深入进行,如公路隧道交通事故的分布规律、公路隧道交通事故率和死亡率分析、公路隧道交通事故与隧道长度和交通参数的关系等。

(3)公路隧道交通安全仿真研究没有很好地结合隧道交通流特性和隧道运行环境,不利于其推广运用。不同的公路隧道交通安全评价体系差别很大,很多评价指标与公路隧道交通安全并不显著相关,致使最终评价结果的可信度受到置疑。

(4)虽然对公路隧道交通事故的影响因素研究较多,但并未梳理出与公路隧道交通事故强相关的致因因素,使得公路隧道交通事故分析存在很大困难和争议。

(5)对公路隧道交通安全保障技术的运用效果没有长期跟踪,忽视了相关反馈信息的搜集与整理,如驾驶员的认知程度和运营管理人员的评价结果等。

3 结语

公路隧道交通安全问题比道路交通安全问题更为复杂、更为棘手。随着国家及地方高速公路网规划的逐步实施,高速公路不断向山岭重丘区延伸,公路隧道里程不断增长,规模不断扩大,其交通安全问题日益突出。公路隧道建设、科研、运营单位对此高度重视,近年来开展了一系列相关技术研究,本文结合大量文献资料,从公路隧道交通流特性、公路隧道交通事故的分布规律、公路隧道交通安全仿真与评价、公路隧道交通事故的影响因素和公路隧道交通安全保障技术等5个方面对公路隧道交通安全理论的研究进展和最新成果进行了较为全面和详细的论述。基于国内外公路隧道交通安全研究现状,对其研究发展趋势展望如下:

(1)选择典型公路隧道路段,根据其交通运行状态观测数据,对公路隧道交通流宏观和微观特征进行深入研究,建立符合客观实际的公路隧道交通流模型,为公路隧道交通安全预警体系提供理论基础。

(2)对国内公路隧道交通事故开展大规模、全方位的调查统计工作,建立我国公路隧道交通事故数据库,以进一步分析公路隧道事故的分布规律、影响因素,以及公路隧道事故多发地点的辨识与处置。

(3)对不同交通量、不同行车速度、不同车型、不同事件状态下的公路隧道运营风险进行全面深入分析,揭示构成公路隧道运营风险的各种潜在危险因素及其危害程度,从而为公路隧道运营风险评价和交通安全保障措施制定提供科学依据。

(4)通过开展公路隧道车辆运行环境与驾驶行为模拟仿真实验,为判别车辆运行状态及潜在的隧道运营风险提供理论依据。

(5)研究公路隧道环境下驾驶员的生理和心理行为,以及发生火灾等灾变事件时人的逃生行为。

(6)研究公路隧道交通安全管理技术,以充分发挥公路隧道交通工程设施的作用,防患各类灾变事件的发生,使得公路隧道运营安全得到切实保障。

(7)建立公路隧道交通安全评价体系,对国内公路隧道运营安全情况进行全面、系统评估,以指导公路隧道运营单位提高管理水平、提升服务质量。

(8)开展公路隧道交通安全审计工作,包括工程可行性研究阶段、设计阶段、施工阶段、运营阶段的交通安全审计等。

参 考 文 献

[1] 中华人民共和国交通运输部. 2009 年公路水路交通运输行业发展统计公报[EB/OL]. 2010 [2010-04-30]. http://www.moc.gov.cn.

[2] 王少飞,林志,陈建忠,等. 山区高速公路隧道交通安全问题探讨[J]. 公路交通技术, 2009,12(6):137-143.

[3] 马昌喜,广晓平,钱勇生. 长公路隧道交通安全研究[J]. 灾害学,2008,23(1):82-87.

[4] 韩直. 公路隧道交通控制策略[J]. 公路交通技术,1999(3):36-41.

[5] 韩直. 公路隧道交通控制模式研究[J]. 公路交通技术,2004(1):86-90.

[6] 重庆交通科研设计院. 秦岭终南山特长公路隧道监控技术研究总报告[R]. 重庆:重庆交通科研设计院,2005.

[7] 丁焰,叶慧海,王炜,等. 公路隧道机动车流量调查及其构成特点[J]. 环境科学研究, 2001,14(4):43-47.

[8] 陈劲风. 长大隧道交通诱导与控制研究[D]. 西安:长安大学,2002.

[9] 单永欣. 公路隧道交通诱导与控制策略研究[D]. 西安:长安大学,2004.

沉管隧道接头防火保护技术研究

唐正伟[1,2] 闫治国[1,2]
(1. 同济大学岩土及地下工程教育部重点实验室 上海 200092;
2. 同济大学地下建筑与工程系 上海 200092)

摘 要:本文通过对国内外沉管隧道工程实例和相关研究的调研,探讨了沉管隧道接头防火保护的几种方法:安设防火板、设置防火构造和其他方式,总结了这些方法的优点与不足之处,可为沉管隧道工程中的接头防火保护措施提供参考。

关键词:沉管隧道 接头 防火保护

0 引言

为了跨越江河的障碍,人们除了建造各种桥梁来缓解日益加剧的交通压力外,也开始修建许多跨海、跨河的水下隧道。沉管法是在干船坞内或大型驳船上先预制好钢筋混凝土管段或全钢管段,浮运到指定水域再通过加载使其下沉至设计位置,之后将各段管段连通构成水下隧道。自19世纪末美国首先采用沉管法建成波士顿下水道工程以来,到2003年,世界上已建、在建的沉管隧道已达到120多条[1]。随着我国沿海地区经济的发展,在上海、广州、宁波等地也相继修建了一些沉管隧道,如上海外环沉管隧道、广州珠江沉管隧道、宁波的甬江沉管隧道及常洪沉管隧道等。

接头是沉管隧道的关键部位,也是沉管隧道的薄弱环节。在沉管隧道的设计中,管段间的接头设计一直都是重点。虽然人们对接头的设计更加偏重于防水、防震等方面的研究,但是由于隧道火灾发生的潜在风险,因此需分析评价沉管隧道接头的火灾安全性,同时提出合适的防火保护技术,以提高沉管隧道接头的耐火性能。本文通过对国内外沉管隧道工程及相关研究的调研,对沉管隧道的接头防火保护技术进行了分析。

1 安设防火板提高接头防火能力

在沉管隧道接头防火保护的措施中,常见的为表面隔热方式,其中大多通过安设防火板来提高接头的防火能力。防火板主要由硅酸钙类等轻质材料制备而成,自身热导率低、隔热性好、耐久性强,高温脱去部分结晶水可减缓隧道升温,提高耐火极限,其厚度为10~50mm,耐火极限可达1.0~4.0h[2]。上海市外环线沉管隧道中接头防火使用的就是PROMATECTH防火板。

上海城市外环线是上海市“三环、十射”快速道路系统的重要一环。越江沉管工程是外环线北环中连接浦东、浦西的一个重要节点,是外环线的咽喉工程。外环隧道总长2 880m,其中江中沉管段长736m,由7节管段组成,共设置了2个管段与岸边段间的柔性接头、6个管段与管段间的柔性接头和一个江中最终接头。其管段外包尺寸为43m×9.55m(图1),居亚洲第一,世界第三。

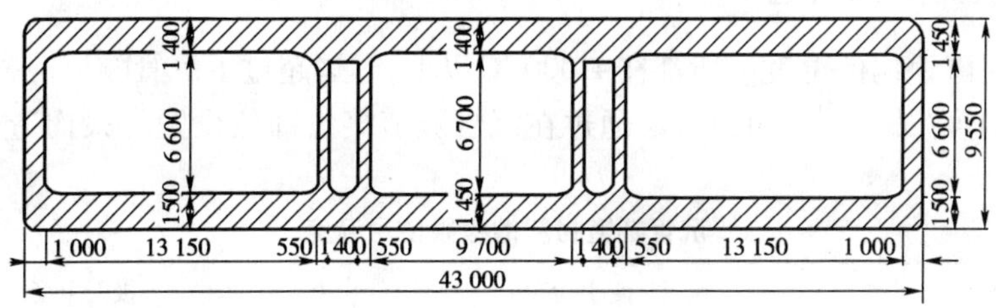

图1 管段横断面图[3](尺寸单位:mm)

管段间采用的柔性接头形式见图2,以GINA橡胶止水带(荷兰Trelleborg ETS-180-220)做第一道止水屏障,用OMEGA橡胶止水带构成第二道止水屏障。在防火板的设置上,为了保证止水带等设施的完善,根据RABT火灾升温曲线,采用12mm厚的防火板达到耐火温度为1 200℃,耐火持续时间为1h的防火要求[3]。

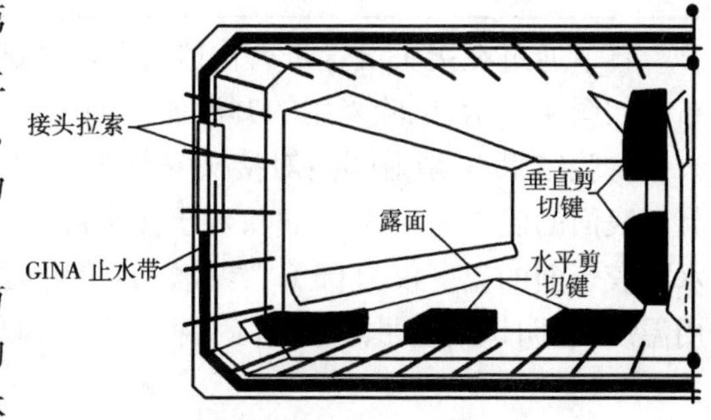

图2 管段柔性接头示意图[3]

需要注意的是,安设防火板这种表面隔热防护的方法虽然可以降低火灾向接头部位传递的热量,但是由于隧道结构体系是一个超静定体系,升温引起的温度应力以及附加变形仍然很严重,会对结构体系产生不利的影响。此外,尽管以防火板来隔热对隧道的防护效果非常明显,并在隧道工程中得到了广泛的应用,但是总体上仍存在如下的缺点和不足[4-7]:

(1)安装了防火板后,无法及时地发现隧道接头部位的渗漏、裂缝的出现及位置,也无法对隧道接头的状况进行直观的检查。

(2)为了安装防火板,需要扩大隧道开挖断面,增加了工程造价和工程量。据Haack[4]估算,安装防火板会使得隧道直径增加8~10cm,相应增加开挖工作量1.5%~2%。

(3)防火板的运输、安装增加了工程施工时间。

(4)使用防火板时会影响隧道内风机、信号设施、交通灯、监控设备等的安装。

(5)由于技术水平的限制,现有的防火板尚难以满足工程全寿命的要求(如100年),一般需要在工程的全寿命期中更新2~3次,增加了维护成本。

(6)防火板不能保护隧道在施工时的火灾安全。如上海市地铁盾构隧道火灾和丹麦大贝尔特隧道火灾均是施工时由于设备(操作失误)起火,对隧道造成了严重的破坏。

(7)在隧道环境下,车辆排出的废气、活塞风、车辆(地铁列车等)振动及电腐蚀等会导致防火板不能有效发挥功用;此外,在进行隧道清洗时,防火板可能会由于高压水、清洗剂等作用而失效。

(8)从全局的观点看,尽管防火板有效地减弱(隔断)了热量向隧道衬砌结构的传递,但是却使大量的热集聚在隧道内,使得隧道内温度迅速升高,火灾规模进一步扩大,恶化了隧道内人员逃生和火灾消防救援的条件。

2　设置接头防火构造

由于火灾时隧道内的温度一般都在 1 000 ℃以上，远远超过了沉管隧道混凝土、钢材及止水材料的极限温度（表 1）[8]，可以考虑通过在沉管隧道接头部位设置防火构造来提高接头的耐火性能。

沉管隧道材料的极限使用温度　表 1

材料类型	使用部位	极限温度（℃）
混凝土	衬砌主体、接头部位	250～380
钢材	衬砌主体、接头部位	250～350
橡胶	接头部位	70～100

日本通过在接头设置防火构造（图 3）来试验其对接头部位防火性能的影响[8]，试验总体布置如图 4 所示，试验采用的升温曲线如图 5 所示。

试验结果表明（图 6）：对接头安装防火构造后，80min 后，沉管内侧钢板温度为 96℃，而混凝土表面的温度为 41℃；同时，对于接头部分，80min 后防火构造内侧温度为 937℃，而二次止水橡胶表面的温度仅为 65℃，橡胶密封垫表面的温度为 19℃。所有温度都没有超出其极限使用温度，表明该措施可用于实际工程中作为沉管隧道接头防火保护的构造措施。

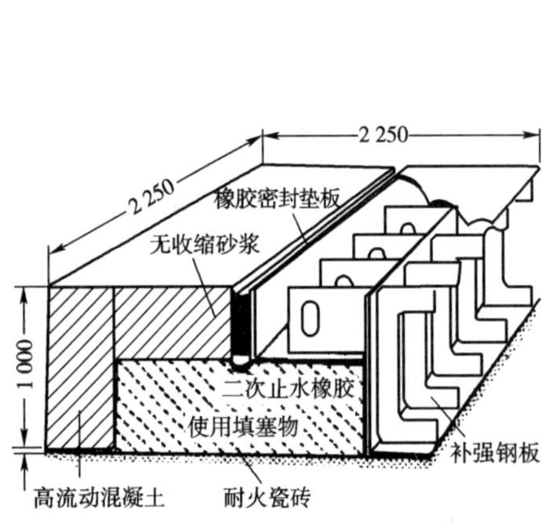

图 3　接头防火构造（尺寸单位：mm）

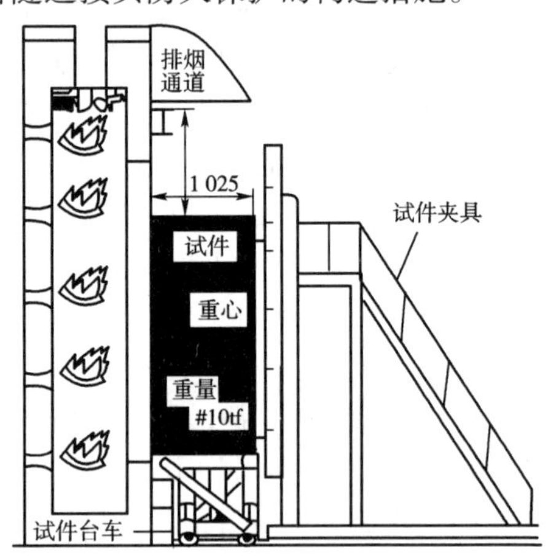

图 4　试验总体布置（尺寸单位：mm）

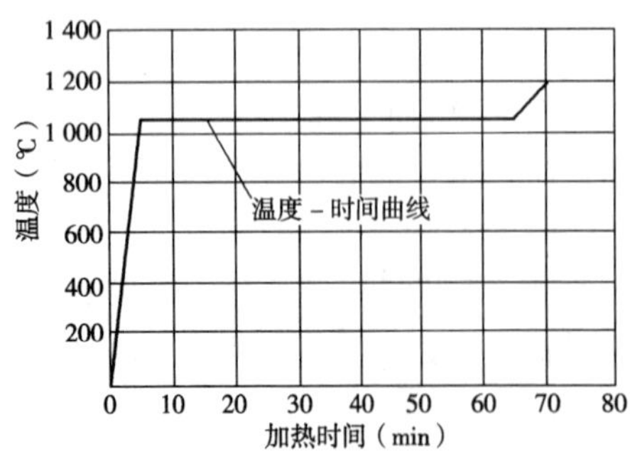

图 5　试验升温曲线

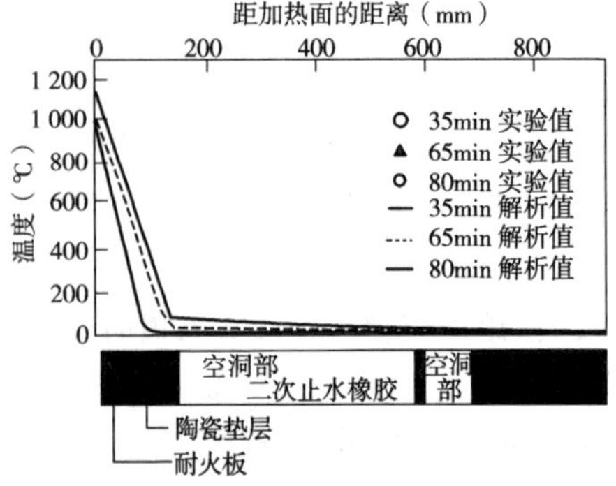

图 6　接头处的温度分布

3 接头防火新技术

隧道工程中的很多其他的防火技术其实都可以用于沉管隧道接头的防火保护之中来。

(1)隧道衬砌的防火保护措施多为表面隔热方式,作为其形式上的变化,德国地下交通设施研究学会(STUVA)开发了一种新的隔热方法:在衬砌表面铺设梯形波纹钢板(用锚杆紧固),在钢板与衬砌之间填充无机矿物绝热层,并通过火灾实验证实这种方法效果良好[9,10]。该方法同样可用于沉管隧道接头防火保护。

(2)为了克服防火板会遮盖衬砌表面,难以对隧道衬砌渗漏情况及表面状况进行检查的困难,一种带孔的防火板"Perfotekt"应运而生。这种防火板由中间的带孔钢板和两侧的隔热层组成,总厚度为1.5~2mm,如图7所示[11]。这种防火板的优点是:安装后防火板背面仍然可见,不影响对隧道接头的检查;另外,即使隧道有渗漏,渗漏的水也可以通过孔排出,不会集聚到防火板后方。

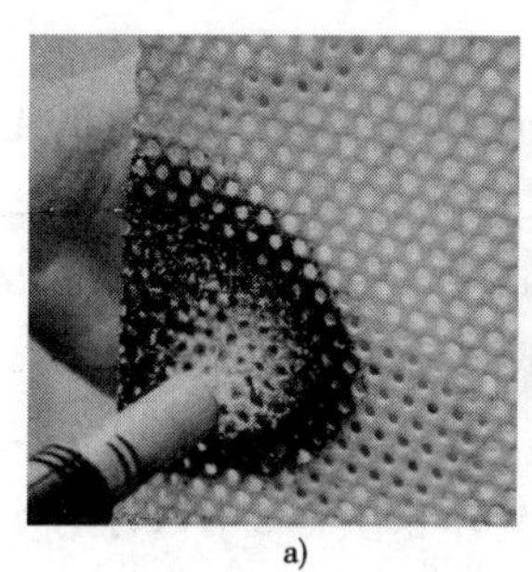
a)

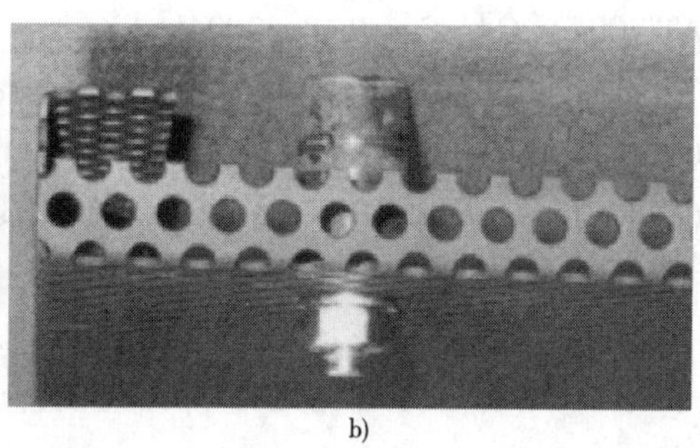
b)

图7 Perfotekt防火板

a)带孔的防火板;b)安装方式

(3)除了表面隔热的构造措施之外,还有一些方法可以用于沉管隧道接头防火保护,如在接头附近安装喷水系统,火灾发生时直接向接头部位附近火源处喷水限制火势。然而对此做法所产生的潜在负面后果仍存有疑虑,例如,由于破坏烟气分层散失能见度、可燃液体大面积扩散、掺着汽油的水和高温蒸汽可能发生爆炸,以及在水喷淋过程中引发次生事故的风险[12]。目前,欧洲部分隧道已经装备了这种喷水消防系统,包括奥地利两条隧道以及巴黎A86和马德里M30隧道。澳大利亚和日本对此已有丰富的经验,美国波士顿和华盛顿的一些隧道也都安装了这种系统。

4 结语

随着沉管隧道在世界范围内运用得越来越多,沉管隧道的防火保护措施逐渐被人们所重视,开始进入人们的研究视野,但现今接头部位的防火保护措施还存在一些不足之处。

(1)防火方式较为单一,多为设置防火板的表面隔热方式,且防火板的性能有待进一步提高,需要寻求更为丰富的防火方式和性能优秀的防火板材。

(2)对防火构造措施的研究较少,需要进一步通过试验以及实际工程来证实这些构造措施的有效性。

参考文献

[1] 薛勇. 沉管隧道接头研究[J]. 特种结构, 2003,20(3):4-8.

[2] 陈夙, 刘军辉, 仲晓林. 隧道防火的研究进展[J]. 涂料技术与文摘,2008(2): 7-9.

[3] 朱家祥, 陈彬, 刘千伟,等. 上海外环沉管隧道关键施工技术概述(续) [J]. 岩土工程界, 2003, 6(9): 7-10.

[4] Haack A. Fire Protection System Made of Perforated Steel Plate Lining Coated with Insulating Material[J]. Tunnel,1999,(7):31-37.

[5] Haack A. Technical Options for Fireproof Tunnel Linings-Limits, Advantages and Disadvantages of the Various Solutions[A]. Proceedings of 1st Brazilian Congress on Tunnelling and Underground Structures(CBT′2004) and the International Symposium South American Tunnelling(SAT′2004)[C]. Sao Paulo,2004b:1-6.

[6] Ono K. Fire Design Requirements for Various Types of Tunnel[M]. Keynote Lecture of ITA WTC 2006,Seoul,Korea,2006.

[7] ITA. Guidelines for Structural Fire Resistance for Road Tunnels[R]. WG 6 Report,2005.

[8] 卿光全,译. 沉埋隧道内的车辆火灾对策[J]. 世界隧道, 2001(2):1-9.

[9] 涂文轩. 火灾对隧道结构的烧损及其灾后加固[J]. 铁道建筑,1993(4):24-25.

[10] 王海莹,袁苏跃,喻萍. 公路隧道结构抗火设计初探[J]. 昆明大学学报,2003(1): 43-46.

[11] 周静贤,译. 铁路和公路隧洞的防火:火灾时混凝土性状—研究、试验及解决方法[J]. 水电技术信息,1996 (z01): 50-57.

[12] 张怡,译. 隧道防火安全设计[J]. 铁道建筑技术, 2009(7): 7-69.

公路隧道火灾特性研究

闫治国[1,2] 朱合华[1,2] 唐正伟[1,2]
(1. 同济大学岩土及地下工程教育部重点实验室 上海 200092;
2. 同济大学地下建筑与工程系 上海 200092)

摘 要:通过对国内外大量隧道火灾案例的分析和研究,分别探讨了通风及消防措施、隧道长度、隧道封闭性、车辆类型对火灾的影响以及隧道火灾中达到的最高温度和火灾持续时间,以期对公路隧道的火灾防治和救援提供借鉴。

关键词:公路隧道 火灾 火灾特性

0 引言

随着国民经济的发展,公路日益延伸,公路隧道的数目和长度也快速增长。据统计,1979年我国公路隧道通车里程仅为52km/374座,1993年我国公路隧道通车里程超过136km/682座,2003年我国公路隧道通车里程已达704km/1 782座[1]。与之伴随而来的是隧道灾害发生的几率也逐渐增加,火灾是其中一种较为严重的灾害,它不但对衬砌结构造成破坏,还会危及人们的生命安全,往往会造成灾难性事故,引起惨重的后果。本文通过对国内外大量隧道火灾案例的分析和研究,探讨了公路隧道火灾的若干特性,以期对隧道火灾防治和救援提供借鉴。

1 通风及消防措施对火灾的影响

虽然直接从火灾案例无法得到量化的通风对火灾热释放率的影响程度,但是通过对相似火灾事故后果的分析可以发现,及时有效的通风和主动消防措施能够明显地减小火灾达到的高温和持续时间,进而降低火灾高温对隧道衬砌结构的损伤。如1978年美国Baltimore Harbor隧道火灾中,尽管火灾已经蔓延到了油罐车(包括危险品),但是由于消防部门积极采取措施在较短时间内扑灭了火灾,结果隧道衬砌结构基本没有受到损伤。

在这一点上,FHWA也认为:对于那些及时采取了主动消防措施(通风系统和灭火系统能够很好地发挥作用)的隧道火灾,可以把损失控制到最小,如美国Holland隧道火灾,美国Chesapeake Bay隧道火灾;而对于那些不能(没有)及时采取措施的隧道火灾,火灾会一直持续下去,以致造成严重的后果,如美国Caldecott隧道火灾、日本Nihonzaka隧道火灾以及奥地利托恩隧道火灾[2]。

2 隧道长度对火灾的影响

尽管隧道火灾后果的严重程度受发生火灾的车辆类型、货物种类、车辆数的直接影响,但是,案例分析同时表明,随着隧道长度的增加,火灾的严重性也在增加。例如,火灾损失惨重的勃朗峰隧道、托恩隧道、圣哥达隧道长度分别达到了11.6km、6.4km和16.9km。这可以解释为:一方面随着隧道长度的增加,隧道火灾的风险增加了[3];另一方面随着隧道长度的增加,发生火灾后,扑救的难度也大大增加,导致火灾蔓延到更多的车辆。

图1给出了公路隧道长度与火灾持续时间(火灾严重性的一个表征参数)的关系,可以看到,随着隧道长度的增加,隧道火灾的持续时间有增加的趋势。

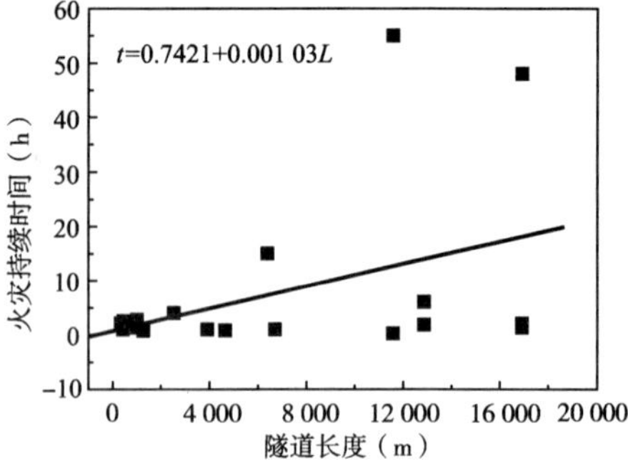

图1 公路隧道长度与火灾持续时间的关系

3 火灾中达到的最高温度和火灾持续时间

对火灾案例的分析表明(图2),火灾中最高温度在900~1 200℃的火灾案例达到了75%,超过1 200℃的案例占的比例约为12.5%。由于这些火灾案例大部分都与重型货车起火有关,因此,可以认为,重型货车火灾最高温度的分布范围为900~1 200℃。

在火灾持续时间方面,案例分析表明(图3),持续时间为1~2h的案例占的比重最大,约为31.8%,因此,可将2h作为隧道火灾的一个基准持续时间。

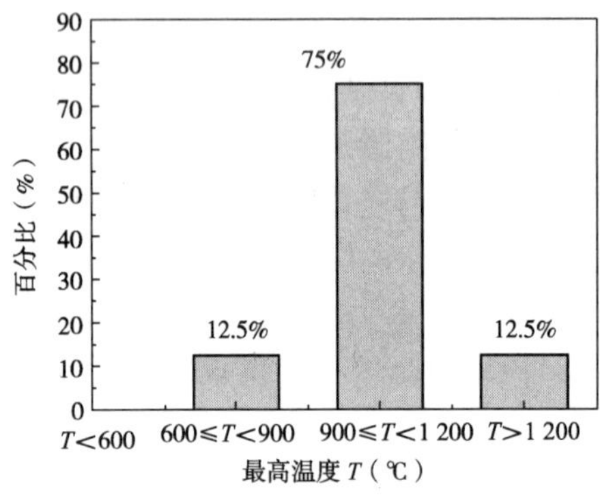

图2 公路隧道火灾的温度分布

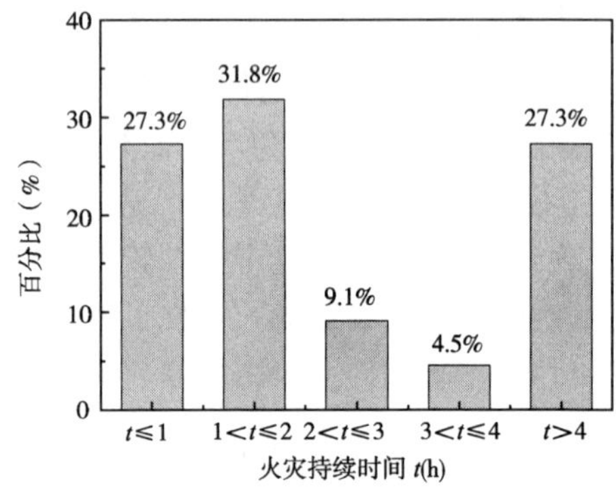

图3 隧道火灾持续时间的分布

值得注意的是,到目前为止,发生火灾的公路隧道中,隧道一般都属于短到中等长度,而长大隧道的火灾案例相对较少。因此,1~2h的持续时间主要反映的是短到中等长度隧道火灾的情况。而对于长大隧道持续时间则可能远远大于这个时间。例如,1999年法—意间勃朗峰隧道($L=11.6$km)火灾持续了55h,瑞士圣哥达(St. Gotthard)隧道($L=16.9$km)火灾持续了48h。因此,在火灾场景的设计中,火灾持续时间应考虑随着隧道长度的增加而调整。

4 隧道封闭性对火灾的影响

如果没有采取及时有效的通风、主动消防措施,隧道火灾极易从起火车辆蔓延,从而导致更多的车辆卷入火灾,加剧了火灾的严重程度。例如,1999年奥地利托恩(Tauern)隧道火灾中,16辆重型货车,24辆小汽车被卷入火灾。更为典型的是1979年日本的Nihonzaka隧道火灾中,共有127辆载货汽车,46辆小汽车卷入火灾。

5 车辆类型对火灾的影响

通过对隧道火灾的调研发现,隧道火灾几乎都与重型货车有关,特别是那些后果严重的隧道火灾案例,重型货车参与的火灾占到了总火灾案例的85%以上。例如,勃朗峰隧道火灾、托恩隧道火灾、圣哥达隧道火灾中,由于有至少10辆以上的重型货车参与燃烧,热释放率达到了100~400MW,造成了灾难性的后果[4]。因此,在公路隧道火灾场景的设计中,应将重型货车作为决定隧道火灾规模的主要因素。

虽然隧道火灾中达到的最高温度与发生火灾的车辆类型、货物种类等相关,但是并没有一一对应的关系。火灾案例表明,即使在没有油料等易燃易爆物的情况下,隧道内也可能达到极高的温度。如1999年勃朗峰隧道火灾中,运载面粉和人造黄油的载货汽车起火导致隧道内的最高温度达到了1 300℃以上,局部甚至达到了1 832℃。

6 结语

通过对国内外大量隧道火灾案例的调研和分析,对于公路隧道火灾有以下结论:

(1)有效的通风和主动消防措施会明显影响隧道火灾的后果。

(2)随着隧道长度的增加,火灾的严重性也在增加。

(3)载货汽车火灾最高温度的分布范围为900~1 200℃,隧道火灾的基准持续时间为2h,且应考虑随着隧道长度的增加而调整加长。

(4)由于隧道环境的封闭性,隧道火灾极易蔓延,从而加剧了火灾规模。

(5)公路隧道火灾绝大部分都直接或间接与重型货车有关,而且,隧道火灾中达到的最高温度与发生火灾的车辆类型、货物种类等相关,但是并没有一一对应的关系。

参考文献

[1] 彭立敏,刘小兵. 交通隧道工程[M]. 长沙:中南大学出版社,2003.

[2] U. S. Department of Transportation, Federal Highway Administration(FHWA). Prevention and Control of Highway Tunnel Fires[R]. FHWA-RD-83-032,1983.

[3] Australasian Fire Authorities Council(AFAC). Fire Safety Guidelines for Road Tunnels[R]. Issue 1,2001.

[4] Lönnermark A. On the Characteristics of Fires in Tunnels(Doctoral Thesis)[D]. Lund:Lund University,2005.

基于风险分析的公路隧道防火安全等级研究

林 志[1,2] 王少飞[1,2]

(1. 招商局重庆交通科研设计院有限公司 隧道建设与养护技术交通行业重点实验室 重庆 400067;2. 国家山区公路工程技术研究中心 重庆 400067)

摘 要:公路隧道防火安全等级的建立需要考虑诸多因素,目前国内外相关标准大多只参考隧道长度和交通量,因而不能充分真实地说明影响公路隧道行车安全的潜在风险,不能全面客观地反映公路隧道防火安全的实际需求。本文提出基于多因素风险分析的公路隧道防火安全等级划分方法,其建立在对公路隧道多种潜在运营风险分析的基础之上,有效克服了现行规范的片面性和局限性;给出了相应等级的公路隧道防火安全设施配置标准,以期为科学合理地进行公路隧道防火安全设计提供参考;最后,以江西省目前最长的公路隧道——九岭山特长公路隧道为例,对研究成果进行了应用。

关键词:公路隧道 风险分析 防火救灾 安全等级

0 引言

1999 年,意法之间的勃朗峰隧道(Mont Blanc Tunnel)和奥地利的陶恩隧道(Tauern Motorway Tunnel)相继发生重大火灾,分别造成 41 人和 13 人死亡;2001 年,瑞士圣哥达公路隧道(Sankt-Gotthard Tunnel)再次发生火灾,造成 11 人死亡。这 3 起重大公路隧道火灾引起欧洲国家的关注与反思,并使得世界各国开始越发重视隧道运营安全问题。例如,欧洲开展了隧道防火计划 UPTUN(Cost - effective, Sustainable and Innovative Upgrading Methods for Fire Safety in Existing TUNnels),该项目由欧洲委员会(European Commission)发起,于 2002 年 9 月 1 日启动,共投资 1 300 万欧元,计划研究 4 年。

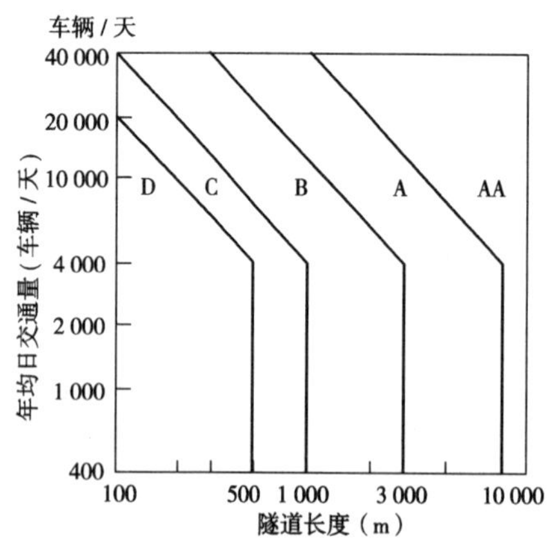

图 1 日本公路隧道防火安全等级

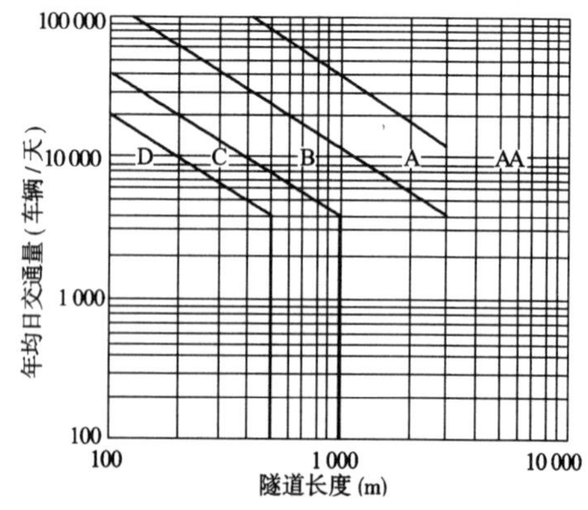

图 2 英国公路隧道防火安全等级(适用最小长度 150m)

鉴于公路隧道防火救灾已成为公路隧道防灾减灾工作的核心[4,5]，为改善公路隧道运营安全状况，提高公路隧道运营管理水平，很多国家针对本地区公路隧道的实际情况，先后制定了相应的公路隧道防火安全标准，其首要任务即为建立公路隧道防火安全等级。日本早在20世纪80年代就出台了公路隧道防火安全等级，如图1所示；英国《公路及桥梁设计手册》规定，公路隧道防火安全等级由隧道设计年度（一般是隧道开始通车后第15年）的平均日交通量及隧道长度决定，如图2所示；欧盟委员会于2002年12月30日发布了《关于跨欧公路网内隧道安全设施最低要求法案》，将公路隧道防火安全等级根据隧道类型、长度和交通量等划分为Ⅰ~Ⅴ级；文献[9]~[12]则从交通工程角度对我国公路隧道附属设施做出了相应的规定和要求，但在防火安全方面考虑不足（主要是因为我国尚未制定公路隧道消防设计规范），我国一些省市还制定了地方标准，如云南公路隧道防火安全等级根据公路等级、车道数、隧道长度和交通量划分为Ⅰ~Ⅲ级，上海公路隧道防火安全等级则根据其封闭段长度和预测最大单洞平均日交通量划分为5个等级；此外，我国学者夏永旭等对此也进行了深入研究。

从上述研究成果不难看出，公路隧道防火安全等级的制定主要参考隧道长度和年平均日交通量。事实上，公路隧道防火安全等级的建立需要诸多因素，现有标准显然不能充分真实地说明影响公路隧道行车安全的潜在风险，不能全面客观地反映公路隧道防火安全的实际需求，具有一定的片面性和局限性。为此，本文借鉴 Euro TAP（European Tunnel Assessment Program）建立的隧道安全评估方法，并结合我国公路隧道运营安全状况，提出基于多因素风险分析的公路隧道防火安全等级划分方法，以期为科学合理地进行公路隧道防火安全设计提供参考。

1 公路隧道防火安全评价方法

公路隧道防火安全评价分为以下3个步骤：①公路隧道潜在风险分析；②公路隧道潜在风险的评判计算；③确定公路隧道防火安全等级。公路隧道防火安全评价流程如图3所示。

隧道潜在风险分析 → 潜在风险评判计算 → 隧道防火安全等级

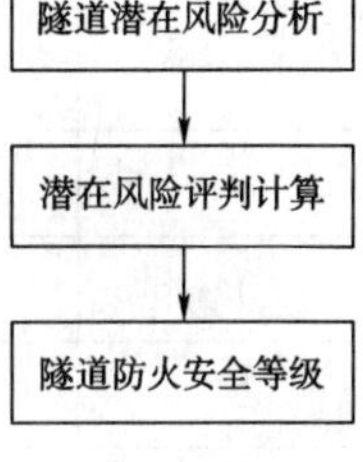

图3 公路隧道防火安全评价流程

潜在风险分析是指充分利用对公路隧道各种危险源的已有认识，对其可能遭受的损失、毁坏或人员伤亡程度等进行可能性意义下的量化分析。通常应包括以下4个方面：

（1）隧道形态——主要是指隧道的土建结构设计参数，包括洞数、长度、车道数、线形、纵坡、横断面、是否有车道汇入或交叉等。

（2）管理方式——主要包括交通服务水平、限速要求、超限车辆及危险品运输车辆的管制等。管理要求越严，越能提高隧道行车安全系数，但同时也会降低交通运输效率。

（3）交通负载——主要包括交通量大小、交通绩效、大型货车比重等。交通负载越大，隧道发生火灾的概率就越高。

（4）附属设施——主要包括通风、照明、消防、监控、安全、供配电等隧道交通工程设施。附属设施越完善，隧道安全保障程度越高，但前期工程投资和后期养护开支也越高。

2 公路隧道防火安全风险评判

根据前文分析，本文给出 7 项主要风险参数（Risk Parameter），包括交通绩效、大型货车交通绩效、交通类型、交通量、危险品运输、纵坡和其他风险参数等，其具体定义见表 1。显然，最高风险分数值（Risk Points）为 40，最低风险分数值为 1。公路隧道风险分数值主要受火灾概率及其严重程度的影响，各风险参数的量化方式分别见表 2 ~ 表 8。

公路隧道风险参数表 表 1

序号	风险参数	说明	风险分数值	影响
1	交通绩效	每年使用隧道的百万 pcu · km 数	(0 ~ 8)	火灾概率
2	大型货车交通绩效	大型货车每日使用隧道的 pcu · km 数	(0 ~ 8)	火灾概率 火灾严重程度
3	交通类型	单洞双向交通型或双洞单向交通型	(1/8)	火灾严重程度
4	交通量	每车道日均交通量	(0 ~ 5)	火灾概率 火灾严重程度
5	危险品运输	允许或禁止通行	(0 ~ 5)	火灾概率 火灾严重程度
6	纵坡	纵向最大坡度	(0 ~ 3)	火灾概率 火灾严重程度
7	其他	隧道内有车道汇入/长大纵坡/交叉路口	(0 ~ 3)	火灾概率

2.1 交通绩效

交通绩效 = 单洞年平均日交通量 × 365 × 隧道长度，以百万 pcu · km/年进行评分，风险分数范围：0 ~ 8（表 2）。

交通绩效评分表 表 2

风险分数	交通绩效（百万 pcu · km/年）	风险分数	交通绩效（百万 pcu · km/年）
0	0 ~ 1.0	5	20.01 ~ 40.0
1	1.01 ~ 2.0	6	40.01 ~ 70.0
2	2.01 ~ 5.0	7	70.01 ~ 100.0
3	5.01 ~ 10.0	8	> 100
4	10.01 ~ 20.0		

2.2 大型货车交通绩效

由于大型货车相对一般车辆具有较高的运营安全风险，故将其交通绩效单独列项评分。大型货车交通绩效 = 单洞年平均日大型货车交通量 × 隧道长度，以 pcu · km/（日 · 孔）进行评分，风险分数范围：0 ~ 8（表 3）。

大型货车交通绩效评分表 表3

风险分数	大型货车交通绩效(pcu·km/日·孔)	风险分数	大型货车交通绩效(pcu·km/日·孔)
0	0	5	400 1~8 000
1	1~500	6	8 001~20 000
2	501~1 000	7	20 001~40 000
3	1 001~2 000	8	>40 000
4	2 001~4 000		

2.3 交通类型

交通类型主要是区分隧道内的行车方向是单洞双向交通还是双洞单向交通,风险分数范围:1 或 8(表4)。

交通类型评分表 表4

风险分数	交通类型	风险分数	交通类型
1	单向交通	8	双向交通

2.4 交通量

交通量按每车道年平均日交通量取值,风险分数范围:0~5(表5)。

交通量评分表 表5

风险分数	交通量(pcu/日·车道)	风险分数	交通量(pcu/日·车道)
0	0~2 000	3	8 001~15 000
1	2 001~4 000	4	15 000~25 000
2	4 001~8 000	5	>25 000

2.5 危险品运输

由于危险品货物的易燃易爆性和通行公路隧道的巨大风险性,对载有易燃易爆危险物品的车辆进行管理是公路隧道交通管理的首要任务,风险分数范围:0~5(表6)。

危险品运输评分表 表6

风险分数	危险品运输规定	备注
0	禁止通行	根据危险品运输车辆比例、是否设置危险品检查站等综合考虑取值
1	限制通行	
2	限制通行	
3	允许通行	
4	允许通行	
5	允许通行	

2.6 纵坡

我国《公路隧道设计规范》(JTG D70—2004)对隧道纵坡进行了规定,风险分数范围:0~3(表7)。

纵坡评分表 表7

风险分数	纵坡(%)	风险分数	纵坡(%)
0	<0.3	2	1.5~3
1	0.3~1.5	3	>3

2.7 其他

其他风险参数主要是考虑是否有下列情况存在:隧道内是否有车道汇入、隧道内是否有交叉路口、隧道内是否有长大纵坡,风险分数范围:0~3(表8)。

其他参数评分表 表8

风险分数	其他参数	备注
0	隧道内是否有车道汇合 隧道内是否有交叉路口 隧道内是否有长大纵坡	三项参数均有,风险分数为3 有任两项参数,风险分数为2 有任一项参数,风险分数为1 无上述参数,风险分数为0
1		
2		
3		

3 公路隧道防火安全等级划分

根据表2~表8,将计算出的各单项风险分数累加,根据公路隧道火灾风险分数与火灾风险等级、防火安全等级的对应关系,即可得到相应的公路隧道的防火安全等级,如图4所示。

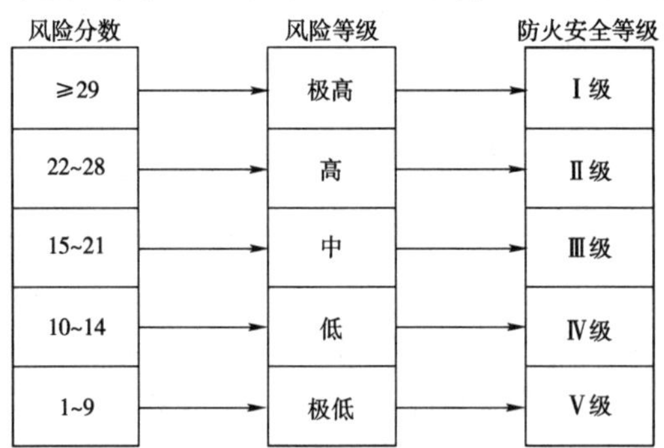

图4 火灾风险分数与火灾风险等级、防火安全等级的对应关系

4 公路隧道防火安全设施配置

完善的公路隧道防火安全设施由检测设施、通报设施、警报设施、消防设施、导向设施和其他设施6大部分构成。各种设施在公路隧道防火安全中既有明确分工,又有相互配合。不同防火安全等级的公路隧道配备的防火安全设施也不相同。图5为公路隧道防火安全设施构成示意图。

在隧道内设置完善的防火安全设施,虽然能取得较好的安全防范效果,但同时也会增加工程投资和养护费用,所以公路隧道防火安全设施的选择和设置应遵循安全、经济的原则。根据本文提出的公路隧道防火安全等级,表9给出了对应的防火安全设施配置,表10则对防火安全设施的设置方式予以明确。

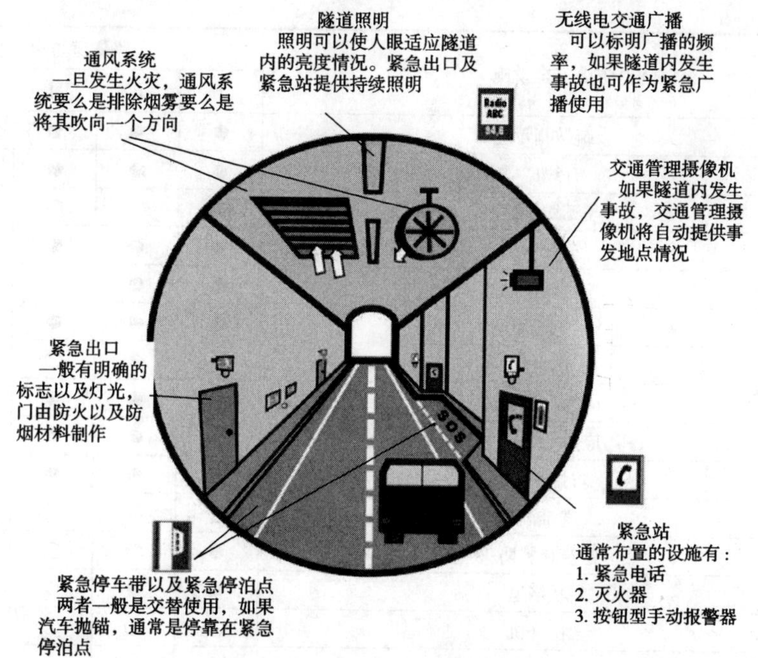

图5 公路隧道防火安全设施构成示意图

公路隧道防火安全设施配置表 表9

公路隧道防火安全设施			公路隧道防火安全等级				
			Ⅰ	Ⅱ	Ⅲ	Ⅳ	Ⅴ
检测设施	火灾探测器	点型感烟探测器	●	●	●	●	○
		点型感温探测器	●	●	●	●	○
		线型感温探测器	●	●	●	○	○
	异常事件视频检测系统		●	●	●	○	
	限高门架		●	●	○		
	气象检测器		●	●	○		
通报设施	紧急电话系统		●	●	●	○	○
	手动报警按钮		●	●	●	○	○
	声光报警器		●	●	●	●	
警报设施	可变情报板(外部)		●	●	●	●	○
	可变情报板(内部)		●	●	●	●	○
	闪光灯		●	●	●	○	
消防设施	灭火器		●	●	●	●	●
	消防水源		●	●	●	○	
	普通消火栓		●	●	●	○	
	泡沫消火栓		●	●	●	○	
	给水栓(外部)		●	●	●	○	
	给水栓(内部)		●	●	○		
	消防车		●	○			

续上表

公路隧道防火安全设施		公路隧道防火安全等级				
		Ⅰ	Ⅱ	Ⅲ	Ⅳ	Ⅴ
导向设施	疏散指示灯	●	●	●	●	○
	有线广播	●	●	●	○	
	无线广播	●	○	○		
其他设施	车行横洞	●	●	●	●	○
	人行横洞	●	●	●	●	○
	紧急停车带	●	●	●	●	○
	诱导灯	●	●	○	○	
	应急电源设施	●	●	●	○	
	应急照明设施	●	●	●	○	
	防排烟设施	●	●	●	○	
	避难洞室	○				
	建筑材料防火	●	○	○	○	○
	联络道	●	●	●	○	
	栏杆机	○	○	○		
	危险品运输车辆检测站	●	○			
	隧道(群)管理中心	●	●	○		

注:“●”为原则上必选设施;“○”为视需要可选设施。

公路隧道防火安全设施设置表 表 10

公路隧道防火设施			设置位置	设置间距(m)	设置高度(m)	备注
检测设施	火灾探测器	点型感烟探测器	中控室、配电房、风机房、发电机房			按 GB 500116 设置
		点型感温探测器	发电机房			按 GB 500116 设置
		线型感温探测器	隧道内	隧道全线		
	异常事件视频检测系统		行车道右侧	150		
	超高车辆检测器		隧道入口			
	气象检测器		隧道群路段			如雾区隧道群路段
通报设施	紧急电话系统		隧道行车方向右侧	200	车道面上 1.3~1.5	
	手动报警按钮		隧道行车方向右侧	50	车道面上 1.3~1.5	
	声光报警器		隧道(群)管理中心			按 GB 500116 设置
警报设施	可变情报板(外部)		隧道入口联络道前			120km/h 时,视认距离≥250m
	可变情报板(内部)		隧道内车行横洞前			
	闪光灯		可变情报板旁			

续上表

公路隧道防火设施		设置位置	设置间距（m）	设置高度（m）	备　注
消防设施	灭火器	与手报同址或置于单独的消防设备箱内	25/50		每组4具，长大隧道交错布置，中短隧道单侧布置
	消防水源				水源应可靠稳定
	普通消火栓	隧道侧墙	25/50	车道面上1.3～1.5	长大隧道交错布置，中短隧道单侧布置
	泡沫消火栓	隧道侧墙	25/50	车道面上1.3～1.5	长大隧道交错布置，中短隧道单侧布置
	给水栓（外部）	隧道洞外路侧			
	给水栓（内部）	隧道内紧急停车带			
	消防车				可根据需要自行购置
导向设施	疏散指示灯	隧道侧墙	50		
	有线广播	隧道侧墙	100		
	无线广播	隧道侧墙	隧道全线		
其他设施	车行横洞		750		1 000m以下隧道可不设，1 000～1 500m之间宜设一处
	人行横洞		250		500m以下隧道可不设，500～800m之间宜设一处
	紧急停车带	行车道右侧	750		
	诱导灯	路缘	15		
	应急电源设施	隧道变电所（室）			根据JTJ 026.1设置，维持时间应不短于30min
	应急照明设施	与隧道照明综合考虑			根据JTJ 026.1设置
	防排烟设施	与隧道通风综合考虑			根据JTJ 026.1设置
	避难洞室		500		根据实际情况而定
	防火建筑材料				根据实际情况而定
	联络道	隧道入口			
	栏杆机	隧道入口			
	危险品运输车辆检测站	隧道入口前1～2km			
	隧道（群）管理中心				视实际情况定址

5 工程应用

以江西省目前最长的公路隧道——九岭山公路隧道为例，采用多因素风险分析法确定其防火安全等级。九岭山隧道为上、下行分离式公路隧道(5 473m + 5 433m)，属特长公路隧道，预测交通量为 20 014pcu/d(2020 年)，大货车和拖挂车占日均交通量的 19.49%(2020 年)，对其进行火灾风险分析，评分结果见表 11。

九岭山公路隧道火灾风险分析评分表　　表 11

风 险 参 数	隧道运营状况	单项风险分数
交通绩效	47.98×10^{6} pcu · km/年	6
大型货车交通绩效	14 090pcu · km/日 · 孔	6
交通类型	双洞单向交通	1
交通量	6 605pcu /日 · 车道	2
危险品运输	允许通行	5
纵坡	1.7%	2
其他	无	0
单项风险分数总和		22

九岭山公路隧道运营初期(2020 年前)，其火灾风险分数为 22 分，公路隧道防火安全等级为Ⅱ级，根据表 9 和表 10 即可得到其防火安全设施配置标准。九岭山隧道所在的武(宁)吉(安)高速公路是江西省“三纵四横”高速公路主骨架网“西纵”的一部分，日交通量较大、重车比例较高，加之目前尚未禁止危险品运输车辆通行，使得隧道火灾风险相对较高，建议九岭山公路隧道运营管理部门应严格落实公路隧道火灾预防的各项措施，加强对隧道运营管理人员的安全技能培训和安全风险意识，将隧道防火安全工作作为公路隧道运营管理部门的头等大事来抓。

6 结语

(1)本文根据国内外研究现状，首次提出基于多因素风险分析的公路隧道防火安全等级划分方法，并给出了相应的公路隧道防火安全设施设计标准。研究成果能够克服现行规范的片面性、局限性，能够较为充分真实地说明影响公路隧道行车安全的潜在风险，并能较为全面客观地反映公路隧道防火安全的实际需求。

(2)研究成果能够为进一步科学合理地进行公路隧道防火安全设计提供理论依据，为公路隧道防火安全设施的分期实施提供有力支撑，对我国公路隧道防火安全等级标准的制定具有一定的参考价值。

(3)以江西省武吉高速公路九岭山特长公路隧道为例，对其进行了多因素风险分析，结果表明：九岭山公路隧道防火安全等级为Ⅱ级，由于其日交通量较大、重车比例较高，加之目前尚未禁止危险品运输车辆通行，使得隧道火灾风险相对较高，建议九岭山公路隧道运营管理部门应将隧道防火安全工作作为公路隧道运营管理部门的头等大事来抓。

参考文献

[1] 吕康成. 公路隧道运营管理[M]. 北京:人民交通出版社,2006.

[2] A. Haack. Current safety issues in traffic tunnels[J]. Tunneling and Underground Space Technology,2002,17(2):117-127.

[3] 闫治国,朱合华,何利英. 欧洲隧道防火计划(UPTUN)介绍及启示[J]. 地下空间,2004,24(2):212-219.

[4] 王少飞,林志,陈建忠,等. 山区高速公路隧道交通安全问题探讨[J]. 公路交通技术,2009,(6):137-143.

[5] 杨瑞新,胡隆华,王信友,等. 公路隧道火灾自动报警系统的全尺寸实验研究[J]. 消防科学与技术,2009,28(10):757-760.

[6] H. Mashimo. State of the Road Tunnel Safety Technology in Japan[J]. Tunneling and Underground Space Technology,2002,17(2):145-152.

[7] 中华人民共和国地方标准. DG/T J08-2033—2008 上海市工程建设规范——道路隧道设计规范[S].

[8] 刘新昌. 欧盟公路隧道最低安全标准和部分措施[J]. 公路隧道,2004,(2):38-44.

[9] 中华人民共和国行业标准. JTJ 026.1—1999 公路隧道通风照明设计规范[S]. 北京:人民交通出版社,1999.

[10] 中华人民共和国国家标准. GB/T 18567—2001 高速公路隧道监控系统模式[S]. 北京:中国标准出版社,2002.

[11] 中华人民共和国行业标准. JTJ/T D71—2004 公路隧道交通工程设计规范[S]. 北京:人民交通出版社,2004.

[12] 中华人民共和国行业标准. JTG D70—2004 公路隧道设计规范[S]. 北京:人民交通出版社,2004.

[13] 中华人民共和国地方标准. DBJ 53-14—2005 云南省工程建设地方标准——公路隧道消防设计施工管理技术规程[S].

[14] 夏永旭,王永东,邓念兵,等. 公路隧道安全等级研究[J]. 安全与环境学报,2006,6(3):44-46.

隧道衬砌结构耐火性能试验方法研究

闫治国[1,2] 朱合华[1,2]

(1. 同济大学岩土及地下工程教育部重点实验室 上海 200092;
2. 同济大学地下建筑工程系 上海 200092)

摘 要:本文从隧道防火目标和隧道耐火试验的特点入手,探讨了隧道衬砌结构耐火性能的定义,同时给出了隧道耐火性能的表征量;研究了耐火试验试件的选取方法和火灾场景的确定,并据此得到了耐火试验的试验步骤,并基于性能化防火的思想,初步建立了隧道衬砌结构的耐火试验标准及方法。

关键词:隧道 衬砌结构 耐火性能 试验方法

0 引言

近年来,随着隧道工程的大面积建设,隧道的施工及运营安全成为人们越来越关注的问题,隧道施工和运营过程中发生的火灾事故成为造成隧道损坏和人员伤亡的重要因素,随着隧道内火灾事故的频繁发生使得人们越来越关注隧道防火。

为了分析衬砌结构高温性能和火灾破坏机理,隧道火灾实验成为分析火灾对隧道衬砌结构影响的最直接手段(图1),因此,对隧道耐火性能的定义、隧道衬砌结构的耐火性能实验方法等的研究成为隧道火灾实验的前提和基础。

图1 同济大学开展的隧道衬砌结构火灾高温试验

1 隧道衬砌结构耐火性能的含义

1.1 隧道防火目标

隧道防火是一项系统工程,其中衬砌结构防火属于被动防火的范畴。隧道衬砌结构防火的目标是:

(1)避免衬砌结构的失稳或垮塌,确保火灾时的人员逃生及救援工作能够安全地开展[1]。

(2)避免衬砌结构丧失对水压力的防渗能力。

(3)避免衬砌结构产生不可接受的临时(永久)变形,确保临近隧道地上、地下结构物安全。

(4)保持火灾对衬砌结构的损伤在一个可接受的范围内,以利于灾后的修复。

为了分析评价设计的衬砌结构能否满足上述防火目标,需要对衬砌结构进行耐火性能试验。而目前国内外尚没有完整的进行隧道衬砌结构耐火性能试验的方法。已有的试验方法或者是仅局限于对衬砌结构抗爆裂性能的试验;或者是对防护材料进行试验,而非对衬砌结构本身耐火性能的试验。

1.2 隧道衬砌耐火试验的特点

针对这种情况,基于性能化防火设计的思想和开展的衬砌构件、衬砌结构体系试验的实践经验,本文初步建立了隧道衬砌结构耐火性能的试验方法,其特点是:

(1)根据隧道实际情形确定试验使用的火灾场景,而非套用标准曲线。

(2)根据隧道火灾的特点以及衬砌结构的防火目标,定义了完整的耐火性能表征量:承载力、变形特性、爆裂损伤、抗渗耐久性及隔热性能。

(3)试验过程模拟了与隧道衬砌结构实际条件一致的热、位移、荷载边界。

(4)基于全过程的思想,耐火性能试验涵盖了火灾高温时、降温阶段以及高温后对衬砌结构耐火性能的评价。

(5)试验结果不是给出衬砌结构的耐火时间,而是对衬砌结构的耐火性能能否满足设计要求进行评判。在本试验方法中,隧道衬砌结构的耐火性能满足要求的含义是指:在设计的火灾场景下,衬砌结构能够实现它预定的功能,也即表征其耐火性能的各个表征量均在设计允许的范围内。

2 隧道衬砌结构耐火性能的表征量

(1)承载力

参照英国防火规范 BS476:Part20 对上部结构稳定性的定义[2],隧道衬砌结构承载力应满足的要求是:①升温过程中,衬砌结构能够承受试验荷载,没有发生破坏、失稳或者坍塌。②降温阶段及降温后,衬砌结构能够承受试验荷载,没有发生破坏、失稳或者坍塌。

(2)变形特性

隧道衬砌结构的变形特性包括衬砌构件的变形以及衬砌接头的张开,其应满足的要求是:①对于衬砌管片、中隔墙、立柱、路面板等构件,在试验全过程(包括升温、降温及降温后阶段)中,挠度小于 $L/30$,L 为净跨度[2]。②对于盾构隧道接头、沉管隧道接头等,在试验全过程(包括升温、降温及降温后阶段)中,接头张开量不超过止水材料允许的最大值,接头的止水性保持有效。

(3)爆裂损伤

隧道衬砌结构在试验全过程中没有发生爆裂。

(4)抗渗耐久性

火灾高温会造成隧道衬砌结构抗渗性能的下降,这会影响高水压条件下隧道工程的耐久性。隧道衬砌结构抗渗耐久性应满足的要求是:火灾试验后,衬砌结构应能通过与未受火衬砌构件条件一致的抗渗测试。

(5)隔热性

隧道衬砌结构的隔热性包含两方面的含义:①在试验全过程(包括升温、降温及降温后阶段)中,保证防水层、接头止水材料等不被烧损或者失效;②在试验全过程中,中隔墙、路面板等能够阻止火势向相邻空间的蔓延。

衬砌结构应满足的隔热性要求是:①试验全过程(包括升温、降温及降温后阶段)中,防水层(初衬、二衬间)、接头止水材料处的温度没有超过这些材料正常发挥功能的极限温度。②参照上部建筑的相关规定,在试验全过程(包括升温、降温及降温后阶段)中,中隔墙、路面板等具有分隔功能构件的背火面的温度不超过初始温度 140 ℃,或者不超过 180 ℃[2]。

3 隧道衬砌结构耐火性能的试验程序

(1)试件的选取

根据隧道火灾的特点,试件的选取原则是:①选取关键部位、或有代表性的试件(如盾构管片、盾构(沉管)隧道接头、中隔墙、双层隧道路面板等)。②试件含水率与预期使用时的含水率一致。

(2)火灾场景的确定

根据性能化设计的思想[3,4],火灾场景根据隧道实际情况而定。

(3)温度、位移、荷载边界的确定

对试件温度、位移、荷载边界的确定原则是:①升温部位、升温模式与试件在实际火灾中的情形保持一致。②位移边界与试件在实际使用时的情形保持一致。③荷载位置、大小、方向与试件实际使用时的情形保持一致。④试件热边界(如周围地层)与实际使用时的情形保持一致。

(4)试验步骤

①根据隧道衬砌结构的特点,选取需要进行试验的试件。②试件耐火性能表征量的选定和量化。③根据实际情形,确定试验用火灾场景。④根据实际情形,对试件施加对应的温度、位移、荷载边界条件。⑤观察、记录各表征量的变化。如在试验全过程(包括升温、降温及降温后阶段)中,各表征量均在允许的范围内,则试件的耐火性能满足要求。

4 结语

基于性能化防火的思想,初步建立了隧道衬砌结构的耐火试验标准及方法。其特点是通过对衬砌结构耐火性试验表征量承载力、变形特性、爆裂损伤、抗渗耐久性和隔热性等指标的分析来确定隧道的防火性能。具体耐火性能试验的步骤为:①根据隧道衬砌的特点,选取试件;②选定耐火表征量并量化;③根据实际情景确定试验用火灾场景;④根据实际情形,对试件施加对应的温度、位移、荷载边界条件;⑤最后根据观察和记录的结果得出耐火性试验的结论。

参考文献

[1] ITA. Guidelines for Structural Fire Resistance for Road Tunnels[R]. WG 6 Report,2005.

[2] 陈维 译,英国建筑材料和构件的燃烧试验标准(BS476)[J].消防技术与产品信息,1995(2):44-53.

[3] Pettersson O. Rational Structural Fire Engineering Design, Based on Simulated Real Fire Exposure, Fire Safety Science[A]. Proceedings of The Fourth International Symposium[C], 1994:1-24.

[4] Schleich J B. A Natural Fire Safety Concept for Buildings - 1. Fire, Static and Dynamic Tests of Building Structures[A]. Proceedings of the Second Cardington Conference[C]. Cardington, 1996:79-104.

某T形换乘地铁车站火灾疏散分析

方银钢[1,2] 闫治国[1,2] 曾琛超[1,2]
(1. 同济大学岩土及地下工程教育部重点实验室 上海 200092;
2. 同济大学地下建筑与工程系 上海 200092)

摘 要:本文利用疏散软件building EXODUS对某T形换乘地铁车站高峰时段发生火灾时的人员疏散情况进行了研究。共考虑了3种工况,分别是其中一条线有1列车进站的两种工况以及两条线各有1列车进站的工况。疏散模拟结果显示,各工况下列车上乘客、站台上候车乘客及站台工作人员能够在6min内全部撤离站台,安全到达站厅层。此外,人员从站台到展厅层的疏散时间占总疏散时间的比重较大,这主要是由于疏散人员较多时,站台到站厅的楼梯会成为疏散瓶颈。

关键词:地铁车站 火灾 人员疏散 仿真分析

0 引言

地铁,虽然被称为是最安全的交通工具,但从其100多年的历史来看,发生的灾难性事故已不是少数。地铁灾害中发生频率最高、造成损失最大的是火灾[1]。因为地铁内空间相对封闭,垂直高度深、逃生途径少,人员流动性大,人员逃生方向与烟气扩散方向一致等原因[2],使得地铁中发生的火灾将比地面建筑物中发生的火灾更具危险性。近20年中,国外发生的典型重大地铁火灾事故有[3]:1987年11月18日,英国伦敦地铁君王十字车站,发生了一起31人死亡(含1名消防中队长)、大量人员受伤(含6名消防人员)的重大火灾事故;1995年10月28日傍晚,在阿塞拜疆首府巴库的地铁内发生了一场火灾,造成至少289人死亡,265人受伤;2003年2月18日上午,由于一名中年男子纵火,造成韩国大邱市地铁一号线的中央路车站两列满载乘客的地铁列车被烧毁,共造成198人死亡,146人受伤,289人失踪。

地铁火灾对人员具有极大的威胁,因而对于火灾时地铁内人员的安全疏散研究就非常有必要。但是由于地铁火灾事件的特殊性,试验研究存在耗资大、耗时长、需要参与人员多等缺点,因而很难通过试验的方法研究防火疏散及设备设施配置等问题。随着近代科学技术的发展,尤其是计算机仿真技术的成熟,通过建立仿真模型,研究一定环境条件下地铁发生火灾后的应急疏散问题,已成为一种经济可行的手段[4]。在本文中,我们借助疏散软件building EXODUS对某T形换乘地铁车站高峰时段发生火灾时的人员疏散情况进行了研究。

1 车站概况

该车站为某城市地铁A线和B线的T形换乘站。其中A线和B线在该换乘站均为岛式站台。车站共分三层,第一层为A线和B线共用的站厅层,第二层为A线的站台层及B线设备房层,第三层为B线站台层,如图1所示。

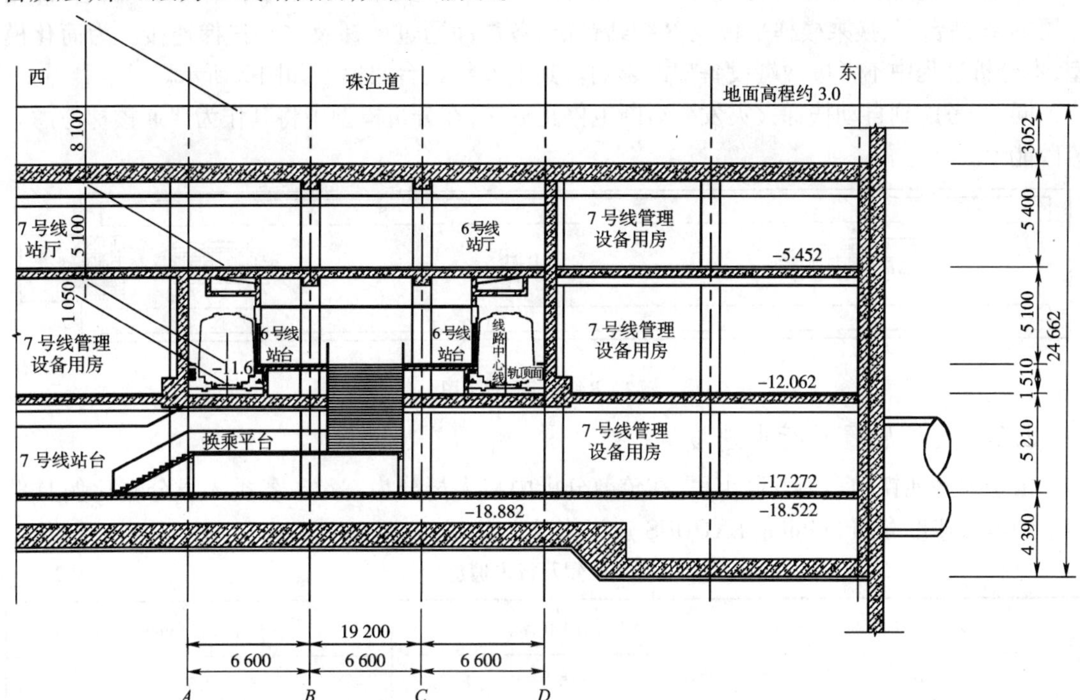

图1　车站剖面图(高程单位:m,其余尺寸单位:cm)

1.1　自动扶梯及楼梯设置

A线设置自动扶梯两部(每部扶梯可用宽度为1.0m),楼梯两部(每部楼梯可用宽度为2.9m)。所有楼梯和扶梯都用来连接站厅层和A线的站台层。

B线设置自动扶梯四部(每部扶梯可用宽度为1.0m),楼梯六部(其中两部可用宽度为4.0m,两部可用宽度为1.3m,一部可用宽度为8.0m,一部可用宽度为1.8m)。四部自动扶梯和两部楼梯用来连接站厅层和B线站台层,两部楼梯用来连接A线站台层和楼梯平台,一部用来连接B线站台层和楼梯平台,一部用来连接B线站台层和A线站台层及站厅层。

1.2　出入口设置

在站厅层共设置有7个出口,其宽度如表1所示。

出入口宽度　　表1

出口编号	1号门	2号门	3号门	4号门	5号门	6号门	7号门
宽度(m)	5.4	6.0	6.0	5.4	5.8	5.4	6.0

2　疏散模型及各项参数设置

2.1　疏散模型简介

火灾工况下人流疏散采用building EXODUS软件。该软件是英国格林尼治大学火灾安全工学小组(FSEG)开发的人与人、人与火灾、人与构造物之间发生相互作用,人受到热、烟、有毒气体影响后避难行为的疏散软件。

根据该地铁换乘站的实际尺寸及空间连接关系,在本次分析模型中,共建立了四层,即站厅层、A 线站台层、换乘楼梯平台及 B 线站台层,各层间通过楼梯及自动扶梯连接。为简化模型,本分析过程中不考虑两端设备房的影响。其中 B 线站台层模型如图 2 所示。

同时,考虑到自动扶梯火灾发生后断电停止运转,在分析模型中将其作为普通楼梯考虑其疏散能力。

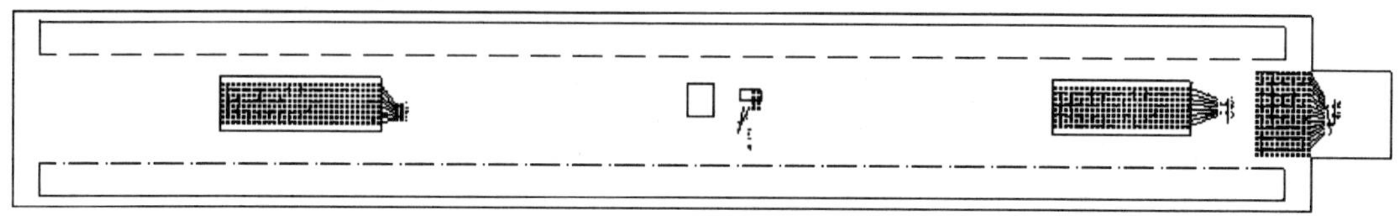

图 2 B 线站台层模型图

2.2 人员配置及行走速度

由于乘坐地铁的多为普通市民,在疏散分析中将人员分为三类。各类人员分布比例及平面上的疏散速度参照 building EXODUS 建议值设定,如表 2 所示。

人员配置及行走速度 表 2

人员类型	人员比例(%)	行走速度(m/s)
小孩和老人	15	0.7
男性成年人	45	1.2
女性成年人	40	0.95

2.3 人员的察觉时间、确认和反应时间

疏散是发生紧急情况下,人员通过意识到最后行动的一个连续的过程。可以分为三个阶段:察觉阶段、确认与反应阶段和行动阶段。

察觉时间与人员得知火灾发生这一事实的途径有关,而这又与人员与火源之间的距离有关。如果人员距离火源较近,那么就能直接看到火灾的发生,这一阶段的时间就较短;如果人员距离火源较远,那么就有可能通过火警得知火灾发生的消息,这一阶段的时间就较长。此外,确认和反应时间也与年龄有较大的关系,特别是老年人,反应的时间会比较长。在本计算中,人员的综合反映时间根据表 3 选取。

人员反应时间 表 3

人员类型	人员比例(%)	反应时间(s)
小孩和老人	15	0~60
男性成年人	45	0~30
女性成年人	40	0~30

2.4 客流量计算

远期高峰小时客流量如表 4、表 5 所示。

A 线客流统计(人/h) 表 4

人员分类	上　行	下　行
高峰小时列车上乘客	1 440	1 440
站台上等待乘客	228	91
站厅上的乘客	613	
站台工作人员	5	5
站厅工作人员	10	

B 线客流统计(人/h) 表 5

人员分类	上　行	下　行
高峰小时列车上乘客	1 440	1 440
站台上等待乘客	200	100
站厅上的乘客	300	
站台工作人员	5	5
站厅工作人员	10	

注:1. 列车采用 6 节编组,B 型车,3 拖 3 动。

2. 站厅站台乘客采用高峰小时上下车乘客人数计算,并考虑 1.4 超高峰系数。

2.5 人员安全疏散标准

人员安全疏散标准应满足《地铁设计规范》(GB 50157—2003),即保证发生火灾时,在远期高峰小时客流量下,6min 内将一列车乘客和站台上候车的乘客及工作人员全部撤离站台。

3 计算工况及结果分析

3.1 计算工况

本分析共考虑三种工况,其中疏散的人数均按高峰小时上下行线中人数较多的一种情况乘以超高峰系数得到。

(1)工况一:高峰时段发生火灾,*A* 线 1 列车进站;

(2)工况二:高峰时段发生火灾,*B* 线 1 列车进站;

(3)工况三:高峰时段发生火灾,*A* 线 *B* 线各 1 列车进站。

3.2 计算结果及分析

各工况下疏散时间如表 6 所示。

不同工况下的疏散时间 表 6

疏散时间	工况一	工况二	工况三
全部疏散到站厅需要的时间(s)	256	293	342
疏散到车站外需要的时间(s)	280	315	370

从表 6 可以看出,各工况下站台层人员撤离站台疏散至站厅层的时间均小于 6min。在工况一和工况二中,车站内全部人员疏散到站外的时间均小于 6min,工况三中疏散到车站外的时间为 370s,超过了 6min,但仅超了 10s。

此外,从表6中还可看出,人员从站台到展厅层的疏散时间占总疏散时间的比重较大,各工况下该比值分别为91.4%、93.0%以及92.4%。这主要是由于疏散人员较多时,站台到站厅的楼梯会成为瓶颈,有大量人员拥挤在楼梯口,如图3所示。

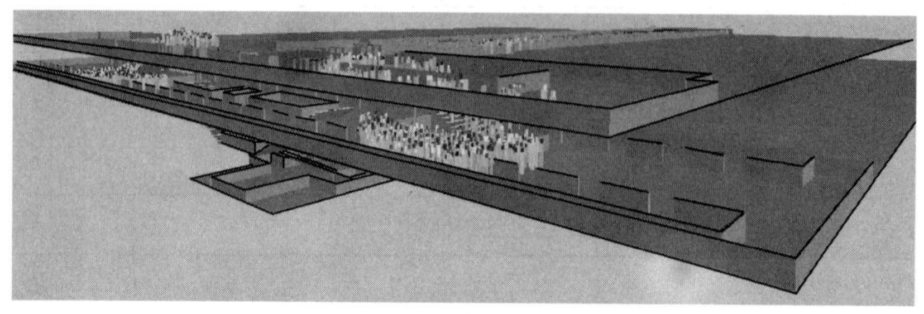

图3 楼梯口处的堵塞情况

4 结语

通过对该T形换乘站火灾工况下的人流疏散分析,可得到如下结论:

(1)远期高峰小时,各工况下列车上乘客、站台上候车乘客及站台工作人员能够在6min内全部撤离站台,安全到达站厅层。

(2)从各工况下的疏散时间构成可以看到,人员从站台到展厅层的疏散时间占总的疏散时间比重较大,这主要是由于疏散人员较多时,站台到站厅的楼梯会成为瓶颈,有大量人员拥挤在楼梯口,可能造成堵塞甚至踩踏现象,建议此处加强疏散引导。

参考文献

[1] 梁舜云,陶晓荣,肖海健. 地铁火灾事故分析及预防措施研究[J]. 四川建筑,2009,29(5):207-209.

[2] 张志飞,陈建宏,杨立兵. 地铁火灾事故中人员安全疏散时间的计算[J]. 现代城市轨道交通,2008,(3)68-70.

[3] 杜宝玲. 国外地铁火灾事故案例统计分析[J]. 消防科学与技术,2007,26(2):214-217.

[4] 周立新,陈锐,张莉. 地铁火灾乘客疏散的仿真分析[J]. 城市轨道交通研究,2009(6):30-33.

盾构隧道抗爆裂复合耐火管片研究

闫治国[1,2]　朱合华[1,2]
(1. 同济大学岩土及地下工程教育部重点实验室　上海　200092;
2. 同济大学地下建筑工程系　上海　200092)

摘　要: 随着隧道火灾事故的频繁发生,隧道衬砌结构的防火问题越来越得到人们的重视。为了更好地提高盾构隧道衬砌管片的抗火能力,本文提出了一种抗爆裂复合管片,并介绍了管片的构成、抗火机理及其技术经济适应性。

关键词: 盾构隧道　火灾　抗爆裂　复合耐火管片

0　引言

随着我国经济的发展和交通运输需求量的增加,轨道交通成为许多大城市解决交通问题的首选方案,但是在进行大规模的轨道交通建设的同时,隧道火灾安全成为影响隧道运营和人民生命财产安全的一个重要因素。如 2005 年 2 月 13 日,上海市轨道交通杨浦线 M8 线施工过程中引起火灾;2009 年 1 月 8 日 11 时,上海地铁 11 号线曹杨路站施工时引起火灾,造成 1 死多伤。

这其中,为了提高隧道衬砌结构的火灾安全性,通过对各种耐火方法的研究分析和试验,一些耐火方法被提了出来并进行了工程应用:(1)防火板、防火喷涂料等隔热防护的方法;(2)掺加聚丙烯纤维抗爆裂的方法。

为了能够克服防火板、防火喷涂料的不足,同时避免通体掺加聚丙烯纤维而带来造价上的较多增加和对抗渗耐久性的明显劣化,针对盾构隧道,本文提出了一种具有较高耐火性能且经济的隧道管片,称为抗爆裂复合耐火管片,该管片的特点是只在受火侧一定厚度内掺加聚丙烯纤维。

1　抗爆裂复合耐火管片的构成

1.1　耐火管片构成示意

如图 1 所示,抗爆裂复合耐火管片(以下简称耐火管片)总体上由内层的聚丙烯纤维混凝土层(以下简称 PC 层)和外层普通混凝土层(以下简称 RC 层)组合而成,PC 层的主要作用是保护管片避免高温爆裂,同时与 RC 层一起承受外荷载的作用。

本耐火管片的详细构造如图 2 所示,其各组成部分的详细情况如下所述。

(1)外层普通混凝土层(RC 层)

RC 层混凝土与普通管片相同。从提高衬砌结构的耐火性考虑,RC 层混凝土也可以选用粒径较小(≤25 mm)、表面粗糙、热膨胀率低、热稳定性好的骨料。

(2)内层掺聚丙烯纤维混凝土层(PC层)

PC层混凝土同RC层,区别在于:①掺加了2 kg/m³的聚丙烯纤维;②骨料粒径较小(≤25 mm)。

为了增强抗爆裂性能,所掺的聚丙烯应选用长细比大、长度长的分散状单丝纤维,并搅拌均匀,使纤维高度分散在混凝土中。

同时,为了确保RC层与PC层的紧密结合,在PC层设置了由较细(直径1.5 mm)的镀锌钢丝(或不锈钢丝)构成的钢丝网(SM),并在钢丝网上设置了弯钩钢丝,如图2所示。

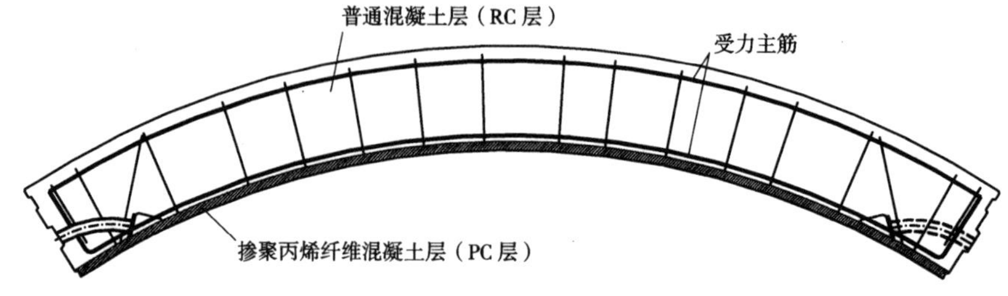

图1 耐火管片总体构成示意图

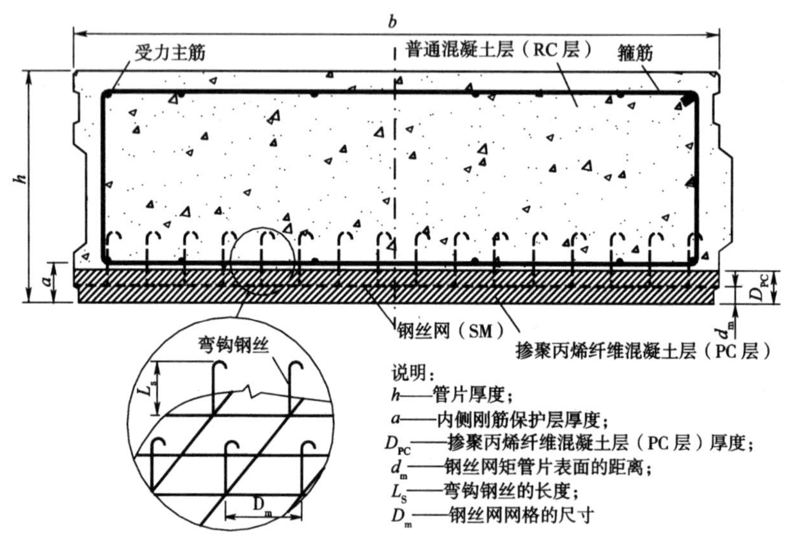

图2 耐火管片详细构造

1.2 抗爆裂复合耐火管片手孔、接头的处理方法

为了提高衬砌结构的整体耐火性,本耐火管片对手孔、接头通过填充钢纤维+聚丙烯纤维混凝土的方法来进行保护,如图3所示。

1.3 抗爆裂复合耐火管片的制作过程

本耐火管片的制作过程与常规钢筋混凝土管片基本一致,主要的不同在于:

(1)混凝土的供料。除了需要供应普通混凝土,同时需要供应掺有聚丙烯纤维的混凝土。

(2)当钢模表面喷刷完脱模剂后,需先将预先制作好的钢丝网(弯钩钢丝)通过隔离器(包括后续钢筋骨架的隔离器)安装于钢模内的设计位置;然后,采用相应的喷混凝土设备将掺有聚丙烯纤维的混凝土在钢模内喷射成设计厚度的喷混凝土层。

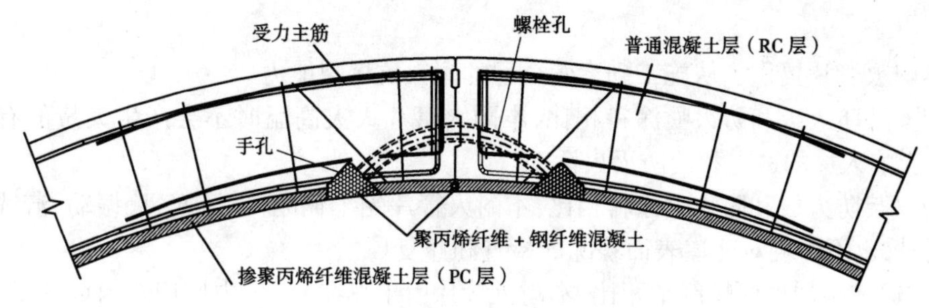

图3　手孔及接头的保护方式

2　抗爆裂复合耐火管片的抗爆裂机理

本耐火管片包含了几种提高衬砌混凝土耐火性能的方法，其耐火抗爆裂的机理在于：

(1)掺入聚丙烯纤维的PC层和安设在PC层中的细钢丝网能够有效地抑制混凝土的爆裂，并通过试验得到了验证。同时，由于避免了混凝土的爆裂，间接为内侧受力主筋提供了足够的隔热层。

(2)聚丙烯纤维的掺入对混凝土高温时(高温后)的力学性能影响相对较小[1,2]，因此，从力学性能角度考虑，PC层与RC层一样都可以有效承担外荷载的作用(图4)。

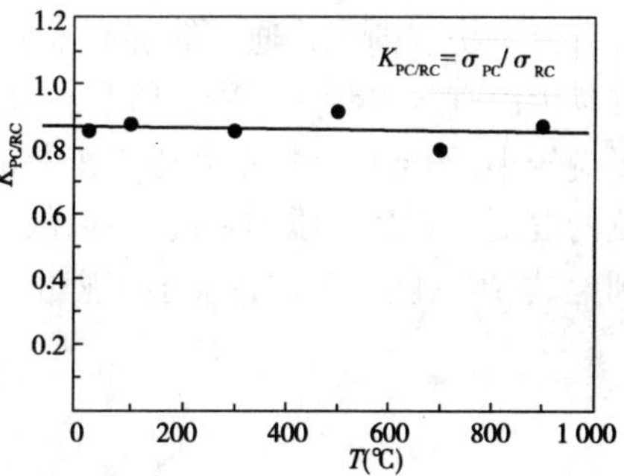

图4　高温后掺聚丙烯纤维混凝土与普通混凝土单轴抗压强度之比

(3)细弯钩钢丝和钢丝网一起增强了PC层、RC层间的结合力。

(4)由于只在PC层掺有聚丙烯纤维，因此，抗渗耐久性的降低远小于通体掺加聚丙烯纤维的，其降低的程度与普通混凝土管片相近。

3　抗爆裂复合耐火管片的技术经济评价

本耐火管片与采用防火板(防火喷涂料)防护、通体掺聚丙烯纤维防护相比，具有如下优点：

(1)常温下，由于聚丙烯纤维的掺加，提高了混凝土的密实性和抗裂能力，使得对内侧钢筋的保护作用增强。

(2)与通体掺加聚丙烯纤维相比，本耐火管片不仅可以抑制爆裂的发生，同时，由于是局部掺加纤维，不会明显降低高温后衬砌结构的抗渗耐久性。

(3)与安装防火板和防火喷涂料相比，本耐火管片PC层除了作为耐火层外，同时与RC层一起承担外荷载，因此无需增厚衬砌，进而无需增加隧道开挖断面。

(4)防火板和防火喷涂料安装(喷涂)增加了工程施工时间，而本耐火管片的拼装与普通管片一样，无需增加额外施工时间。

(5)与安装防火板和防火喷涂料相比，本耐火管片进行风机、信号设施、交通灯、监控设备等的安装非常方便。

(6)与安装防火板和防火喷涂料相比，本耐火管片可以满足工程全寿命的要求，无需中途更新。

(7)本耐火管片提供了从施工到运营全程的耐火抗爆裂能力。

(8)与安装防火板和防火喷涂料相比,本耐火管片火灾高温时不会产生大量的有毒有害气体,不会影响人员的逃生和消防灭火活动。

(9)与安装防火板和防火喷涂料相比,本耐火管片受车辆废气、活塞风、振动、清洗等的影响较小,同时,也不影响对隧道表面状况的检查和修复。

(10)与通体掺加聚丙烯纤维相比,本耐火管片由于只在PC层内使用聚丙烯纤维,因此用量较少,造价上不会增加太多,性价比高。

4 结语

本文提出的抗爆裂复合耐火管片与普通钢筋混凝土管片相比,只是在制作程序上有所改变,而设计、拼装则与普通钢筋混凝土管片相同,与其他隧道耐火方法相比,采用抗爆裂复合耐火管片可以有效地防止混凝土管片在高温情况下的爆裂,从而提高隧道的耐火性,同时对施工的影响较小,不增加开挖量和施工工艺的复杂性,在经济性方面,由于其只是在靠近火灾场景一侧的混凝土管片中添加聚丙乙烯,故其造价相对较低,经济性也很好。因此,可以方便地应用到地铁、越江隧道等盾构隧道工程中。

参考文献

[1] Chan Y N, Luo X, Sun W. Effect of High Temperature and Cooling Regimes on the Compressive Strength and Pore Properties of High Performance Concrete[J]. Construction and Building Materials, 2000, 14:261-266.

[2] 赵莉弘,朋改非,祁国梁,等. 高温对纤维增韧高性能混凝土残余力学性能影响的试验研究[J]. 混凝土,2003(12):8-11.

三、施工与安全控制技术

基于BP人工神经网络的温度应力耦合场中土体位移预测

武　威[1,2]　刘　滔[1,2]　闫治国[1,2]　常　岐[1,2]
(1. 同济大学岩土及地下工程教育部重点实验室　上海　200092；
2. 同济大学地下建筑与工程系　上海　200092)

摘　要：人工神经网络已经广泛应用于模式识别、自动控制、信号处理、决策辅助等信息处理领域。BP(Back Propagation)神经网络是目前应用最多的人工神经网络模型之一，具有通过已有数据训练实现复杂非线性映射的功能。对于软土隧道，火灾高温会引起隧道周围土体力学性质的变化，引起土中水的汽化，从而导致施加到衬砌结构上的荷载增加，严重影响衬砌结构的安全性。在通过试验手段测定高温对衬砌周围土体位移的影响时，由于受到各方面条件限制，工况数和测点数都比较有限。所以，采用BP神经网络对其他工况和土体中不同位置处的位移进行预测，从而得到更全面的温度应力耦合场中的土体位移场分布。

关键词：BP人工神经网络　温度应力耦合场　土体位移预测

1　BP人工智能神经网络

人工神经网络(图1)，是一种旨在模仿人脑神经网络结构及其功能的信息处理系统，具有自学习、自组织、较好的容错性和优良的非线性逼近能力。

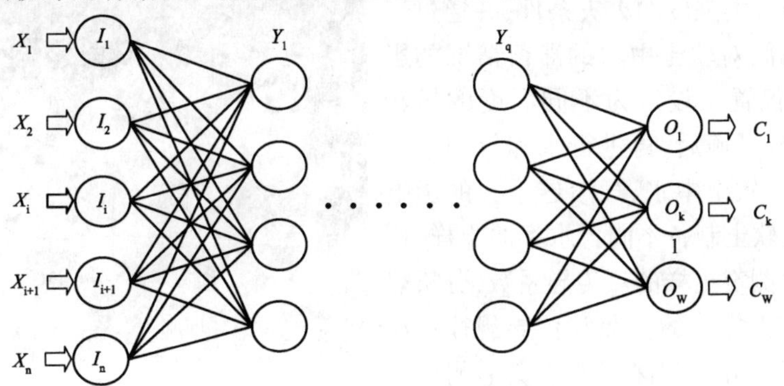

图1　人工神经网络结构示意图

20世纪80年代，Rumelhard[1]和Mcclelland[2]等人提出了著名的BP算法，是采用误差反传算法的网络模型(简称BP神经网络)，包含三种神经元：输入、隐含和输出神经元，由各种神经元各自组成相应的层，层与层之间采用全互连方式，同层各神经元之间不相互连接(图2)。BP算法的思想是使用梯度搜索理论，以使网络实际输出(计算输出)与期望输出(目标输出)

的均方差达到最小。网络学习过程由信号的正向传播与误差的逆向传播两个过程组成。正向传播时，模式作用于输入层，经隐层处理后，传向输出层。若输出层未能得到期望的输出，则转入误差的逆向传播阶段，将输出误差按某种子形式，通过隐层向输入层逐层返回，并分配给各层的所有单元，从而获得各层单元的参考误差或称误差信号，以作为修改各单元权值的依据。这种信号正向传播与误差逆向传播的各层权矩阵的修改过程，是周而复始进行的。权值不断修改的过程，也就是网络的学习过程。此过程一直进行到网络输出的误差逐渐减少到可接受的程度或达到设定的学习次数为止。目前主要应用于函数逼近、模式识别、分类和数据压缩或数据挖掘[3]。

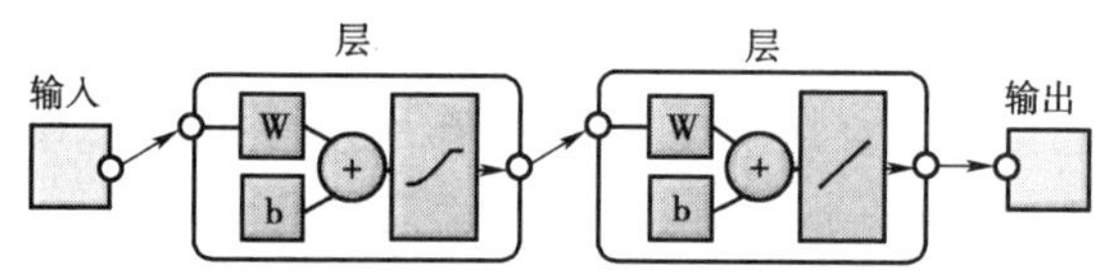

图 2 BP 神经网络简图

2 温度应力耦合场中的土体位移试验

在火灾高温条件下，热量将由盾构管片传递和扩散至隧道周边的软土，并致使其含水率发生改变（汽化或迁移），而温度和含水率的变化又将改变软土的渗透性、热传导特性及力学性质，并引起隧道结构水土压力分布规律的变化。试验研究的目的，是从软土的本质特性入手，结合土的结构性、矿物成分、含水率变化及受力情况等，综合分析火灾条件下隧道结构周边水土压力分布的变化及土体位移规律。

试验研究采用上海地区越江隧道、地铁工程中经常遇到的典型软土开展工作，主要包括温控条件下的软土持水特征及位移场分析试验。

试验采用恒温烘箱（图 3），设定不同温度和加热时间来模拟各类强度的火灾条件，并通过试验测定温度和时间对软土中水的滞留情况的影响；将土壤渗透仪置于设定为不同温度的烘箱内，待土样内水分平衡后，再进行水和气的渗透试验，测定温度对软土中水、气渗透系数的影响规律。采用原状软土制备不同含水率的土样，用 KD2 热针探测仪测定土样的热传导系数，分析热量在不同含水率土样中的扩散和传导规律。深部土体测量采用千分表和深部土体变形测量系统进行。采用 20 个内径 5mm 的金属管，4 个一组，长度分别为 55cm、54cm、50cm、45cm、40cm。除此以外，再有一块千分表测量土体表面的变形。为获取火灾过程中隧道周边土层中热传导特性、温度场和位移场的变化提供依据。

图 3 试验土箱及加温炉

试验步骤：

（1）现场取土并使用环刀测定土的天然重度，并据此选取试验重塑土样的重度。

（2）将取回的土晒干并粉碎，同时在试验室测定天然土的含水率，以及干燥后土的含水率。

(3)根究干燥后土的含水率以及所需试样的含水率计算配比,将土及水十等分,在土箱内分层夯实并埋设相应的土压力盒和热敏电阻以及取土桶。土箱高为 60cm,全部土体夯入后高为 55cm。最后在上部覆盖多孔金属板并将测试仪器的导线从金属板的孔中引出。为防止高温破坏导线,引出的导向应架空并用石棉保护。在土体上表面安装千分表量土体变形,土样底部安装深部土体量测系统。

(4)模拟浅埋情况,上部土体强度较小,存在地表变形。土体上表面通过加载系统施加固定荷载,并同时测定土体深层及表面变形。模拟深埋情况,上部土体强度足够大,不允许地表变形。土体上表面通过加载系统施加荷载后将油门关闭,约束变形,通过传感器读取力的变化。

(5)试验实时采集温度、土压力和位移等数据(图 4),结束后立即卸载将取土器取出,取出不同深度处的土测定含水率。取土深度同土压力盒埋设深度。

图 4　试验数据采集记录系统

试验结果测得了在整个升温降温过程中,土体在不同位置和附加荷载作用下的位移、温度、土压力和含水率等数据。

3　计算模型建立及参数选择

在完成试验数据采集与整理后,基于试验结果,以 MATLAB R2008a 软件作为编程平台,完成对试验数据的输入、神经网络训练、误差分析、预测结果输出等一系列工作。在 BP 人工智能神经网络的训练中,针对运算精度和效率的最优化问题,对其中的隐含层层数,分别设置为 3、6、9、12、15、18 等六种情况进行了对比分析,通过比较得到六种情况下的累计误差和计算耗时,来确定最合理的隐含层数。计算参数见表 1。

从 A 箱埋深 5cm 及埋深 50cm 试验数据中按平均间隔取 126 组数据进行训练,每组输入数据包括:土压力盒 a 读数、土压力盒 b 读数、埋深和温度。训练完成后,再取 A 箱相同埋深范围的 220 组试验数据,对完成训练的人工智能神经网络进行检验,最后输出结果对比分析图、误差曲线等。

计 算 参 数　　表 1

参　数	参数值	参　数	参数值
隐含层层数	3、6、9、12、15	输出偏离率	2
输入层维数	4	训练数据量	126
输入权重	1	学习率	0.05
输入偏离率	1	动量系数	0.9
输出层维数	1	最大循环次数	200 000
输出权重	2	最大训练误差	0.001

4 计算结果分析

分别采用3、6、9、12、15、18六种不同隐含层数的BP人工神经网络对126组试验数据进行了训练，将没有参与训练的另外220组数据代入训练完成的BP人工智能神经网络，输出结果，并与实际试验得到的结果进行对比。深色的点代表试验测得的不同深度随温度、土压力和含水率变化的土体位移，浅色的点代表BP人工神经网络输出的预测数据，如图5～图10。

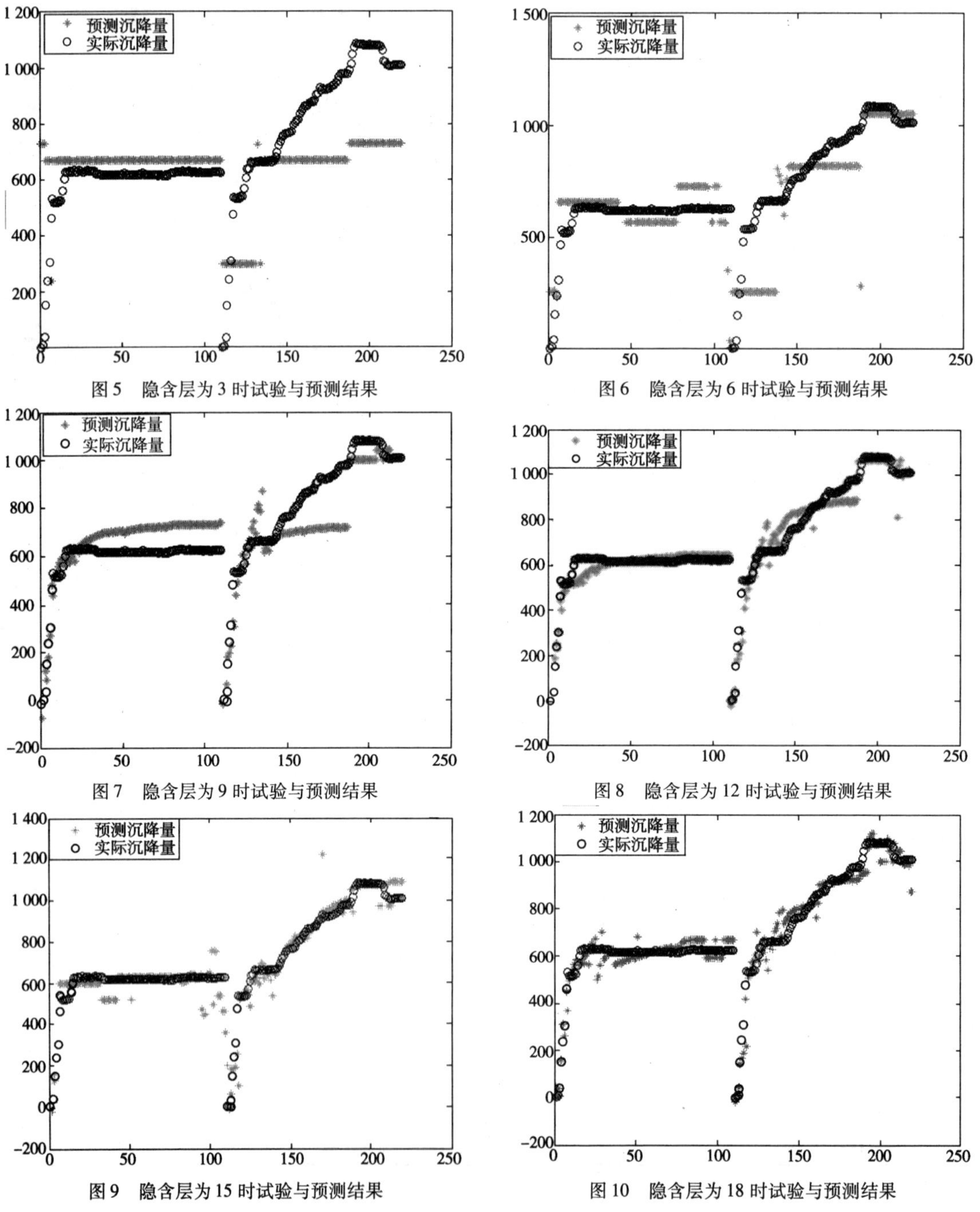

图5 隐含层为3时试验与预测结果

图6 隐含层为6时试验与预测结果

图7 隐含层为9时试验与预测结果

图8 隐含层为12时试验与预测结果

图9 隐含层为15时试验与预测结果

图10 隐含层为18时试验与预测结果

图中代表试验所测位移的深色点中,前 110 个点是土体表面下 5cm 埋深处土体在温度与应力不断变化下的位移,后 110 个点是土体表面下 50cm 埋深处土体在温度与应力不断变化下的位移。由于是在土体底层加热,底层土温度、含水率和压力变化都大于表层土。表层土体位移在初始加温过程中位移变化明显,但后期降温过程中位移变化较小。而底层土体在初始加温过程中位移变化也比较明显,后期降温过程中温度变化范围比较大,水分散失多,压力变化值也比表层土大,所以位移变化较表层土要更加显著。

在计算结果中,在隐含层数较少,如图 5 中只有 3 个隐含层时,预测结果主要呈 4 段直线段分布,总体离散误差比较大(图 11),与试验数据吻合度较差。图 6 为 6 个隐含层时的结果,预测结果中直线段数量增多,吻合度也有所提高(图 12)。图 7 为 9 个隐含层时的结果,预测结果已经开始呈曲线段分布,吻合度进一步提高(图 13)。图 8 为 12 个隐含层时的结果,预测结果呈曲线段分布,离散点减少,总体误差非常小(图 14),与试验数据吻合度较高。图 9 为 15 个隐含层时的结果,预测结果曲线与试验曲线基本吻合,但仍有少量离散点,总体误差(图 15)同隐含层数为 12 的情况很接近。图 10 为 18 个隐含层时的结果,预测结果曲线与试验曲线基本吻合,同样仍有少量离散点,总体误差(图 16)同隐含层数为 12 和隐含层数为 15 的情况下的误差基本相同。

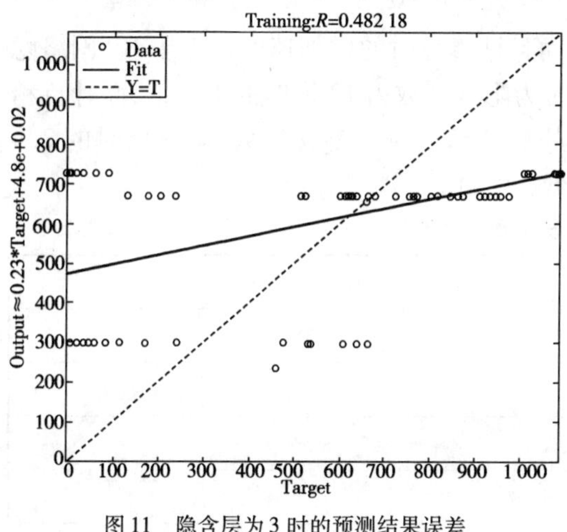

图 11 隐含层为 3 时的预测结果误差

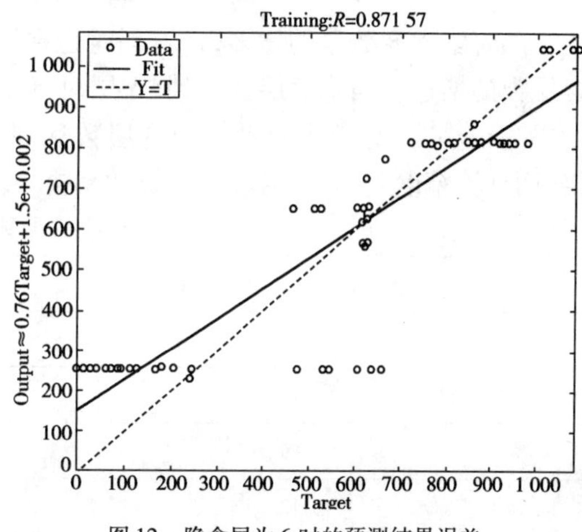

图 12 隐含层为 6 时的预测结果误差

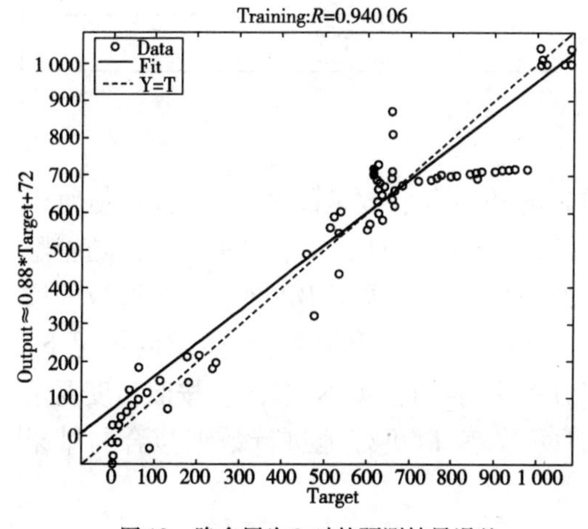

图 13 隐含层为 9 时的预测结果误差

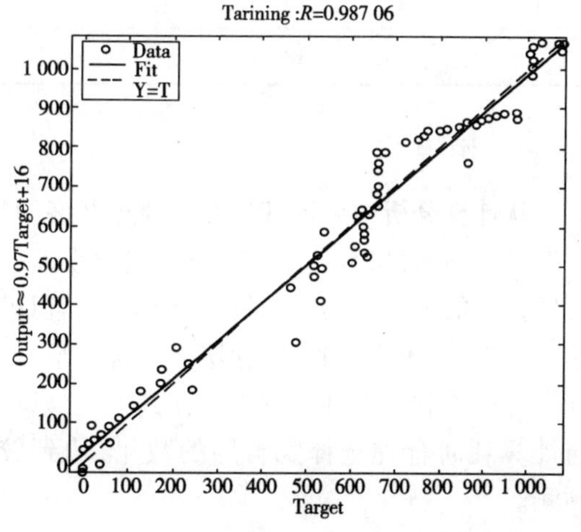

图 14 隐含层为 12 时的预测结果误差

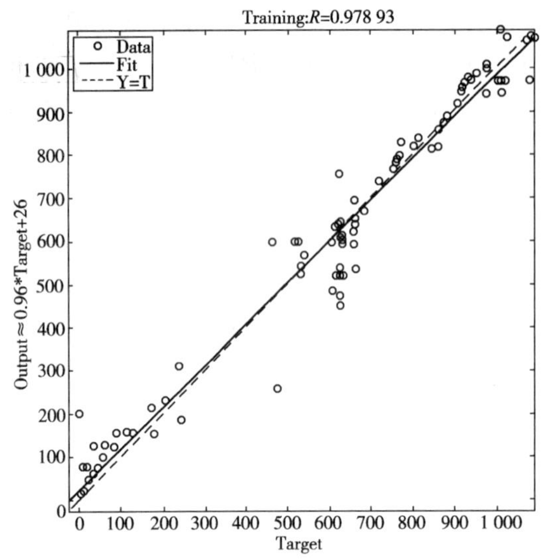

图 15 隐含层为 15 时的预测结果误差

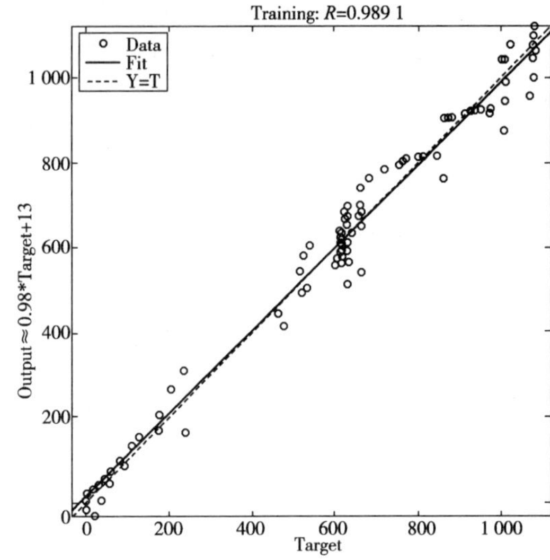

图 16 隐含层为 18 时的预测结果误差

随着隐含层数量的增多,计算耗时也在增加,而且计算耗时的增加速度远大于 BP 网络隐含层数的增速。当隐含层数达到 15 层时,计算耗时为隐含层数为 12 层时的 1.9 倍,而计算精度提高很小,计算效率降低。隐含层数达到 18 层时,计算耗时为隐含层数为 15 层时的 2.4 倍,而计算精度基本不再提高,计算效率进一步降低(表 2)。

隐含层数与计算耗时 表 2

BP 人工智能神经网络隐含层数	计算耗时(s)
3	18
6	34
9	54
12	96
15	181
18	436

5 结语

从计算分析中可得,BP 人工神经网络的输出准确度随隐含层数量的增多而提高,但对于本试验,当隐含层数达到 12 之后,输出误差已经到达所需要求,而且保持基本不变。而随着隐含层数量的增多,计算耗时也在增加,而且计算耗时的增加速度远大于 BP 网络隐含层数的增速。所以,对于本试验,隐含层数最优值应该为 12,这样能使在计算精度达到要求的情况下,计算耗时控制在合理范围内。在其他类似试验数据分析中,也可依据本文思路,按照精度要求与计算耗时合理选择隐含层的数量,达到较好的计算效率,以更好地进行数据拟合与结果预测。

参考文献

[1] Hopfield J J. Neural Networks and Physical Systems with Emergent Collective Computing Abilities[J]. Proc. Natl. Acad. Sci. USA, 1982,(79):2554-2558.

[2] Rumelhart D E,McClelland J L. Parallel Distributed Processing[M]. Cambridge Massachusetts:The MIT Press,1986.

[3] 张铃,张钹. 神经网络 BP 算法的分析[J].模糊识别与人工智能,1994,7(3):191-195.

大型越江隧桥综合设施运营安全综合监控系统

季倩倩　刘千伟　田海洋

（上海长江隧桥建设发展有限公司　上海　210029）

摘　要：随着高等级公路建设步伐的加快和沿江、沿海经济的快速发展，大型越江跨海隧道与桥梁的建设正高速发展，隧道与桥梁的规模、跨径和长度将越来越大，保障隧桥安全设备的复杂程度不断提高，同时也对隧桥综合监控和运营安全提出了更高的要求，本文以上海长江隧桥工程为例，从大型越江隧桥综合设施监控系统特点、防灾体系、综合架构及运营预案等几方面对综合监控和运营安全进行详细阐述，以达到保证工程服役期的救援疏散及安全性的要求，为今后同类工程及更大规模运营设施综合监控设计提供借鉴。

关键词：越江隧桥结合工程　防灾体系　综合监控　疏散救援　运营预案

1　工程背景

上海长江隧桥工程（图1）全线长约25.5km，采用“南隧北桥”方案，是目前世界上最大规模的隧桥结合工程。北港桥梁是一座跨江长大桥梁，全桥长16.5km，双向六车道，设计车速为100km/h，其中跨江桥梁段9.97km，主通航孔桥采用730m全漂浮的斜拉桥；南港隧道外径15.43m，长度8.9km，其中通风区段长度为7.5km，并且上层路面为双向六车道，设计车速为80km/h，下层为轨道交通9号线预留轨道交通空间。

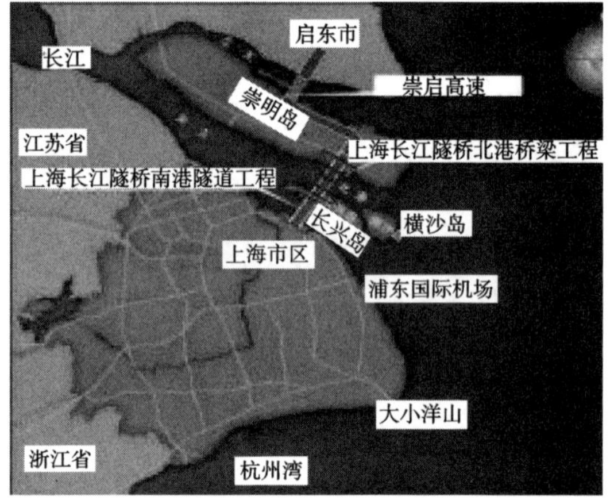

图1　上海长江隧桥工程地理位置示意图

在大型越江隧桥综合设施运营中，为了保障公路运营及相应设施安全，确保乘客和工作人员的生命安全，设置了通风、给排水、照明、供配电、疏散系统等几大机电系统组成的防灾体系。虽然防灾体系中各系统在功能划分及职责范围上各不相同，但是它们之间存在着千丝万缕的联系，一个系统的变化往往需要其他一些系统做出相关的调整，特别是在发生阻塞、火灾等工况时更需要多个系统相互关联共同参与，因此对于大型越江隧桥综合设施就需要考虑构建疏散救援的运营安全综合监控系统。

2　大型越江隧桥综合设施运营安全监控系统的特点

作为大型越江隧桥综合设施，上海长江隧桥工程与常规的高速公路隧道和大桥相比，主要特点在于：

(1)该工程为连接上海至江苏、上海浦东至崇明岛的交通大动脉之一,通车流量大,根据10月31日通车一周车流量情况表明,日均突破1万辆,最大日流量3.4万辆,若2012年崇启通道连通江苏后,通车压力将会更加巨大,同时给隧桥事故阶段的疏散救援带来了难题。

(2)该工程采用"南隧北桥"方案,是目前世界上最大规模的隧桥结合工程之一,其中上海长江隧道是目前世界上直径最大、通风区段最长的盾构隧道,上海长江大桥工程也是特长桥梁,隧桥联动运营管理也是大问题。

(3)集约型工程建设给运营带来的巨大压力,一是轨道交通实施后占用了大桥的硬路肩和隧道内的原有逃生通道,给交通管理和紧急救援带来了难度;二是大桥混凝土箱梁内、隧道下层空间增设了220kV高压电缆,增加了工程的防灾点。

(4)该工程存在多接口融合的难题,既要解决自身与交通监控系统、设备监控系统等系统的联动,又要在各种交通事故、气象事故、火灾事故发生时,及时与公安部门、消防部门、轨道交通等相关职能部门联动,保障隧道及大桥主体工程安全健康。

3 大型越江隧桥综合设施防灾体系

鉴于以上特点以及公路、轨道交通、高压电缆综合运营的复杂性,本工程综合监控系统的设置要从防灾体系设计全局入手,其总体思路是预防为主,防消结合,按照防灾、减灾、救灾三部分,形成环环相扣的安全链,其整体功能是通过建筑防火与结构安全、给排水、监控、通风、供电、照明等各个分系统的功能与冗余实现的。

3.1 长江隧桥建筑防火与结构安全

(1)长江隧道建筑防火与结构安全

隧道的双向道路、轨道交通、电力电缆、安全疏散等不同功能形成独立的防火分区。一是圆隧道拱顶、矩形隧道结构顶板设置了防火内衬,排烟通道板采用防火纤维,保证结构安全;二是设置了进入隧道的辅道、工作井地面消防入口、工作井内双向车道之间的紧急联系车道、圆隧道连接通道、疏散楼梯,有效缩短救援距离,通道的尺寸要符合消防人员和设备的通过要求。

(2)长江大桥建筑防火与结构安全

将中央分隔带开口数量由原先的2处增加到4处(平均开口间距2km),一方面可使救援车辆利用调头区快速进入事故现场开展救援,另一方面还可在一侧车道完全堵塞的情况下,车辆通过前一个中央分隔带开口进入对向的车道通行。

3.2 长江大桥设备情况

(1)大桥桥面消防措施

作为公轨共面的大桥,火灾主要是由汽车或地铁列车引起,但仅是造成个别汽车或列车损失,不会引起火势蔓延,并且这些车辆自身配备一些防范火灾初期的措施。因此,针对桥面消防采用了灭火器与常规消防车加配套槽罐车移动水源的消防结合方案。具体来说,两幅大桥一侧每隔100m(两侧交错50m)设置的灭火器箱用于火灾发生早期及时扑灭或控制火灾;而若大桥一旦发生较大火灾,结合工程实际情况,配备了"常规消防车加配套槽罐车移动水源"的消防措施。

(2)大桥箱梁内消防措施

大桥箱梁内布设220kV高压电缆是集约化隧桥的重要体现,为保证运营安全,其主要消防措施是:设计上采用阻燃电缆、减少接头数量、加强电力监控、设计冗余载流量,同时在高压电缆接头位置增加视频监控,通道空间内每联箱梁端头设置防火隔断。

3.3 长江隧道设备情况

(1)通风降温系统

公路隧道采用射流风机诱导型纵向通风加重点排烟的通风方式(表1)。隧道内采用ϕ1 000纵向轴流风机,间隔180m布置一组,每组3台;两端风井处各设2台可兼作排烟的大型排风机和2台专用排烟的轴流风机。同时在隧道的顶部设置了重点排烟道,排烟道下部每隔60m设置排烟口,火灾工况下,利用排烟口进行重点排烟。

长大隧道通风方式 表1

工况	通风排烟方式
正常运营	利用汽车流形成的活塞作用,洞口进风、风井集中排风
阻塞	开启射流风机增加动力弥补汽车活塞力的下降
火灾	根据火灾点位置及交通情况,纵向通风加重点排烟形式及时将烟气排出行车道

同时,当隧道洞内环境超过一定温度,高压细水雾降温系统自动启动,利用水的汽化减热降温。每条隧道36个喷雾断面,共分3个喷雾段,全程约2 970m,其中喷头喷雾粒径为60μm,喷雾量约为1.75L/min;在设计工况下,全程无区段温度超过42℃;超过40℃的长度为全程的4.5%,正常行驶条件下,驾乘人员通行过此区段的时间约0.27~0.37min,小于短期允许的5min的限值。

(2)给排水系统

隧道公路层内消防废水、冲洗废水、结构渗漏水等由设在最低点的江中废水泵房收集,上、下层分开设置泵房,下层废水通过上层泵房接力排出。隧道两端消防给水分别从两路不同的市政上水管上引入DN250给水管。

下层电缆通道布置有隧道用的各类线缆和220kV超高压电缆。为保证通道安全,通道内按200m设置防火隔断,并沿通道纵向设火灾报警探测器,可联动高压细水雾自动灭火系统和电动平开式防火门,系统响应时间不超过10s,喷雾时间30min。

(3)照明系统

隧道内采用光带照明方式。隧道内设置照明种类有:隧道中间段基本照明、应急照明、出入口加强照明、安全通道及电缆通道照明、遮光棚照明及设备用房内照明、隧道暗埋段外部设置引导照明。为满足隧道运营安全、人员疏散逃生、节能减排的需要,第一,基本段照明采用5 790盏LED隧道灯具,其显著特点一是使用寿命达到3万小时以上,二是节能效果比传统灯具可达到30%以上,同时,配备调光控制系统,可根据运营要求实现9级亮度调正,当隧道一旦发生火灾,调光系统接收到FAS火灾报警信号,联动控制隧道所有LED隧道灯具100%光输出。LED调光系统如发生故障,故障区域内的LED灯具100%光输出;第二,出入口加强照明用高压钠灯,通道应急照明为一级负荷,通道基本照明为二级负荷,隧道两侧加强照明各引自配电柜的一段母排,照明配电系统采用单母线分段,并设置联络开关的自动切换功能;第三,电缆通道照明分工作照明和应急照明,照明灯具布置在电缆通道的顶部,每隔 4m 布置一盏节能灯具,容量为 15W;第四,安全通道照明系统、应急照明及设备平台照明由集中式三相应急电源装置(EPS)供电,设备平台照明电源引自就近的安全通道应急回路。

(4)供配电系统

隧道内用电负荷分为三级。其中一级负荷为防灾报警系统、风机风阀、水泵、照明、设备监控系统、直流屏、防火卷帘、广播、疏散指示标志等用电,二级负荷为隧道检修、变电所风机用电,三级负荷为空调冷水机组等用电。具体来说,为确保整个隧道设备系统供电可靠性,第一,在浦东及长兴岛隧道两岸设两座变电所,分别各引入两路独立的 35kV 电源,形成四路供电,并通过一根联络线相互备用;第二,大容量轴流风机采用 6kV 供电,对隧道内远离工作井(500m 外)设备和照明采用小型地埋式变压器供电;第三,上、下行隧道地埋变供电采用 10kV 供电,射流风机、雨水泵、江中废水泵电气设备供电采用 0.4kV 供电。

(5)疏散救援

公路层间设 8 条连接通道,间距约 830m,上下层之间设置疏散楼梯,与安全通道相连,间距约 270m。上层疏散主要利用连接通道,向下疏散至轨道层作为辅助疏散方式;下层采用沿安全通道通过疏散楼梯向上疏散。

隧道的各个功能区内都设置了应急照明,疏散指示系统由自发光的指示标志、可变情报板、应急广播和疏散口加强指示标志组成。当火灾发生时,主机接收火灾自动报警系统的报警信号后,使在火灾区域行驶方向前方的标志灯的双向箭头中的一个顺行驶方向的箭头闪亮;在火灾区域行驶方向后方的标志灯的双向箭头中的一个逆行驶方向的箭头闪亮,指导人员进行远离火灾的安全疏散,在火灾发生区域以外的标志灯均按以上模式工作。

3.4 运营救援管理及保障

(1)根据最佳救援时间要求,浦东、长兴岛、崇明岛设置救援站和地面初级救护中心。

(2)当隧道和大桥上发生严重交通事故时,预设定紧急情况时的救援路线。

4 大型越江隧桥综合设施运营安全综合监控系统及预案

按上海市高速公路网交通监控系统的总体规划,针对上海长江隧桥工程实际构建了基于防灾体系的大型越江隧桥综合设施运营安全综合监控系统,以满足其大型化、隧桥结合、集约化、多接口融合的特点,保证运营安全,达到防灾、减灾、救灾的目的。

4.1 综合监控系统的区域控制

本工程综合监控系统采用“路段监控中心(管理站)—区域控制—外场设备”结构。

监控中心为综合监控系统的控制机构,负责全线道路的交通协调和运营管理。监视车辆运行,收集各个路段的车速、车流量、占有率等交通参数;根据天气条件、路面条件、各路段的交通状况以及交通要求改变沿线各显示板的内容,发布诱导控制指令和现场广播指挥,达到限制车速,控制车流,疏导交通,设备运营,环境检测,实现交通监控、设备监控、运营管理等功能,同时在紧急情况下,指挥本路段公共安全突发事件的应急处理工作。

浦东管理站主要负责隧道浦东入口端路政、超限车辆和交通事故救援等日常管理工作,包括与 G1501 主线收费站处和入口处的危险品检查站的业务联系等。管理站接受监控中心的业务管理及指挥调度，通过通信综合传输网获取数据，主要实现对隧道浦东端的视频监视、报警信息接收和设备维护管理。在特殊情况下，浦东管理站在监控中心的授权指挥下根据系统配置可以行使部分监控功能。

外场设备为综合监控系统的数据采集和控制命令的执行机构。所有外场设备均通过现场工业以太网及本地主干通信网络接入监控中心。

上海长江隧桥工程综合监控系统构成图见图2。

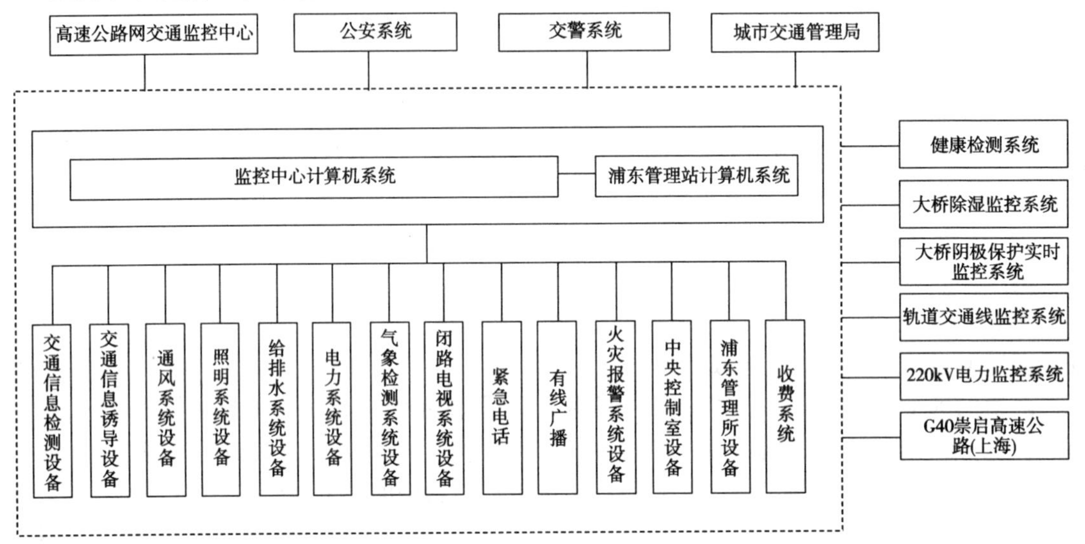

图2 上海长江隧桥工程综合监控系统构成图

4.2 综合监控系统的功能控制

工程范围内全线设置综合监控系统（路段监控中心、浦东管理站、交通监控系统、设备监控系统等）和封闭式收费系统，以及为综合监控系统和收费系统实现联网功能的通信系统，全线在长兴岛潘园收费站区内设置一处交通管理中心（含路段监控中心、收费中心及通信中心）。

(1)交通监控系统

交通监控系统由交通信息检测系统、交通信息诱导系统、环境监测系统、闭路电视系统、有线广播系统、车辆超限管理系统等组成。

(2)设备监控系统

设备监控系统按照功能可划分为隧道及大桥控制系统、隧道及大桥电力监控系统、大桥阴极保护系统（中心及网络部分）、隧道及大桥照明监控系统、隧道通风监控系统、隧道给排水监控系统。

(3)火灾报警系统

火灾报警系统（FAS）采用中央级和现场级两级控制网络组成。一是监控中心FAS主机通过通信接口接入中央计算机局域网，实现与设备监控系统、视频系统等分系统的联动控制；二是在隧道全线上、下行管段车行隧道、电缆通道、安全通道区域顶部敷设线型光纤光栅感温探测器，对检测区域的温度进行不间断探测，并设置异常报警；三是浦东、长兴岛的工作井内的无人值守的设备用房所采用的极早期空气采样，对这些房间的火情进行监控探测。

(4)收费系统

上海市高速公路联网的收费系统采用“收费车道—收费站—各运营公司收费中心—上海市高速公路收费结算中心”的收费体制。其中收费系统采用人工半自动收费(MTC)和电子不停车收费(ETC)两种方式。本工程实施1个路段收费中心,潘园和陈海2个匝道收费站,并实现与收费结算中心互联。

(5)通信系统

一是光纤传输系统预留千兆光纤端口,用于连接上级网络和预留其他高速公路数据通道的接入;二是电话系统,在潘园管控中心设置程控用户交换机1套,主机容量700门;三是由紧急电话话务台、大桥光纤型紧急电话、隧道紧急电话和传输介质组成的紧急电话系统;四是时钟系统采用中心一级母钟,接收来自GPS的标准时间信号。

4.3　综合监控系统的运营预案

在上海市智能交通总体指导思想“掌握现状、找出规律、科学诱导、有效指挥”的指导下,根据长江隧桥的一般运营规律和特点,从长江隧桥的安全运营、道路通行能力、交通组织等多方面着手,将可能影响长江隧桥运营的事件按照“分类、分级、分区”的办法,共划分为16类系统联动预案、30个区域,针对事件的类别、严重程度和发生地点,根据需要有针对性地制订相关预案(表2)。

上海长江隧桥工程运营系统联动预案　表2

(1)正常运营预案	(5)火灾预案	(9)隧道淹水预案	(13)船舶撞桥卡桥预案
(2)紧急电话报警预案	(6)恶劣天气预案	(10)隧桥结构体损坏	(14)车辆人员坠落大海
(3)逃生盖板报警预案	(7)隧道空气污染严重超标	(11)断电预案	(15)交保交管预案
(4)交通事件预案	(8)车辆超限预案	(12)隧桥机电管养	(16)用户自定义预案

其中隧道火灾控制与疏散救援是特长距离盾构隧道迫切需要解决的关键问题,因此火灾预案是上海长江隧桥工程的关键预案,以下将以火灾预案来详细介绍各系统的联动情况。

火灾工况下的隧桥联动示意图见图3。

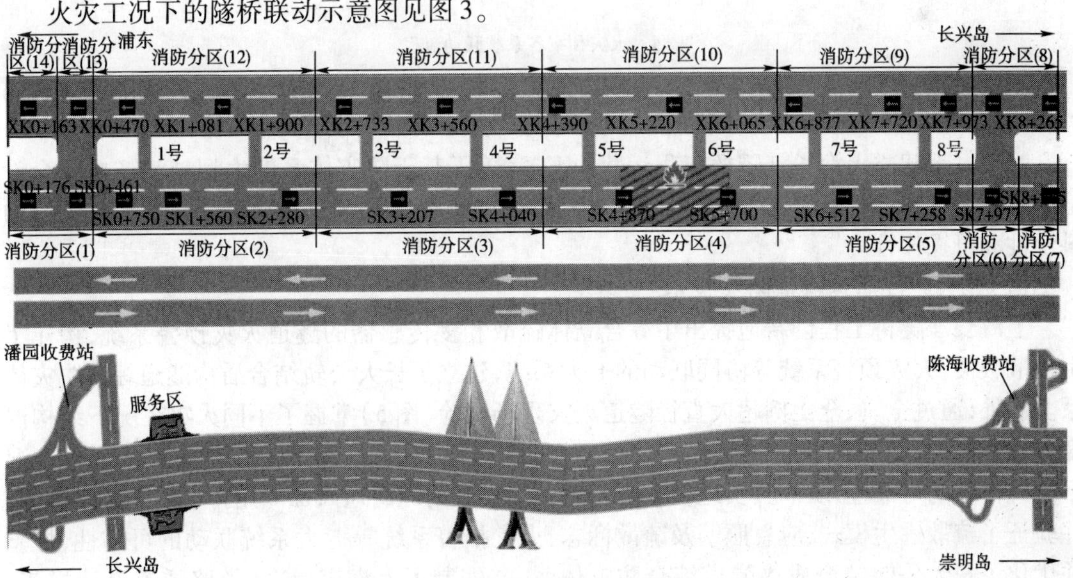

图3　火灾工况下的隧桥联动示意图

(1)火灾预案调用的各系统包括:交通监控系统、通风系统、照明系统、广播系统、给排水系统、视频系统、调度系统。预案是不同系统在不同工作模式下的组合。

(2)当消防主机发出火灾报警信号后,视频及时切换到报警位置,如确认发生火灾,则一是启动联动通风、消防灭火及疏散标志的火灾报警系统;二是启动交通诱导、给排水、照明等设备系统;三是及时跟相关职能部门汇报,采取相应的救援措施。火灾预案各系统联动流程见图4。

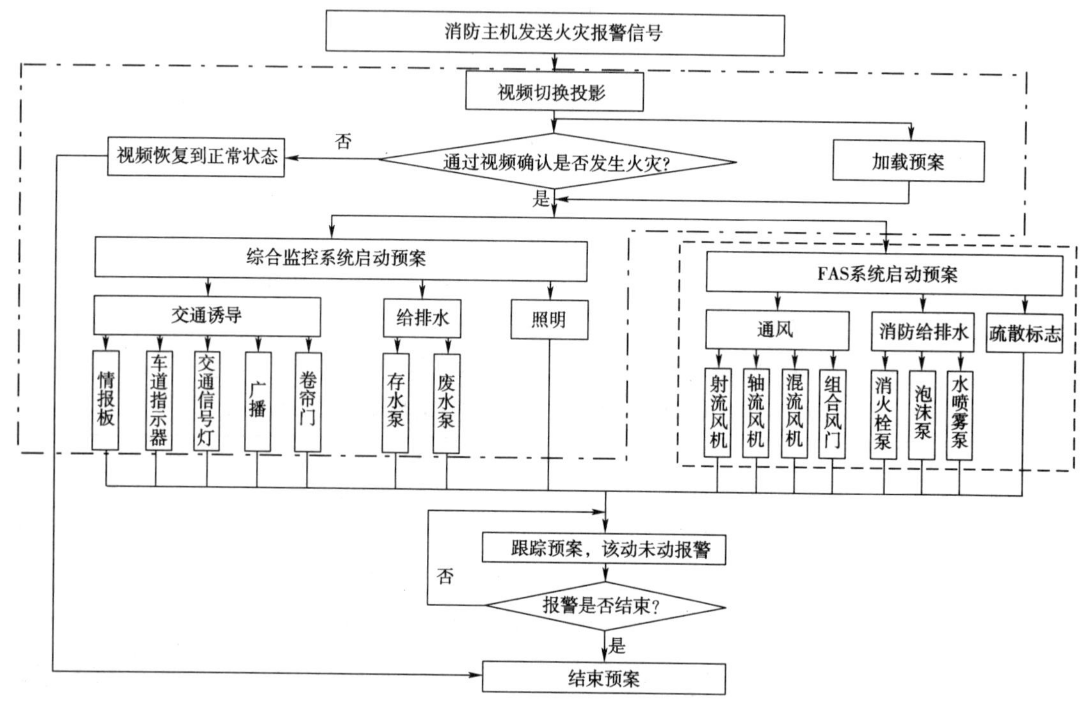

图4　火灾预案各系统联动流程

5　大型越江隧桥综合设施运营安全综合监控系统验证

为更好地建立上海长江隧桥工程运营预案,完善了基于防灾体系的大型越江隧桥综合设施运营安全综合监控系统,工程开展了针对性的科研攻关和现场演习,保证了综合监控系统的科学性和可操作性。

(1)长大越江盾构隧道防灾技术

上海长江隧桥工程创新地提出了综合立体疏散和多传感器的隧道火灾预警系统,构建了由疏散救援、火灾预警系统等协同联动的七大系统,建立了长大公轨结合盾构隧道综合防灾体系。此外,通过全真、全比例超大直径隧道火灾现场试验(图5)掌握了不同火灾工况下结构温度分布、烟气流动和火灾生成物浓度对能见度的影响等规律,预测了50MW火灾的设计工况下防灾体系的可靠性,从而真实地检验国内第一次实施的纵向通风加专用排烟道的控烟方案,并验证了疏散逃生模式、应急照明及疏散标志、火灾报警系统等七大系统联动的可靠性,检验并优化了长大公轨结合盾构隧道综合防灾体系,并编制了上海市标准《道路隧道设计规范》(DG/TJ 08—2033—2008),填补了国内隧道设计规范和超大特长盾构隧道防灾设计规范的空白。

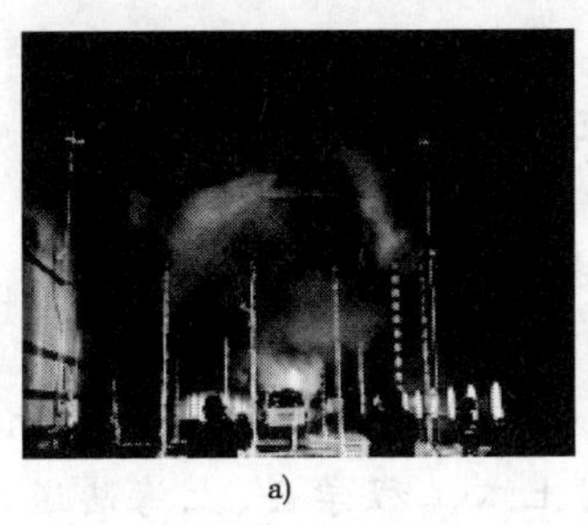
a)

b)

图5　全比例工程火灾安全试验

(2)上海长江隧桥工程消防演习验证

2009年10月23日下午14时,在上海市消防局的大力支持下,上海长江隧桥开展了消防灭火演习,主要模拟的是发生交通事故后引起的火灾工况,主要过程见表3。

上海长江隧桥工程消防演习主要工程　表3

过程	具体事件
1	中控室接到报警,随即通过大屏幕清晰地捕捉到隧道上行K31+900处发生了一辆小轿车与一辆大巴士追尾相撞,同时有乘客实施互救,向浦东方向逃生
2	值班长当即发出“启动火灾预案”指令,瞬间电力调度按照设备联动模式启动设备—隧道内的射流、轴流风机立即启动、灯光指示灯闪亮、交通信号灯切换、消防泵启动、广播喇叭播音
3	与此同时1号监控员立即拨打“119”和监控中心、G1501中控室;2号监控员立即拨打交警浦东指挥中心、崇明指挥中心、路政中队,并封闭隧道进口和各个收费站
4	接到中控室指令后,在隧道进口处值勤的4名消防巡视员立即驾驶消防摩托车冲入隧道,6min内先后赶到现场,分别启用灭火器和消火栓
5	这时火势有所扩大,中控室要求立即开动水喷淋泡沫灭火设备,对着火车辆进行灭火
6	同时现场施救人员指引驾乘人员有序撤离火灾现场,通过横向连接通道向隧道下行线转移
7	“119”接到报警10min后,数辆消防车通过隧道下行线赶到火灾点相邻位置,接通水管
8	针对着火车辆火势继续蔓延扩大情况,现场指挥员立即启用消防车上的大功率灭火设备压住了火势,又以泡沫喷淋进行覆盖,直至火苗完全被扑灭
9	随后,交警、路政人员勘查现场,并立即恢复上行线通道,疏解积压车辆;牵引车赶到现场将两辆事故车拖离现场

6　结语

大型越江运营综合设施具有车流量大、隧桥结合、集约化工程及多接口融合的特点,使得其运营安全综合监控系统联动变得复杂化,上海长江隧桥工程通过设置通风降温、给排水、照明、供配电等完善的设备系统,每隔830m设置的连接通道、每隔270m设置的疏散楼梯构建的立体疏散逃生的体系,构建了基于防灾体系的大型越江隧桥综合设施运营安全综合监控系统,并通过科学火灾试验及大规模的现场消防演习检验了综合监控系统的科学性和可靠性,从而保证了工程服役期的救援疏散及安全性的要求。

参考文献

[1] 黄融.上海崇明越江通道长江隧道工程综述—上海长江隧道工程设计[J].地下工程与隧道,2008(1):2-9.

[2] 刘千伟.上海长江隧道建设关键技术综述[C]//2009 第四届上海国际隧道工程研讨会论文集.上海:上海市土木工程学会、中国土木工程学会、上海隧道工程股份有限公司,2009.

[3] 季倩倩,杨方勤,田海洋.超大特长越江盾构隧道建设技术研究[C]//2009 第四届上海国际隧道工程研讨会论文集.上海:上海市土木工程学会、中国土木工程学会、上海隧道工程股份有限公司,2009.

[4] 曹文宏,杨志豪,乔宗昭.上海崇明越江通道长江隧道工程设计[J].上海建设科技,2006(5):2-6.

[5] 上海长江隧桥建设发展有限公司等.无江中大直径风井长距离隧道的施工技术研究课题报告[R].上海:上海长江隧桥建设发展有限公司,2008.

[6] 彭子辉.上海长江隧道的消防疏散及救援设计简述[J].地下工程与隧道,2007(4):43-53.

[7] 蒋卫艇,郑晋丽,劳衡生.长大公路隧道温升的初步探讨[J].地下工程与隧道,2006(1):44-47.

[8] 范益群,王曦,蒋卫艇,等.水底公路隧道安全方案及消防安全性能化设计[J].地下工程与隧道,2006(2):60-63.

[9] 付修华,杨其新,刘化冰.对特长公路隧道火灾防灾救援安全策略的思考[J].公路交通科技,2004(3):56-59.

[10] 王曦.长大隧道的安全疏散设计[J].地下工程与隧道,2007(3):25-31.

公路隧道传统监控量测存在的问题分析及对策

赵清平[1] 张玉强[2] 张文坤[2]
(1. 武汉广益工程咨询有限公司 武汉 430074;
2. 绥满国道主干线博牙高速建设管理办公室)

摘 要: 本文通过高速公路隧道监控量测的工程实践,针对传统监控量测中存在的问题进行了分析,并提出了对策和新技术的应用。

关键词: 隧道 监控量测 存在问题 分析 对策

0 引言

在公路隧道施工中,为了及时掌握施工中围岩稳定程度与支护受力、变形的力学动态或信息,以判断设计、施工的安全与经济,必须进行现场的监控量测项目。《公路隧道施工技术细则》(JTG F60—2009)[2]表10.2.1规定洞内、外观察、周边位移、拱顶下沉、地表下沉为必测项目,见表1。《公路工程质量检验评定标准》(JTG F80/1—2004)[4]表6.4.2-2规定了对锚杆拉拔力的检测要求,见表2。

隧道现场监控量测必测项目 表1

序号	项目名称	方法及工具	布置	测试精度	量测间隔时间			
					1~15d	16d~1个月	1~3个月	>3个月
1	洞内、外观察	现场观察、地质罗盘等	开挖及初期支护后进行	—	每次爆破后进行			
2	周边位移	各种类型收敛计	每5~50m一个断面,每断面2~3对测点	0.1mm	1~2次/d	1次/2d	1~2次/周	1~3次/月
3	拱顶下沉	水准测量的方法,水准仪、钢尺等	每5~50m一个断面	0.1mm	1~2次/d	1次/2d	1~2次/周	1~3次/月
4	地表下沉	水准测量的方法,水准仪、铟钢尺等	洞口段、浅埋段($h_0 \leq 2b$)	0.5mm	开挖面距量测断面前后<$2b$时,1~2次/d 开挖面距量测断面前后<$5b$时,1次/2~3d 开挖面距量测断面前后>$5b$时,1次/3~7d			

注:b——隧道开挖宽度;h_0——隧道埋深。

锚杆、拉杆实测项目 表2

项次	检查项目	规定值或允许偏差	检查方法和频率	权值
1	锚杆、拉杆长度	符合设计要求	尺量:每20m检查5根	2
2	锚杆、拉杆间距(mm)	±20	尺量:每20m检查5根	1
3	锚杆、拉杆与面板连接	符合设计要求	目测:每20m检查5处	2
4	锚杆、拉杆防护	符合设计要求	目测:每20m检查10处	2
5	锚杆抗拔力	抗拔力平均值≥设计值,最小抗拔力≥0.9设计值	拔力试验:锚杆数1%,且不少于3根	3

由于隧道现场施工条件的复杂性,传统监控量测方法的局限性,而使传统的监控量测方法越来越难以满足施工快速、安全的要求。本文结合安徽省六武高速公路安徽段隧道监控量测项目及绥满国道主干线博克图至牙克石高速公路林场隧道监控量测项目,就传统监控量测方法实施过程中存在的问题作一分析。

1 监控量测实施要求

根据隧道围岩级别,确定监控量测断面及测点要求如下:

(1)监控量测断面布设原则

①断面间距:Ⅴ级20m,Ⅳ级30m,Ⅲ级40m,Ⅱ级50m。遇特殊情况,加密。

②对洞口、浅埋地段的Ⅴ、Ⅳ级围岩段(埋深小于40m的围岩段),布设地表下沉断面。

(2)测线和测点布设原则

①对全断面开挖的洞段,量测断面布设一条水平测线。

②对上下台阶法开挖的洞段布设2条水平测线。

③拱顶下沉测点,布置在拱顶水平线上,布置1个测点或3个测点。

(3)监控量测方法

①洞内外观测,掌子面地质观察描述。在每次爆破后,对地质和支护情况进行观察,并对围岩情况、地下水情况、衬砌支护状态进行描述。观察使用仪器包括地质罗盘、地质锤、钢卷尺、手电、照相机等。

②周边收敛。先在测点处将预埋件埋设在同一基线上的初衬支护里,用收敛计进行数据采集。

③拱顶下沉,主要用于确定围岩的稳定性,测点布设在拱顶中心,用高精度水准仪进行数据采集。

④地表下沉,布设在洞口浅埋段,用高精度水准仪进行观测。

2 传统监控量测存在的问题

(1)地质和支护状况观察不及时

《公路隧道施工技术细则》(JTG F60—2009)规定洞内外观测要求在开挖及初期支护后进行。对Ⅳ、Ⅴ级围岩或一般土质围岩开挖进尺不宜过长,以0.5~1.0m为宜。对Ⅲ~Ⅱ级围岩进尺可取3~3.5m。施工单位爆破开挖进尺一般安排在夜间进行,白天进行出渣、钢拱架的安装和初期支护工作。对掌子面的地质观察,监控量测单位很难到位进行及时观察,因此就不能及时地掌握围岩的动态信息反馈和指导施工作业工作。对存在不良地质现象(诸如涌水、涌泥、断层)的围岩地段,就不能及时地进行地质观测,从而丧失宝贵的抢险时间。

(2)现场监测与施工的相互干扰问题

在隧道施工过程中,工序包括:打眼放炮、车辆出渣运输、钢拱架的安装、初次喷射支护等。只有在钢拱架安装过程中,才具备观测条件进行监控量测工作的开展。由于施工工序转换很快,留给监控量测的时间很短和有限,在长大隧道中,监测断面多,监测时间长,施工的干扰成为不可回避的因素,往往造成监测工作的中断、不及时及监测的精度受到很大的影响。

(3)隧道施工环境的影响问题

隧道施工进入中间段后,通风问题、照明问题、洞内不平整及积水问题往往成为制约监控量测工作的重要因素。

隧道施工进入中间段后,由于停电、施工单位节约成本等因素,隧道通风、照明设备往往成为摆设,经常通风不通、照明不开,仅用来应付各方的检查,以致隧道内粉尘和大型机械排放的尾气不能及时排出,而造成隧道内粉尘浓度高、光线昏暗、能见度低,使监测环境恶劣,监测数据难以保证监测的精度。

(4)测点和基准点的稳定保护问题

拱顶下沉数据多采用水准仪进行观测,基准点首先设置在洞外稳固的地方,随着隧道掘进的深入,基准点从洞外导入洞内。在监测过程中,隧道内基准点的稳定、连续与否将是影响拱顶下沉数据准确与否的重要因素,而如何保护基准点不被破坏是保证观测数据稳定、准确、可靠的前提条件。因此,在建立基准点时,应充分考虑以下因素对基准点的破坏问题。

①当采用上下台阶法施工时,下台阶施工对基准点的破坏。

②仰拱或隧道填充层施工对基准点的破坏。

③洞内不平整、积水等因素对基准点的破坏。

④掌子面爆破、出渣车辆的碾压、喷射混凝土等原因对测点的破坏。

⑤一些人为因素(如埋设不牢固、在钩子上挂重物等)。

(5)监测断面及时布设和观测问题

由于爆破开挖采用台车进行施工,台阶的纵向长度一般为6~8m,当需要布设监测断面时,台车范围内的监测断面往往很难及时进行布设。即使布设了监测断面,由于台车的影响,也很难进行观测,再加上掘进速度缓慢等其他一些因素的影响,掌子面附近的观测断面往往错过了隧道变形最佳的观测时机。

(6)锚杆拉拔试验数据的可靠度问题

《公路工程质量检验评定标准 第一册 土建工程》(JTG F80/1—2004)[4]规定锚杆拉拔力监测按锚杆数的1%进行抽检,且不少于3根锚杆。在隧道施工过程中,为了保证隧道初期支护的平整,所有的锚杆头打设后均被覆盖在初期喷射的混凝土内。为了对锚杆拉拔力进行监测,只有施工时,在监测断面上指定监测锚杆的数量和位置,这样锚杆拉拔力的监测数据,就很难做到随意抽检达到控制施工质量的目的。

3 对策与展望

近年来,随着我国高速公路的不断发展,许多新技术被应用于工程建设之中,公路隧道的监控量测技术也在不断发展之中,许多新技术在高速公路隧道监控量测及质量检测中得到应用,这些新技术不但能解决传统监控量测存在的问题,还能缩短工序转换的时间,大大提高工效。

(1)公路隧道位移非接触量测技术的应用

全站仪三维非接触围岩净空位移量测新技术,其基本原理是利用全站仪自由设站远距离测量点位不同时段的三维坐标,将测量数据输入计算机通过软件进行后处理,最后输出测点的三维位移矢量或测点相对收敛值,准确、快速地为施工提供参考数据。全站仪自由设站测量和反射模片粘贴示意图如图1所示。

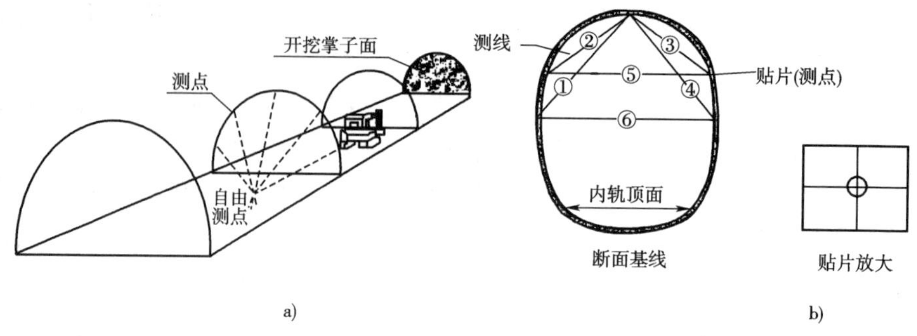

图1 全站仪测量示意图

全站仪自由设站三维观测原理，是从任意测站点观测已知点的方向和距离，通过极坐标法算出该测站仪器中心的坐标，并以此推算出其余被测点的坐标，然后运用坐标变换原理算出这些测点在某一统一坐标系下的三维坐标。由于隧道围岩位移观测的特殊性，仪器安置要求不影响隧道施工，所以采用自由设站法，既可避免由于人为测量仪器高、仪器对中达不到围岩变形测量的精度，又不影响施工，而且设站灵活。此项技术已由安徽省技术监督局颁布为安徽省地方标准《公路隧道施工非接触量测规程》(DB34/T 1087—2009)，该规程已于2009年12月10日发布实施。

(2)公路隧道施工阶段围岩分级方法的应用

隧道工程在实际施工中揭露出来的围岩级别与地质勘察设计中确定的围岩级别经常有较大差别。这主要有以下几方面的原因所引起：

①是由于地质钻探工艺的限制，在钻探过程中多是采用泥浆循环钻进，由于取芯率偏低，对地层界限、风化程度的界定以及对围岩级别的判定研究深度不够，难免会出现误判或不准确的情况。

②是由于勘察阶段的地质钻探数量少，钻探所揭示的地层有限，对围岩级别的判断是以点代面，难免出现设计围岩与实际围岩级别不符的情况。

③是由于地质条件千差万别，地层的不均匀性、各向异性、地质构造的发育程度不同等因素，使得设计围岩级别与实际开挖的围岩级别往往出现差别。

因此，在隧道施工过程中，结合开挖工作面对围岩级别进行重新评判极为重要。通过现场对围岩级别的重新评判以指导施工、反馈设计是现代隧道工程设计施工中的重要环节，也是体现了动态设计、信息化施工的精髓。安徽省地方标准《公路隧道施工阶段围岩分级规程》(DB34/T 1088—2009)，就是基于施工阶段对围岩进行分级，该规程已于2009年12月10日发布实施。

(3)隧道锚杆无破损检测技术的应用

随着隧道检测技术的发展和应用，目前在隧道施工中，锚杆无破损检测技术已得到很大的发展和应用。锚杆声波检测技术是一种基于应力波理论基础上在岩土工程中的应用而开发出来的一种锚杆无损检测新技术。应力波锚杆无损检测法主要是利用在锚杆的自由端激发一瞬时冲击荷载，在杆体内将有一稳定的弹性应力波向前传播，在锚杆锚固端与底端界面，应力波都会发生畸变，产生反射信号，通过安装在锚杆自由端的接收器接受反射波，通过对反射波进行时、频域分析,得到锚杆有效锚固长度、工作荷载、极限承载力等工作参数,据此对锚固体的质量进行判断。声波智能检测技术具有易操作、效率高等优点,可以大大地提高工期和降低检测费用,并能对锚杆长度及注浆饱满度进行检测,并可以随机进行抽检,在监测过程中对施工无任何干扰和影响,对控制工程质量提供了一种非常有效的检测手段。

(4)对隧道粉尘浓度进行检测

根据《公路隧道施工技术规范》(JTG F60—2009)[2]表13.0.1-2规定:电焊烟尘(总尘)TWA=4,STEL=6;水泥粉尘(离 SiO_2 含量<10%)TWA(总尘)=4,呼尘=1.5;STEL(总尘)=6,呼尘=2。由于施工承包方很难保证隧道内的通风及照明,不但影响施工人员的健康安全,而且对监控量测工作也产生了很大影响。因此,根据对隧道施工中的粉尘含量进行检测和控制,可以保证隧道施工环境的改善和文明施工。

参考文献

[1] 中华人民共和国行业标准. JTG D70—2004 公路隧道设计规范[S]. 北京:人民交通出版社,2004.

[2] 中华人民共和国行业标准. JTG F60—2009 公路隧道施工技术细则[S]. 北京:人民交通出版社,2009.

[3] 陈建勋,马建秦. 隧道工程试验检测技术[M]. 北京:人民交通出版社,2005.

[4] 中华人民共和国行业标准. JTG F80/1—2004 公路工程质量检验评定标准 第一册 土建工程[S]. 北京:人民交通出版社,2005.

宁波轨道交通工程福明路站基坑监测分析

叶俊能[1] 刘干斌[2] 刘晓虎[2]
(1. 宁波市轨道交通工程建设指挥部 宁波 315012;
2. 宁波大学建筑工程与环境学院 宁波 315211)

摘 要:福明路站基坑是宁波轨道交通建设工程第一个开挖的基坑,为确保基坑安全,根据该工程地质条件及基坑设计方案,布置了详细监测方案。由于宁波地区为典型的软土地区,自基坑开挖以来,险情不断,发布了多次预警,为此从设计、施工、监理和监测几个方面加强整改落实,控制了变化趋势,基坑实现了安全施工。基坑工程实行信息化施工并获得了丰富的监测数据,分析了墙体深层位移、支撑轴力、管线地表沉降和水位情况及其原因,提出了解决措施,可供类似工程借鉴。

关键词:基坑监测 位移 轴力 沉降

1 工程概况

宁波市轨道交通1号线福明路站为一期先行工程。车站位于中山东路与福明路路口处,沿中山东路跨路口布置,起始里程为K15+016.064,终点里程为K15+209.506,站中心里程为K15+089.814,结构长度为193.44m,为地下二层岛式站台车站。整个车站采用明挖顺做法施工,车站主体分两期施工,先行施工东半幅车站主体,待主体结构施工完毕,管线改移上方,顶板覆土回填完毕后再进行施工西半幅车站主体。其中一期主体基坑长117.328m,标准段基坑宽18.7m,深16.31m,东段头井基坑宽22.6m,深18.438m。车站设2个风道和4个出入口,1号风道设于车站西端北侧,2号风道设于车站东端北侧,1、2号出入口设在车站北侧,3、4号出入口设于站位南侧,以上附属结构均为单层,底板埋深10m。

车站东北侧为在建的世纪东方商业广场,东南侧为江东中心小学操场,西北侧为宁波第六医院,西南侧为太古城小区底层商铺,车站主体距离周边建筑物均在20m以上。东西向的中山东路道路红线宽40m,双向八车道,是宁波市最主要的城市干道之一,交通流量大;南北向的福明路道路红线宽45m,双向八车道,交通流量很大。车站在施工阶段需进行交通导改。福明路站主体施工阶段,主要的行车道路在基坑的两侧及临近福明路的一端,距围护结构约8~10m。

车站主体范围内地下管线密集,其中影响施工的地下管线主要有:110kV电缆,ϕ400mm污水管,联合通信光缆,东海舰队军用光缆;横跨车站主体结构的管线主要有:ϕ700mm雨水管一根,ϕ800mm的污水管一根。在车站主体结构施工期间,需进行管线改移。福明路站管线改移后,基坑周边对沉降比较敏感的管线主要有:基坑北侧的高压管线和自来水管线,基坑南侧的燃气管线和通信光缆。

2 工程地质条件

福明路站地势较为平坦,地面高程约为2.60~3.50m之间。场地地层均为第四纪沉积地层，为典型的软土地区，广泛分布厚层状软土，具有含水率大、压缩性高、透水性好等特点。车站地板位于③$_{2}$灰色粉质黏土夹粉砂，该层物理力学性质较差，为软塑状态，土质不均，夹薄层或团状粉砂，切面稍光滑，无光泽，无摇震反映，韧性中等，干强度中等；地下墙墙趾插入至第⑤$_{1}$灰绿、草黄色粉质黏土层。根据详勘地质报告揭露的岩土层自上而下有：①$_{1\text{-}1}$杂填土，①$_{2}$灰黄色黏土，①$_{3}$灰色淤泥质黏土，②$_{2\text{-}1}$灰色淤泥，②$_{2\text{-}2}$灰色淤泥质黏土，③$_{2}$灰色粉质黏土夹粉砂，④$_{2}$灰色黏土，⑤$_{1}$灰绿、草黄色粉质黏土，⑤$_{3}$灰黄色砂质粉土，⑥$_{1}$灰黄色粉质黏土，⑥$_{2T}$灰色砂质粉透镜体土，⑥$_{2}$灰色粉质黏土。福明路站地质纵断面如图1所示。

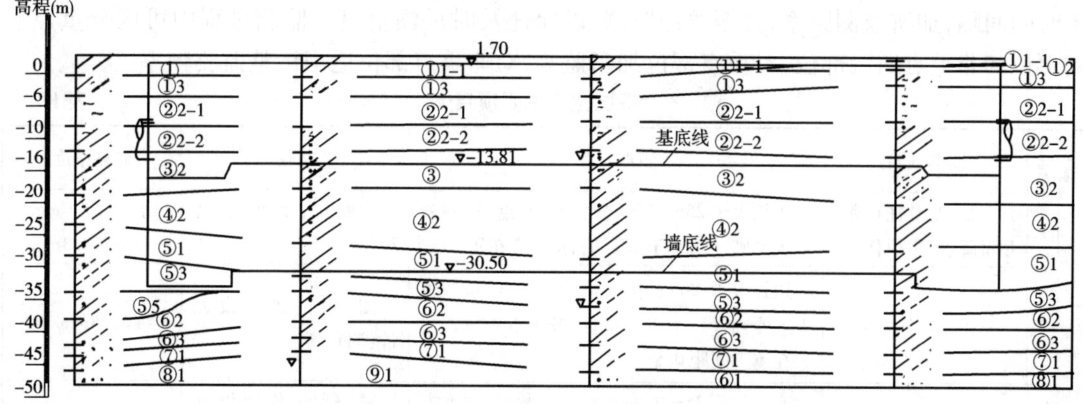

图1　福明路站地质纵断面

地下水由浅部土层中的潜水及深部粉(砂)性土层中的承压水组成，其补给来源主要为大气降水和地表径流。潜水主要储存于浅部黏性土、粉性土中，地下水位随降水、潮汛影响而稍有变化，一般介于0.5～1.0m之间；承压水主要储存于中部⑤$_{3}$层灰黄色砂质粉土及深部⑧$_{1}$层粉细砂。深部⑧$_{1}$层中承压水对本工程无影响；中部⑤$_{3}$层灰黄色砂质粉土承压水水位相对稳定，水位埋深一般为3.0～7.5m。

3　基坑支护设计

车站主体结构采用800mm厚地下连续墙加钢管内支撑支护(第一道支撑为钢筋混凝土撑)，墙长约35～37m，插入比约1∶1.226，槽段间接头形式采用锁口管，混凝土强度等级C30，抗渗等级S8，围护结构与内衬墙作为永久复合结构共同受力。

车站为两层双跨(局部为三跨)箱形框架结构，采用10m的岛式站台；顶板覆土厚约3m，底板埋深约16.3～18.0m；板厚分别为1000mm/400mm/900mm(底/中/顶板)，墙厚800mm/700mm。车站坑内竖向设置四道(局部五道)横向钢支撑，横向支撑采用ϕ609mm($t=16$mm)钢管，第一道钢筋混凝土支撑设置在冠梁上，钢支撑支设在连续墙上，钢支撑水平间距及竖向间距约为3.0m。南北端头采用钢支撑斜撑。

出入口风道为单层现浇钢筋混凝土箱形结构，顶、底板厚800mm/600mm，侧墙厚600mm。车站风道、通道基坑竖向设3道钢管内支撑保持稳定。风道及出入口基坑均采用ϕ850的SMW工法桩施工，内插700mm×300mm×13mm×24mm的H型钢，间距600mm。型钢间距一般为二插一，局部加密。

由于车站所处土层较软弱，整个车站底板沿纵向和横向都处在压缩性较大土层上，为减小建成后处在不同土层处的不均匀沉降,设计采用对基坑底抽条三轴深搅加固,加固体 3m × 3m,间距 3m。加固后的土体 28d 龄期无侧限抗压强度要求达到 1.0MPa。根据有关规范标准,综合分析本基坑支护工程的破坏后果、基坑和周边环境,确定本基坑工程安全等级为二级。

4 基坑监测方案

依据有关规范[1-4]并结合基坑特点,确定监测内容见表1,监测点布置见图2。监测频率可根据监测数据变化情况作相应调整。遇超过报警值或异常情况时,根据具体情况及时调整监测时间间隔,加密监测频率,直至跟踪监测,以保证及时反馈信息。监测过程中可区分重点监测部位和非重点监测部位,对重点部位加密监测,对非重点部位适当调整监测频率。

基坑监测主要项目 表1

类型	序号	监测项目	测点布置	监测仪器	监测精度
围护结构体系	1	支护结构桩(墙)顶沉降、水平位移	边长大于25m的按间距25m布点(按四舍五入原则计),小于25m的,按1点布置	全站仪、水准仪、经纬仪	水平 ±1.0mm 竖直 ±0.3mm
	2	支护结构体变形	边长大于25m的按间距25m布点(按四舍五入原则计),小于25m的,按1点布置。同一孔测点间距0.5m	测斜仪(预埋设元件:测斜管)	±0.25mm/m
	3	支撑轴力	水平间距25m左右布设一个断面,垂直方向基本处于同一截面	频率计(预埋设元件:反力计或钢筋计)	±0.5% FS
	4	支撑立柱沉降监测	立柱总数的5%计	水准仪	±1.0mm
周边环境	5	地表、道路隆陷	明挖基坑每25m布置一断面。每断面不少于4个测点	水准仪	±0.3mm
	6	地下管线沉降监测	管线接头或管井处布设测点,且布设点间距不大于20m	水准仪	±0.3mm
	7	建筑物沉降	每个建筑物不少于3个沉降监测点	水准仪	±0.3mm
	8	地下水位	短边不少于1点,水平间距不大于80m	水位计(预埋设元件:水位管)	±10mm

监测报警值应满足《建筑基坑工程监测技术规范》(GB 50497—2009)的相关要求。结合本工程实际情况,各监测项目的监测报警值确定要求,如表2所示。

监测项目报警值 表2

序号	监测项目	报警值
1	支护结构墙(桩)顶水平位移	累计变量30mm,变化速率2mm/d
2	支护结构墙(桩)顶沉降	累计变量25mm,变化速率3mm/d
3	围护墙测斜	累计变量30mm。对于测斜光滑的变化曲线,如出现明显的折点变化,也应报警。变化速率3mm/d
4	地表隆陷	累计变量30mm,变化速率2mm/d
5	建(构)筑物沉降	累计变量20mm,变化速率2mm/d
6	立柱沉降	沉/降不得超过20mm,每天发展不超过2mm
7	支撑轴力	0.8倍设计允许值
8	地下管线沉降	累计变量30mm,变化速率3mm/d
9	地下水位	累计变量1 000mm,变化速率500mm/d

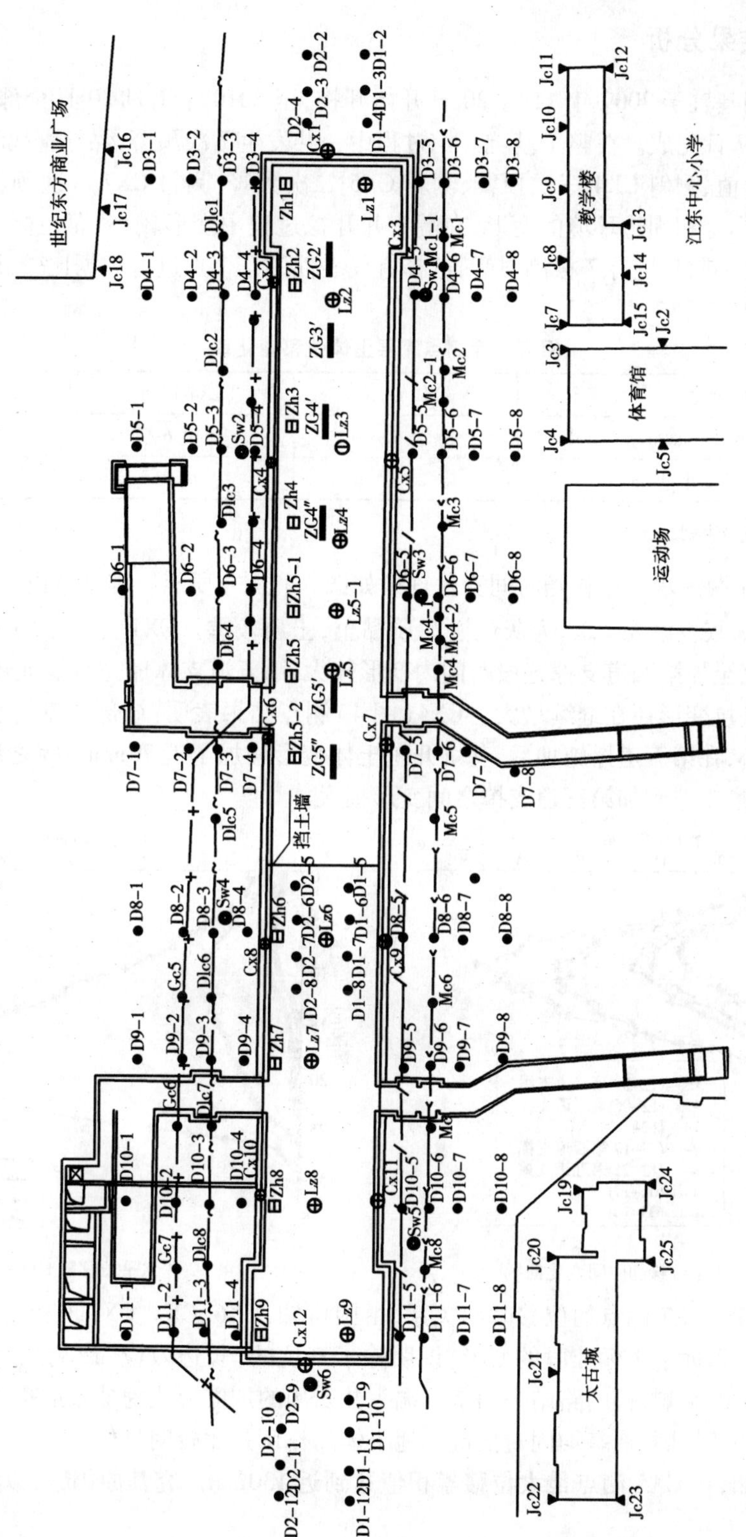

图 2 福明路站测点布置图

5 监测结果分析

福明路一期基坑于 2009 年 11 月 20 日开始开挖，至 2010 年 1 月 30 日全部完成，主要监测项目于 3 月 19 日完成。在整个基坑开挖过程中一共发生 7 次预警，煤气管线和电力管线日沉降量超过预警值、测斜 CX4 三次预警、测斜 CX5 二次预警、测斜 CX7 一次预警。通过监测数据表明：基坑本身和周边环境的变形，在端头井开挖过程中变形较小，而在标准段开挖过程数据偏高。本次一期基坑有 7 根测斜管，选择有代表性的几个点进行数据比较，即端头井 CX1 及标准段的 CX4 和 CX7，见表 3。

相应深度测点深层土体位移变化率 表 3

测斜点位	CX1-10.5	CX4-17.5	CX7-17.5
最大日变量(mm/d)	0.9	10.6	11.6
目前最大累计变化量(mm)	25.1	94.9	98.8

5.1 土体测斜

CX1 和 CX4 两点水平位移随时间变化规律如图 3 和图 4 所示。本基坑由于①$_3$ 为灰色淤泥质黏土，②$_{2-1}$ 为灰色淤泥，②$_{2-2}$ 为灰色淤泥质黏土，土质较差。CX1 点(图 3)测斜过程中在第三道支撑加完至加第四道支撑这段时间内变形较大，第五道支撑加完后基坑开挖继续，在此后一段时间内基坑变形还在继续增大。CX4(图 4)测点结果表明：该部位基坑变形在五道支撑前变形量较小，在第五道撑施加后，基坑开挖土体变形增加了近 70mm。完之后变形就稳定了，而加完第二道支撑到加第三道支撑之间变形很大。

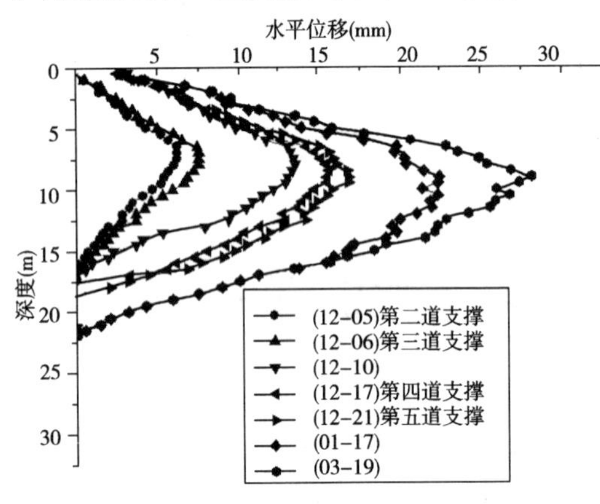

图 3 CX1 水平位移随时间变化曲线

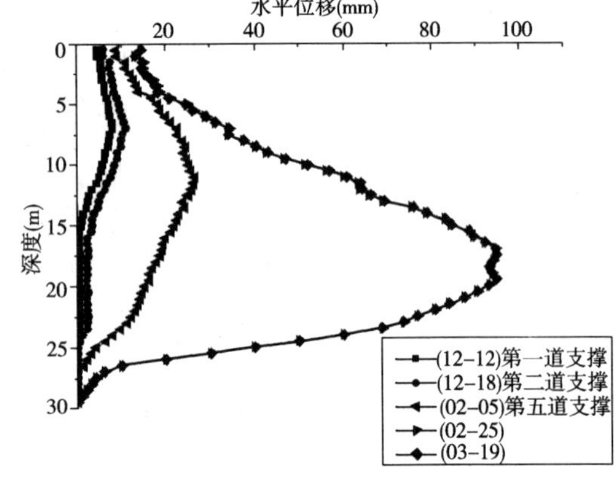

图 4 CX4 水平位移随时间变化曲线

图 5 为 CX1 ~ CX7 测点的位移时间关系，由图可知，CX6、CX4、CX7、CX5 的变形很大，端头井的基坑变形远远小于标准段的变形，说明除了基坑的“长边效应”影响之外，地基加固形式估计也有较大的影响，福明路站一期基坑端头井采用的加固形式为抽条加裙边的形式，而标准段采用的是抽条加固，地基加固对抵抗基地土体的作用是比较明显的。

由图 5 可知，在 CX5 测点最大位移累积值达到近 130mm。究其原因，可以从以下几个方面进行分析：

(1)宁波地区为典型软土地区，土的力学指标相当于上海同类型土的下限。

(2)开挖到第四层和第五层时,淤泥质土降水疏干未做到提前20d预降水,开挖后土体强度较低。

(3)土方开挖和钢支撑架设没衔接好,支撑架设时间过长,导致基坑暴露时间高达40h。

(4)由于基坑内三轴深搅抽条加固工艺原因,加固体无法与地下连续墙密贴,未采用旋喷工艺嵌缝加固处理,导致约30cm宽被动区土体未经加固处理,形成加固盲区。

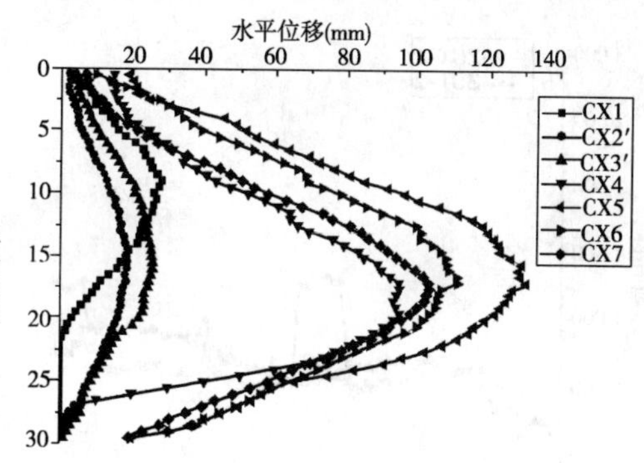

图5 CX1-CX7测点的水平位移(3月19日)

(5)在浇筑垫层时,在混凝土中未加入早强剂,致使垫层达到预定强度时间过长,严重影响了基坑土体的变形。

徐中华[5]根据上海地区93个采用地下连续墙作为围护结构且采用顺作施工方法的深基坑进行统计分析,地下连续墙的最大侧移平均值为0.42%H,而本基坑达到0.80%H。对于地下连续墙的最大侧移量平均值而言,宁波地区是否将大于上海地区,有待于通过更加类似的工程进行验证。

5.2 支撑轴力

对第一道混凝土支撑的三个测点的轴力进行分析,其他测点轴力介于ZH5和ZH5-1之间,各测点轴力随时间变化关系如图6所示,从图中可知轴力最大压应力为1 736kN,最大拉应力为3 700kN,开挖面较浅时为压应力,当开挖面接近坑底时,迅速向拉应力转变,变化幅度很大,这充分说明在软土地区进行地铁车站深基坑设计时,第一道支撑选用钢筋混凝土支撑是非常必要的。

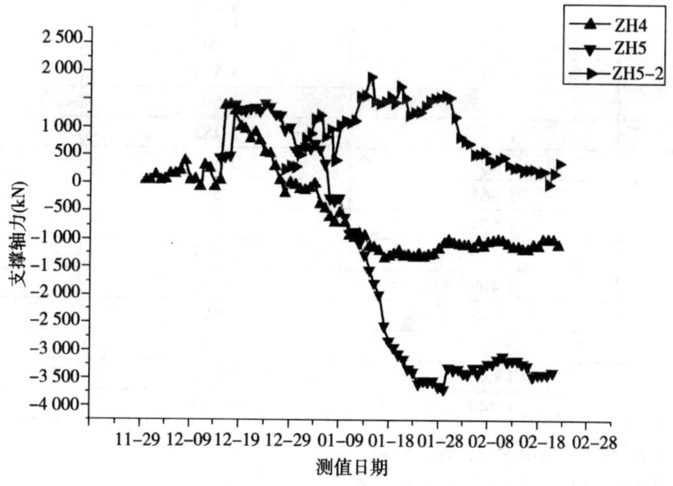

图6 第一道钢筋混凝土支撑轴力时间效应

对第一、三道钢支撑的测点最大轴力和最小轴力进行分析,同一道支撑其他测点结果介于这两者之间。各测点轴力随时间变化关系如图7和图8所示。从图7可知,第一道钢支撑的轴力总体上呈增大趋势,局部时段轴力发生突变。从图8可知,第三道钢支撑的轴力随开挖时间而增大,当开挖到第三、第四层土体后轴力衰减,并趋于稳定。

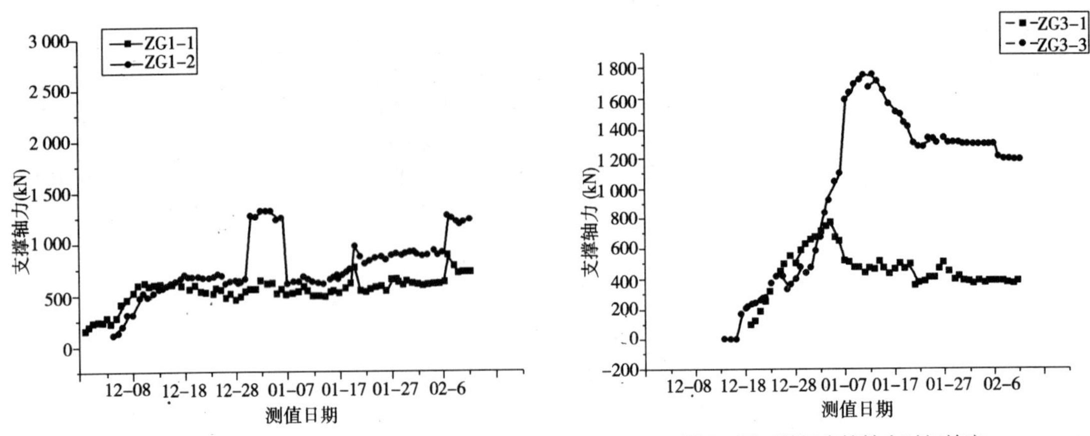

图7 第一道钢支撑轴力时间效应

图8 第三道钢支撑轴力时间效应

各钢支撑测得的最大轴力与各自的设计值的比值见表4。由表可知,所有钢支撑实测值均小于设计值外,平均值为0.49。经现场巡视并分析主要有以下原因:

支撑最大轴力实测与设计值比 表4

编号	最大值(kN)	设计值(kN)	最大值/设计值
ZG1-1	871	2 310	0.38
ZG1-2	1 309	2 727	0.48
ZG1′-4	748	2 283	0.33
ZG2-2	2 364	2 577	0.92
ZG2-3	2 643	3 363	0.79
ZG2-4	2 158	3 594	0.60
ZG2′-3	1 540	3 363	0.46
ZG2′-4	965	3 594	0.27
ZG3-1	773	2 283	0.34
ZG3-2	1 577	2 577	0.61
ZG3-3	1 749	3 363	0.52
ZG3-4	1 309	3 594	0.36
ZG3′-4	1 233	3 594	0.34
ZG4-1	1 529	2 283	0.67
ZG4-3	903	3 363	0.27
ZG4-4	1 961	3 594	0.55
ZG4′-1	1 574	2 283	0.69
ZG4′-2	1 529	2 577	0.59
ZG4′-3	1 409	3 363	0.42
ZG4′-4	788	3 594	0.22
ZG5′-1	722	2 283	0.32
ZG5-2	1 645	2 577	0.64
ZG5-3	1 449	3 363	0.43

(1)钢支撑端部混凝土局部被压碎。

(2)压力过大,钢楔子发生了塑性变形。

(3)活络头偏移使得轴力计偏心,产生了侧向压力,使得增加的轴力不能反映到轴力计的读数中。

5.3 管线位移及地表沉降

本小节仅分析纵向电力管线和煤气管线的沉降,东北角电力管线的监测点DLC1、DLC2、

DLC3、DLC4、DLC5，东南角煤气管线监测点 MC1、MC2、MC3、MC4、MC5。由图 9 和图 10 可知：管线沉降在靠近基坑中间和变宽度处沉降较大。煤气管线 MC3 点的累积最大沉降为 195.7mm，电力管线 DLC3 点的累积最大沉降为 194.9mm。地表最大沉降测试结果以 D5 和 D6 断面为例进行分析，结果如图 11 和图 12 所示。图 11 为 D6 断面 D6-1 ~ D6-4 点的测试结果，各测点距基坑的距离分别为 26.3m，14.3m，9.1m 和 3.6m，最大地表沉降值为 175.4mm，在 D6-3 点附近。图 12 为 D5 断面 D5-5 ~ D5-8 点的测试结果，距基坑距离分别为 3.7m，9.3m，15m 和 22m，最大地表沉降值为 199.5mm，在 D5-6 附近。地表最大沉降发生在距离基坑 8 ~ 13m 处。由于测试断面 D6-3 测点与 DLC3 处在同一纵向直线上，测试断面 D5-6 测点与 MC3 处在同一纵向直线上，比较图 9、图 10 和图 11、图 12 监测数据可知：最大地表沉降值附近管线沉降点的监测数据基本一致。

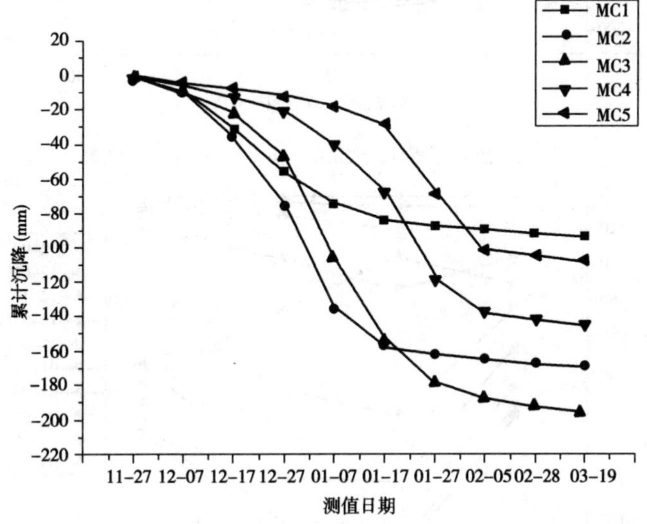

图 9 管线沉降东南角

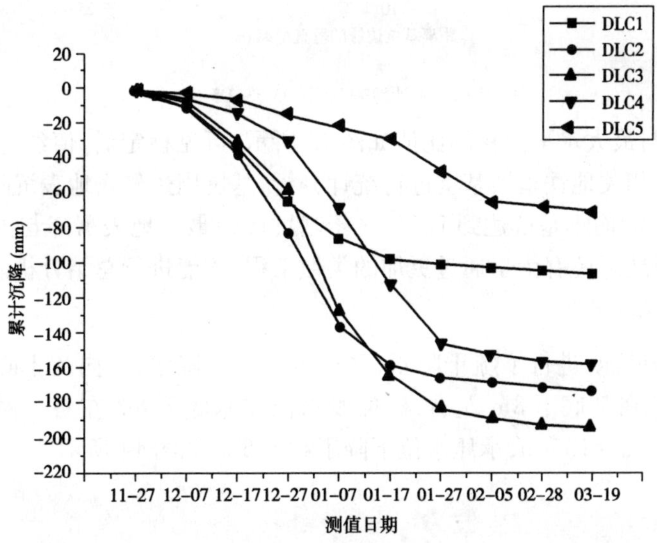

图 10 管线沉降东北角

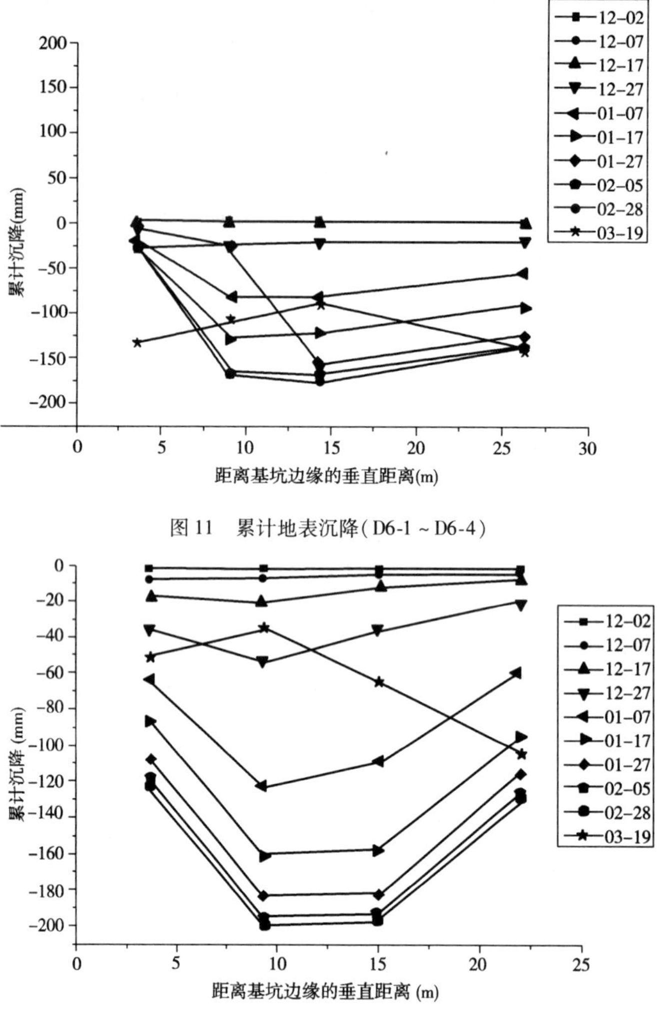

图 11 累计地表沉降(D6-1 ~ D6-4)

图 12 累计地表沉降(D5-5 ~ D5-8)

地表最大沉降与最大水平位移的比值如图 13 所示,可见稳定后,值约为 1.51。丁勇春[6]根据上海地区 45 个相关地铁车站基坑进行统计分析,基坑周边最大地表沉降为围护结构最大侧向变形的 0.4 ~ 1.0,而本基坑达到 1.5。对于基坑周边最大地表沉降与围护结构最大侧向变形比值规律,宁波地区还有待于通过更加的类似工程,才能进行总结分析。

5.4 地下水位

福明路站一期基坑既进行了疏干降水,又进行了减压降水,坑内疏干降水水位在基底下 1m,端头井承压水位在基底下 8m 左右,标准段水位在基底下 6m 左右。根据坑外水位的观测,潜水水位下降了 35 ~ 135cm,承压水位下降了约 5.5m,如图 14 所示。

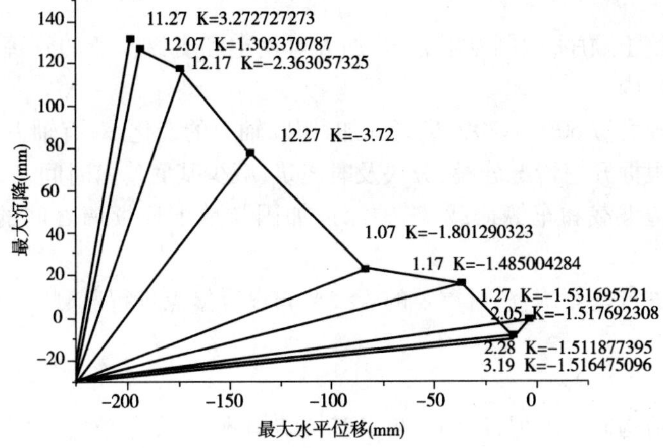

图 13 最大沉降与水平位移比

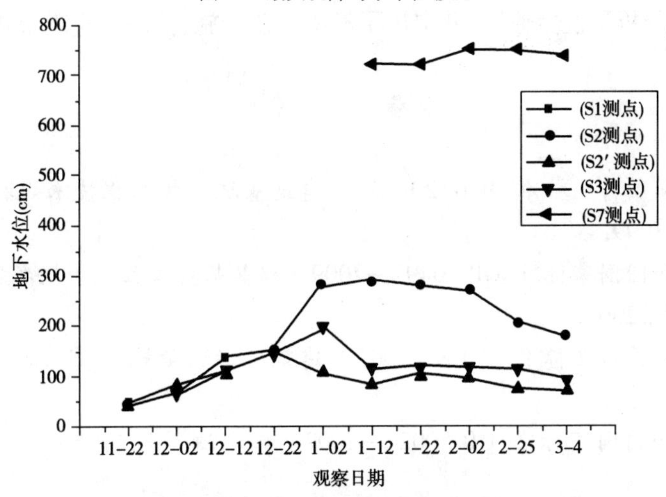

图 14 水位随时间变化图

6 控制措施

针对土方开挖过程中暴露出来的问题及对监测数据的分析,从设计、施工角度提出了相应的控制措施。

(1)设计方面

①调整第四道钢支撑标高和第五道钢支撑倒撑。第四道钢支撑标高向上调 30cm,开挖到底后及时架设第五道支撑倒撑,距离垫层 30cm。

②调整垫层混凝土厚度。采用 25cm 厚 C30 混凝土,防水保护层厚 5cm,使用早强剂,垫层达 70% 强度可拆第五道倒换支撑。

③基底加固深度适当增加,坑内地基加固形式采用抽条加裙边,消灭盲区。

④解决每个挖土区段与相邻后挖段挖机通行和无支撑暴露时较长的矛盾,钢支撑水平距离微调。

(2)施工方面

①施工时调整挖土顺序,编制专项方案,加大对挖土和支撑作业的管理,严格将无支撑暴露时间控制在16h以内。

②钢支撑预加轴力按60% ~70%进行施加,跟踪轴力的变化,对有轴力损失的再次施加。

③垫层浇筑应根据开挖情况分段、分块及时浇筑,减少基底暴露时间。

④严格控制坑边堆载和车辆荷载,三轴深搅加固与地下连续墙之间的盲区用旋喷补充加固。

⑤对周边管线进行全面调查,对重要的管线要布设直接点进行监测。

7 结语

本文根据基坑结构监测数据,详细分析了基坑结构测斜、支撑轴力、地表沉降、管线沉降及地下水位变化情况。针对墙体水平位移过大,支撑轴力过小,地表沉降和管线沉降过大,从设计和施工角度综合分析了发生原因,并提出了解决控制措施,使基坑实现了顺利、安全施工。

参考文献

[1] 中华人民共和国行业标准. JGJ 120—99 建筑基坑支护工程技术规程[S]. 北京:中国标准出版社,1999.

[2] 中华人民共和国国家标准. GB 50497—2009 建筑基坑工程监测技术规范[S]. 北京:中国计划出版社,2009.

[3] 中华人民共和国行业标准. JGJ 8—2007 建筑变形测量规范[S]. 北京:中国建筑工业出版社,2007.

[4] 中华人民共和国国家标准. GB 50026—2007 工程测量规范[S]. 北京:中国计划出版社,2007.

[5] 徐中华,王建华,王卫东. 上海地区深基坑工程中地下连续墙的变形性状[J]. 土木工程学报,2008,41(8):81-86.

[6] 丁勇春,王建华,徐中华,等. 上海软土地区地铁车站深基坑的变形特性[J]. 上海交通大学学报,2008,12(11):1871-1875.

锚杆锚固体系设计方法探讨

程韶清[1] 陈修和[2]
(1. 煤炭工业合肥设计研究院 合肥 230000;
2. 安徽省交通规划设计研究院 合肥 230011)

摘 要:隧道工程施工中洞口仰坡、临时支护体系中的系统锚杆都离不开锚杆,影响锚杆锚固力因素包括锚杆材料、锚杆结构、锚固方式、岩体性质和锚固参数等,本文从锚固方向、间距、锚固段长度几个基本参数确定方面加以探讨,根据理论公式推导,合理确定边坡锚固布置参数,优化锚固设计系统。

关键词:边坡 锚杆 锚固作用 锚固参数

0 引言

锚杆作为一种原位加固方法,经过几十年的研究和工程实践,锚固技术已被国内、外公认为是最具发展前途的岩土体原位加固方法。锚固技术已成为边坡防护中应用最广泛的直接防护方法之一。由于理论研究的滞后及设计的盲目易导致一些高等级公路在施工中或竣工后出现不同程度的隧道洞口仰坡和路堑边坡失稳事故。根据调查,锚固失稳既有客观原因,也有因设计不当的人为因素[1]。影响锚杆锚固力因素包括锚杆材料、锚杆结构、锚固方式、岩体性质和锚固参数等,但在具体工程应用中,当锚固材料、锚固结构、锚固方式等选定后,在一定工程地质条件下,合理确定锚固设计参数对锚杆加固效果及边坡整体稳定影响至关重要,本文从锚固方向、间距、锚固段长度几个基本参数确定方面加以探讨,为设计人员合理确定锚固参数优化设计锚固系统提供参考。

1 锚杆加固边坡作用机理

边坡滑动失稳是重力作用(包括地震、地下水)下,剪切面强度达到极限,下滑力大于抗滑力时的一种物理现象。要阻止边坡滑动,采用锚杆加固,锚杆穿过滑动面,外端通过地梁、框架梁、锚索墩等传力结构压在坡面上,内端锚固于滑面以下稳定岩土体内,锚杆上所施加的预应力主动的改变边坡岩体的应力状态和滑动面上力的不平衡条件,既提高了岩体的整体性,又增加了滑动面的抗滑力,从而达到加固边坡,提高稳定性目的。锚杆锚固示意图见图1。

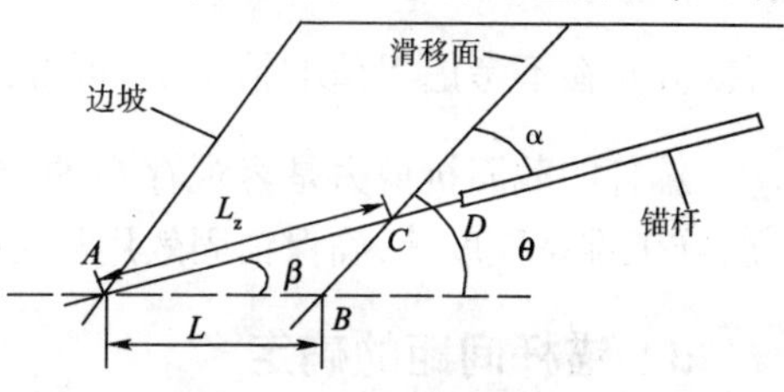

图1 锚杆锚固示意图

图1可知锚杆提供的抗力主要有两部分组成,一是轴向抗力,另一个是截面抗力:

轴向力提供的抗力

$$P^1 = P\sin\alpha\tan\psi + P\cos\alpha \qquad (1)$$

截面抗剪

$$P^{\tau}=T(\sin\alpha-\cos\alpha\tan\psi) \tag{2}$$

则锚杆提供的总抗力为：

$$P_{k}=P\sin\alpha\tan\psi+P\cos\alpha+T(\sin\alpha-\cos\alpha\tan\psi) \tag{3}$$

式中：P——锚杆轴向锚固力；

T——截面抗剪力；

ψ——滑面力学参数；

α——锚杆与滑面的夹角。

2 最优锚固方向的确定方法[2]

锚杆的倾角是锚固结构中一个重要的参数，正确选取这一参数对支挡结构的受力状况、锚索长短和施工难易等都有重要影响。最有效的布置方向为逆滑动方向布置，但由于施工条件和滑动体边界条件所限，只能以一定的角度布置，所以必须经过综合比较，选择最优锚固方式，以达到最好的锚固效果。一般而言，随着锚杆轴线与水平面夹角的增大，会产生较大的垂直分力，势必减小所需的水平支承力，因此要求按锚杆的倾角小于或等于45°。

事实上，在确定最佳锚固角时，必须考虑张拉段长度的经济因素。张拉段长度可以在△ABC 中（图1）根据正弦定理得：

$$L_{z}=\frac{L\sin(\pi-\theta)}{\sin\alpha} \tag{4}$$

式中：L、L_{z}——如图1中所示；

θ——为滑面的倾角且为 α、β 二者之和。

用函数 $\lambda=P_{k}/L_{z}$ 定义锚固力学经济指标，λ 可以理解为单位自由段长所产生的锚固力。则：

$$\lambda=\frac{P\sin\alpha\tan\psi+P\cos\alpha+T(\sin\alpha-\cos\alpha\tan\psi)}{\dfrac{L\sin(\pi-\theta)}{\sin\alpha}}$$

$$=\frac{p\sin^{2}\alpha\tan\psi+P\sin\alpha\cos\alpha+T\sin^{2}\alpha-\sin\alpha\tan\psi}{L\sin(\pi-\theta)} \tag{5}$$

我们可以认为 λ 取得极值时的方向即为最优锚固角，取$\frac{\partial\lambda}{\partial\alpha}=0$ 得，整理得：

$$-P\tan^{2}\alpha+2(P\tan\varphi+T)\tan\alpha-T\tan\varphi\sqrt{1+\tan^{2}\alpha}+P=0 \tag{6}$$

从上式很难直接推导出同时考虑锚杆的拉力、剪切效应的最优锚固角，不过可以应用数学计算软件算出 P、ψ、T 为定值时的 α，这里的 P 是设计过程首先确定的，T 可以根据现场试验测得。并且在不考虑 T 值的情况下，可得到 $\alpha_{优}=45°\pm\frac{\psi}{2}$，与规范推荐值一样。

锚杆的截面抗剪力是客观存在的，在一定程度上影响着 α，实际确定时还应考虑锚杆长度、施工难易程度等，确保锚固效用尽可能大。

3 锚杆间距的确定

当锚杆群的锚杆间距过小，群锚的承载力将低于各锚杆承载力之和，这就是所谓的群锚效应。这是由于锚杆群中任一根锚杆的工作性状明显不同于孤立锚杆,通过它们传递到边坡岩层中的抗拉力,在岩层中会产生应力重叠,互相干涉,从而降低了孔壁对锚杆的侧阻力的缘故。而当锚杆群的锚杆间距过大时,它就会出现单根锚杆承载力过大而出现应力集中或锚间破坏的现象进而导致整体失效。因此,在进行锚杆间距设计时,要综合考虑各方面的因素,确定合理间距。

在一般情况下,锚杆支护都布置成正方形,即锚杆的间距等于锚杆排距。根据锚杆悬吊作用原理,计算锚杆间距 a 为:

$$a = 0.887d\sqrt{\frac{\sigma_{拉}}{km\gamma}} \tag{7}$$

式中:γ——岩体重度;

k——安全系数;

m——锚固岩层厚度;

d——锚杆直径;

$\sigma_{拉}$——拉杆体材料的设计抗拉强度。

在初步方案设计阶段,可根据极限平衡理论计算下滑力及单锚的锚固力设计值初步确定锚杆布置间距。假定按正方形布置,根据初步布置方案,再计算锚固后边坡稳定系数,调整至锚固后边坡稳定系数达到设计要求安全系数,同时保证边坡不发生锚间破坏,主要是土质坡及风化破损严重的石质坡。《公路路基设计规范》(JTG D30—2004)对边坡锚固坡面结构设计作了规定[3]。

4 嵌岩深度的确定方法

通过实验表明,锚杆的极限抗拔力并非随锚固长度的增加而呈线性增加,而是存在着临界锚固长度,当锚固长度超过临界值后,极限抗拔力的增加不太明显[4]。

很显然,锚固长度的确定也是边坡锚固设计中的一项重要内容。一般来说,锚杆的总长度包括锚固段、自由段和外锚段三部分。其中外锚段主要由构造要求确定。根据《建筑边坡工程技术规范》中的定义[5]:锚杆自由段主要指外锚头到滑裂面的长度,滑面以内为锚固段。然而,根据锚固后边坡稳定性计算分析及有限元模拟分析发现,那就是锚杆锚固后,边坡的不利滑面都有向深部发展的趋势,这是由于锚杆锚固作用,限制坡面松弛变形及应力进一步发展,从而将向外、向下变形性应力向坡体深部稳定岩体传递,从而使滑床附近稳定岩面应力集中,以至于造成屈服破坏。这就给我们说明一个问题,锚杆锚固段长度不能以滑面为界,滑面以内长度就是锚固段长度。这就要求工程实践中锚固段应嵌入稳定岩层内一定深度以提供必要的锚固力。对于锚嵌入稳定岩层内的深度,国内外的相关技术规范中已有规定,但是超过多少,却没有具体的量化。

有许多研究表明,锚的嵌岩深度(即锚的自由段超过破裂面的长度)的确定,其主要影响因素是加锚后边坡破裂面的变化。锚杆锚固破坏锥示意图见图 2。因此对锚的嵌岩深度确定的关键转化为加锚后边坡破裂面位置的确定。对于这个问题,前人已作了一些有意义的工作,提出了按锥体破坏理论确定锚的嵌岩深度的经验方法,从侧面提出了加锚后边坡破裂面位置的确定方法。

对于图2所示的岩体边坡，Hobst 提出了式(8)所示的经验公式：

$$l_1 = \sqrt{\frac{FP}{\gamma S \tan\varphi}} \tag{8}$$

式中：l_1——锚固段中点距破裂面的距离(m)；

F——锥体破坏安全系数，取2~3；

P——锚设计荷载(kN)；

γ——锚固段岩体重度(kN/m^3)；

S——锚间距(m)；

φ——岩体结构面内摩擦角(°)。

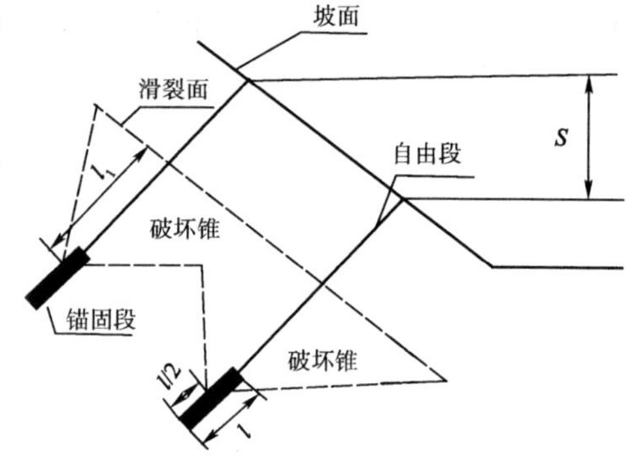

图2 锚杆锚固破坏锥示意图

采用式(8)可以计算出 l_1，那么锚的嵌岩深度就是 $l_1 - l/2$。

5 结论建议

(1)锚杆能及时对边坡提供锚固力，对岩土体进行超前支护，节省工程造价，成为公路隧道洞口仰坡和路堑边坡加固的常用措施之一。

(2)正确地设计和应用锚固技术，必须对锚杆的加固作用机理有正确的认识，并在此基础上研究锚固工程的破坏模式，进行稳定性分析和支护参数的设计和优化。

(3)合理确定锚杆锚固参数是锚固系统优化设计的关键。根据理论推导和试验分析提出确定锚杆锚固方向、布置间距、锚固段长度的方法，为锚杆设计和计算提供理论依据。

参考文献

[1] 唐树明，饶晓宇，张永兴. 公路边坡锚固失效模式及影响因素[J]. 公路交通技术，2005.10.

[2] 陈修和. 岩质边坡锚固技术研究[D]. 上海：同济大学硕士学位论文，2005.

[3] 中华人民共和国行业标准. JTG D 30—2004 公路路基设计规范[S]. 北京：人民交通出版社，2005.

[4] 尤春安. 全长粘接式锚杆的受力分析[J]. 岩石力学与工程学报，2000，19(3).

[5] 中华人民共和国国家标准. GB 50330—2002 建筑边坡工程技术规范[S]. 北京：中国建筑工业出版社，2002.

超深基坑开挖对地铁区间车站影响的数值模拟

孙庆旭[1,2] 朱合华[1,2] 李晓军[1,2]
(1. 同济大学岩土及地下工程教育部重点实验室 上海 200092;
2. 同济大学地下建筑与工程系 上海 200092)

摘 要:深圳某高层建筑基坑工程开挖深度达到30m,在该基坑工程的正北方有一个跨度达36m的地铁区间车站,在车站与基坑中间是一个宽度为4m的电缆隧道;基坑的东面是一栋200m以上的高层建筑大厦。本项目建立了真实的数值模型,对由基坑开挖造成的地铁车站的影响进行了数值分析。

关键词:基坑 地铁车站 数值模拟

0 引言

基坑工程的作用在于地下工程的施工创造条件,基坑工程是一个临时性的结构工程,作为临时性的结构,安全储备就比较小,具有较大的风险性。随着城市化进程的大发展,越来越多的高楼大厦和地下设施在城市涌现,作为高层建筑和地下设施的基础工程,基坑直径越做越大,深度超过15m的基坑是随处可见。近年来,随着施工工艺的提高,深度在20m左右甚至超过20m的超深基坑不断涌现。例如:上海金茂大厦基坑工程开挖深度19.65m;恒隆广场的基坑深18.2m左右;环球金融中心的基坑外浅内深,浅的地方18m,最深处26m左右。超深基坑的不断涌现对城市地下构筑物、各类地下管线、周围建筑物等各种周边环境的保护提出了巨大的挑战,如何能够在保证周边环境的变形控制在允许范围内的情况下,以最小的成本保证基坑结构工程的安全成为我们面临的巨大问题。基坑工程的发展也正逐渐的由内力受力控制转为变形控制。

基坑开挖会引起附近地表、周围及坑内的土体发生位移,很多的工程实测也表明,坑底中部隆起大于周边。可见,基坑开挖是一个与周边土体密切相关的空间问题,基坑土体的空间作用主要取决于基坑的形状、大小、深度等,但目前对基坑空间作用和对土体回弹影响的研究却较少。

近年来,城市建设飞速发展,地铁工程和基坑工程层出不穷,很多基坑工程离地铁线路很近,由于有换乘的要求,在设计的时候,很多基坑工程都设计在地铁车站的旁边。由于地铁车站对变形的要求极为严格,如何预测和处理地铁车站的变形成为此类基坑工程的首要制约因素。通过研究和实践,加强基坑工程支护措施并考虑到基坑工程的时空效应因素的施工方法,可以有效地控制基坑工程旁边的地铁车站的变形。

近年来,很多学者对地铁车站旁边的工程施工问题进行了广泛的研究并取得了一些有益的成果。文献[1]采用FLAC程序分析了有地铁车站存在时,基坑开挖土层位移的变化规律;文献[2]采用ANSYS有限元软件对紧邻运营地铁车站的基坑开挖进行有限元模拟,研究了不同施工参数对运营车站变形的影响；文献[3]利用三维有限元软件对穿越车站施工引起的老车站结构变形和内力进行分析，提出了一些相应的保护性措施；文献[4]采用弹性地基上的板壳有限元，分析了地铁平行换乘车站深基坑开挖过程中，坑底土体加固的深度、加固的密度、加固的程度对基坑变形的影响；文献[5]通过建立三维板壳有限元模型，分析了基坑与运营车站共用连续墙时开挖对既有车站结构内力的影响，讨论了基坑开挖对既有车站共用墙体和车站内顶、中、底板的内力影响，得到了一些内力变化规律。

1　工程概况

该项目位于福田区1号地块，施工范围处于益田路、福华路、中心二路、福华三路所围地块内，如图1所示。益田路地下有规划中广深高铁，从地下采用盾构推进形式，预计2011年施工。福华地下1号线地铁已经投入使用，在基坑北侧有地铁竖井，地下室结构与地铁出入口连通，福华三路考虑在地下二层与南地块设置连通口。场地总体地势平坦，建筑场地为四条道路所围，道路的绝对高程为6.22～7.51m。

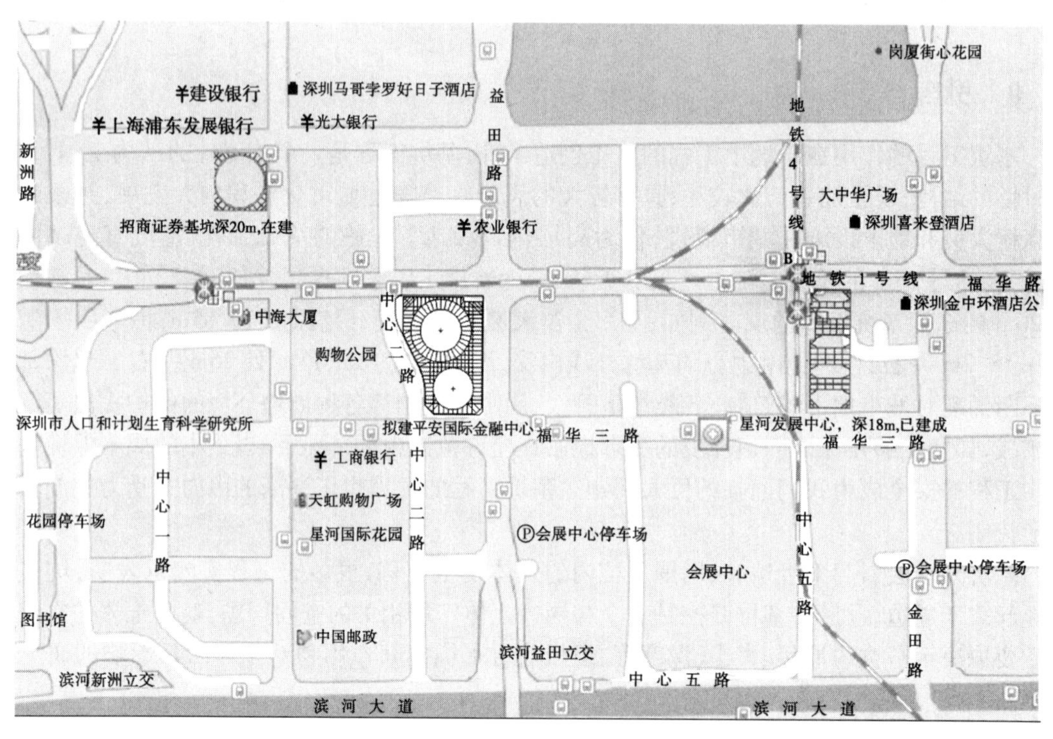

图1　项目位置示意图

本工程地下室共分5层，采用梁板柱结构，上部主体结构竖向构件贯通落地。地下室底板面相对高程为－27.00m。整个地下室采用桩筏基础，塔楼筏板6 000mm厚，裙房筏板3 000mm厚。超级柱及钢管柱以大直径灌注桩（机械钻孔桩或人工挖孔桩）承托，核心筒则以大口径灌注桩及桩承台承托。裙楼的柱子采用大口径灌注桩（机械钻孔桩或人工挖孔桩）承托。基坑内采用素混凝土钻孔灌注桩加固，桩径1.4m，桩间距1.6m，并加以桩径为1.2m、间距为1.6m的高压旋喷桩作止水帷幕。基坑建筑红线距离地铁车站仅有5.6m。

本工程土层分为 8 层,基坑分六步开挖,主体结构采用顺作法施工。首先是施工钻孔灌注桩和高压旋喷桩,待桩墙达到设计强度后,开挖第一层土到 3.5m 处,然后施作第一层支撑和连续梁,待支撑达到设计强度后,开挖第二层土到 10m 处,然后施作第二层支撑和连续梁,如此重复,浇筑好 4 层支撑和连续梁,最后开挖至浇筑好的底板。项目所在各土层的物理力学参数如表 1 所示,项目的周边环境如图 2 所示。

各土层的物理力学参数表 表 1

参数名称 地层名称	厚度 (m)	天然重度 γ (kN/m³)	内摩擦角 ϕ_k (°)	黏聚力 c_k (kPa)	压缩模量 E_s (MPa)	变形模量 E_0 (MPa)
人工填土①	2.5	17.0 ~ 19.0	8 ~ 10	10 ~ 12	3.5 ~ 4.5	7.0 ~ 8.5
第四系冲积含有机质粉质黏土②	2.0	17.0 ~ 19.0	8 ~ 10	10 ~ 12	3.5 ~ 4.5	7.0 ~ 8.5
黏土③-1	3.5	17.0 ~ 19.0	8 ~ 10	10 ~ 12	3.5 ~ 4.5	7.0 ~ 8.5
粉质黏土③-4	4.1	17.0 ~ 19.0	8 ~ 10	10 ~ 12	3.5 ~ 4.5	7.0 ~ 8.5
粗砾砂③-6	2.9	18.5 ~ 19.0	30 ~ 35		—	20.0 ~ 30.0
第四系残积砾质黏性土④	7.9	19.5 ~ 20.5	21 ~ 25	20 ~ 30	6.0 ~ 7.0	19.0 ~ 22.0
全风化⑤	15	20.0 ~ 22.0	27 ~ 35	35 ~ 40	—	50.0 ~ 60.0
强风化⑥	17	20.0 ~ 22.0	27 ~ 35	35 ~ 40	—	50.0 ~ 60.0
中风化⑦	6.4	21.0 ~ 23.0	27 ~ 35	40 ~ 45	—	60.0 ~ 70.0
微风化⑧	34.3	21.0 ~ 23.0	27 ~ 35	40 ~ 45	—	70.0 ~ 90.0

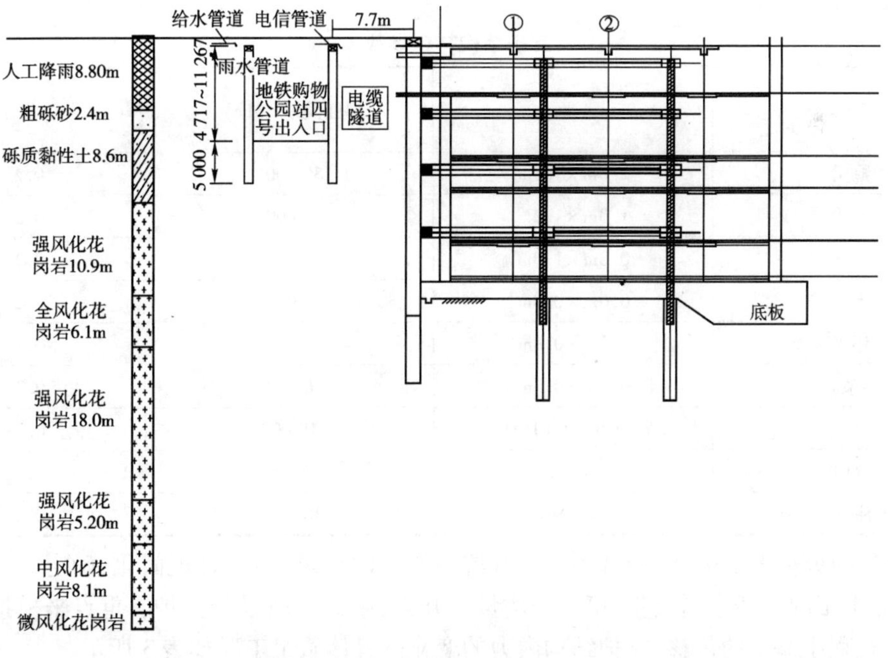

图 2 项目的周边环境

2 计算模型

平安国际金融中心基坑计算边界的选取，基坑水平方向沿边界向四周各扩展2倍基坑开挖直径，约250m。底部影响区沿基坑底部向下取3倍的基坑深度，约为90m。根据计算的目的，该模型的整个边界的尺寸足以消除边界效应对计算结果的影响。由于是平面计算，而基坑是圆形，因此为了更好地模拟真实的基坑情况，本计算区域拟采用对称结构来进行开挖计算模拟，这样计算区域沿 X、Y 方向为 $250m \times 90m$。计算中的所有边界均为位移边界条件，其中模型上表面为自由边界，下表面方向为 Y 方向位移固定，左右边界为 X 方向位移固定。本计算采用同济曙光有限元分析软件计算，如图3所示。

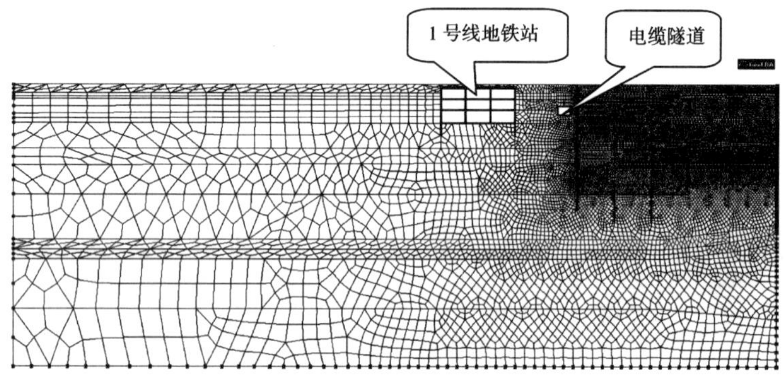

图3 整体有限元计算模型

模型中，支护结构采用梁单元模型，土体采用弹塑性本构模型。计算所采用的支护结构的材料参数如表2所示：

支护结构材料参数表 表2

结构名称 \ 指标	截面	弹性模量(MPa)	泊松比
冠梁	2.0m×1.4m	30 000	0.2
腰梁	1.0m×1.2m	30 000	0.2
腰梁	0.8m×1.0m	30 000	0.2
支撑	0.6m×0.8m	30 000	0.2
环撑	1.2m×0.8m	30 000	0.2
联系梁	0.6m×0.8m	30 000	0.2
立柱	$\phi=0.6m, t=0.02m$	210 000	0.3
立柱桩	$\phi=1.2m$	30 000	0.2
等效灌注桩(薄板)	$T=0.84m$	30 000	0.2

根据所研究问题的需要，结合图纸上基坑顺作法的要求，经过合理简化，确定5个施工工况，每个施工工况分两个增量步，第一个增量步开挖，第二个增量步支护。重点来模拟该段基坑在施工过程中基坑的位移，支护结构内力的变化。具体施工工况如表3所示。

基坑模型施工步 表3

序号	施工步	施工方法	距地表深度(m)
1	初始步	施工地下连续墙及临时立柱	—
2	第1步	开挖土体,浇筑第一层支撑和联系梁	2.90
3	第2步	开挖土体,浇筑第二层支撑和联系梁	11.20
4	第3步	开挖土体,浇筑第三层支撑和联系梁	19.60
5	第4步	开挖土体,浇筑第四层支撑和联系梁	26.20
6	第5步	开挖土体至坑底并浇筑底板	

3 计算结果分析

3.1 基坑开挖对邻近地铁车站的侧向变形影响

大面积的基坑开挖破坏了原来土体天然的平衡状态,土体向基坑内侧移动。邻近的地铁车站距离基坑只有约6m左右,因此,车站的侧向位移是影响车站稳定安全的一个重要参考因素。由于车站是一个整体的框架式结构,刚度很大,跨度也比较大,以车站左右两侧的维护结构作为分析研究对象,从图4可以看出,随着基坑开挖深度的增加,车站两侧维护结构的侧向位移逐渐增大,当开挖到最深(-30m)时,维护结构的侧向变形达到了6.68mm;且从两条曲线的变形趋势来看,车站左右两侧的变形比较一致,其差异变形值最大为0.05mm,可以看出车站所受的水平荷载不大。

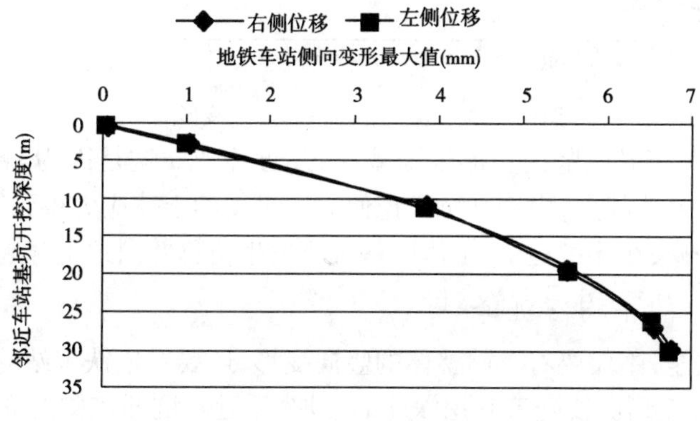

图4 维护结构侧向位移与开挖深度的变形

在图5中,可以看出在随着开挖深度的增加,地铁维护结构的侧向变形也随之增大。当开挖深度超过10m之后,由不同工况下的变形趋势可以看出,不同工况下的变形值呈现一定的相关性,尤其是在20m后的变形值,其变化趋势更是比较雷同。

3.2 基坑开挖对邻近地铁车站竖向变形的影响

文献[6]认为,由于车站结构整体刚度较大,对车站的分析,以车站底板为分析重点比较好。因此,本研究取车站底板为分析研究对象,图6为基坑开挖各工况下车站底板的竖向变形(横轴0点为远离基坑侧底板与车站维护结构的交点),从图上可以看出,车站靠近基坑侧所受施工影响要比远离基坑侧大得多。在靠近基坑开挖侧,底板呈隆起状态,相反的是,在远离基坑开挖侧,底板则是下沉,随着开挖深度的增加,底板左侧的沉降和底板右侧的隆起也随之增大。

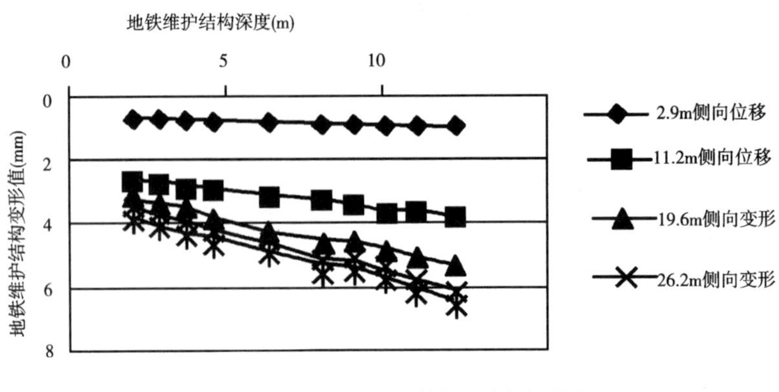

图5 不同工况地铁围护结构的最大变形图

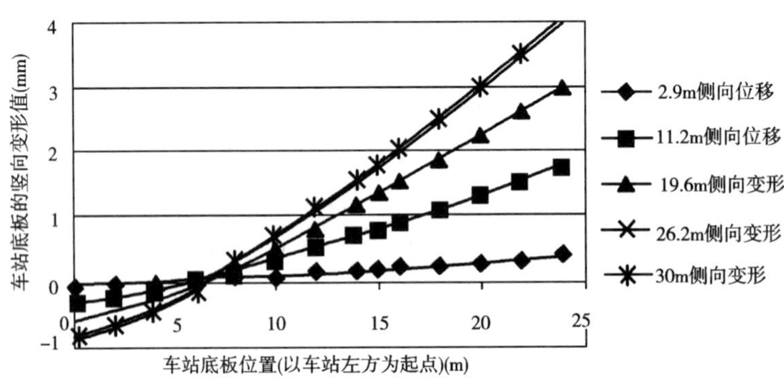

图6 不同工况下车站底板的竖向变形图

当开挖到26m时,车站的竖向变形逐渐减小,几近停止。这是因为,越靠近基坑开挖侧,土体向开挖侧移动的趋势越大,由于基坑开挖使原本平衡的土体应力得到卸载,土体需要释放应力才能达到新的平衡,在此过程中,土体向基坑侧发生位移并向地上隆起。

3.3 地铁车站的不均匀沉降

地铁车站是否安全,不仅要看车站整体的竖向变形,还要看地铁车站的不均匀沉降。由图6可以看出,车站底板变形曲线随着开挖深度的增加,靠近基坑开挖侧的隆起在增大,而同时,远离基坑开挖侧的沉降也在增大,这也就意味着变形曲线的斜率也变得越来越大。这说明了,随着开挖深度的增加,车站基坑的不均匀沉降随之增大,通过图上可以看出,车站的最大不均匀沉降发生在最后,其最大不均匀沉降值为4.938mm,其不均匀沉降率为0.020 6%。从图上还可以看出,在一定的工况条件下,基坑的竖向变形和底板的位置呈线性关系,这也说明车站的竖向变形比较均匀。

4 结论

由以上的数值模拟分析可以得出以下结论:

(1)基坑的侧向变形随着开挖深度的增加而增大,车站左右两侧维护结构的变形值比较接近,最大差异变形值在0.05mm,相比车站的尺寸,可以得知车站所受到的水平荷载很小。

(2)地铁车站的竖向变形值与车站底板的位置呈一定程度的线性关系,变形比较均匀,最大变形值在4mm左右,对地铁车站的安全运行造成的影响较小。

(3)基坑开挖对地铁车站产生了一定程度的不均匀沉降,但影响比较小,不均匀沉降率为0.020 6%。

参考文献

[1] 谢秀栋,刘国彬,李志高,等.邻近运营地铁车站基坑开挖土层位移特性分析[J].地下空间与工程学报,2007,3(4):742-744.

[2] 曾远,李志高,王毅斌.基坑开挖对邻近地铁车站影响因素研究[J].地下空间与工程学报,2005,1(4):642-645.

[3] 孔祥鹏,刘国彬,廖少明.明珠二期上海体育馆地铁车站穿越施工对地铁一号线车站的影响[J].岩土力学与工程学报,2004,23(5):821-825.

[4] 姚燕明,周顺华,孙巍,等.坑底加固对平行换乘车站基坑变形影响的计算分析[J].地下空间,2004,24(1):7-10.

[5] 姚燕明,孙巍.深基坑开挖对共用连续墙的既有车站结构内力影响的空间分析[J].岩土工程学报,2006,28(增刊):1411-1414.

[6] 海明雷,孙玉永,王炳龙.深大基坑开挖对邻近地铁车站影响研究[J].华东交通大学学报,2009,26(1):7-11.

隧道节能照明发光涂料施工工艺研究

王　军　冯守中

（武汉广益工程咨询有限公司，武汉，430074）

摘　要：节能发光涂料是一种新型的地下工程节能照明材料，笔者通过对节能发光涂料采用滚涂、有气喷涂、无气喷涂3种施工措施进行试验研究，通过施工速度、效果、材料用量等多方面的分析总结，提出了采用无气喷涂隧道节能照明发光涂料是比较合适的施工工艺。本文对无气喷涂采用的设备压力、喷嘴孔径、喷射距离等方面作出了规定，可为工程的施工提供借鉴。

关键词：涂膜　喷涂　余辉　喷嘴　滚涂

0　引言

随着我国高速公路、高速铁路的快速发展和城市化进程的加快，隧道及地下空间的工程建设也随之快速发展。隧道与地下工程的共同特点是无法得到自然光照明，需要采用人工照明，对电能的需求非常之大。

目前全球性的能源紧缺和全球性的气候变暖，对我国的能源政策和能源基础设施提出了严峻地考验，特别是中国在哥本哈根气候峰会前宣布，到2020年中国单位GDP CO_2 排放要比2005年下降40%～45%，节能减排已经成为我国经济社会可持续发展的重要决策和方针政策，并引起了从中央到地方及各行各业的高度重视。

在这种大背景下，冯守中、宋乐山等人研究发明了地下工程"多功能涂料及其制备方法"，该涂料集发光节能、防水防火、降噪、安全逃生于一体，并且无毒、无害、环保，该涂料已在安徽黄塔桃高速公路中村南隧道、汤口隧道、汪王岭隧道试验应用，在安徽六武高速公路8个隧道中推广应用，并取得良好的效果和社会经济效益。

1　隧道照明节能发光涂料的特点

本发光涂料采用优质聚合物乳液，辅以高性能助剂，添加光致发光材料，有着常规涂料无法比拟的特点：

（1）涂膜有优异的耐候性、耐沾污性、保色性、耐水性、耐碱性，使用寿命长达20～25年。

（2）发光涂料有优异的钙离子稳定性、冻融稳定性，优良的机械稳定性，可洗刷次数超过5万次。

（3）填料采用自身难燃性材料，具有膨胀型防火涂料的辅助阻燃功能。

（4）发光节能效率高，在保证同样亮度的情况下可减小灯具的效率，根据光源的不同可提高照明照度20%～100%。

(5)余辉时间长,在突然断电的情况下,可持续发光照明 2 ~ 12h,为突发情况下人员的撤离、疏散提供了照明保障。

(6)对无机材料具有极佳的干、湿附着力。

(7)具有良好的储存稳定性。

2 施工工艺研究

发光涂料的主要施工工艺流程如图 1 所示:

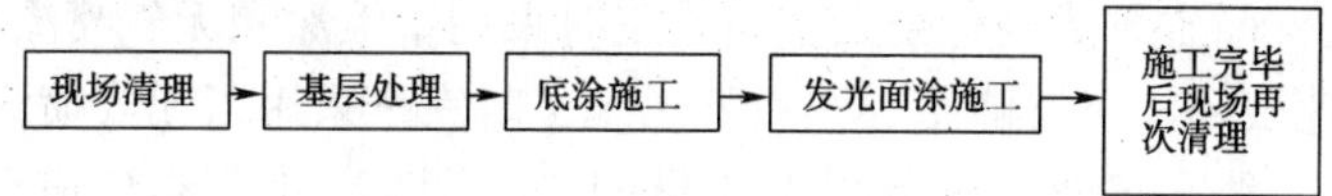

图 1 发光涂料的主要施工工艺流程

“现场清理”、“基层处理”及“底涂施工”的施工工艺和普通涂料并无差别,这里就不再赘述。下面重点谈一下发光涂料面涂的施工工艺。

发光涂料面涂可以采用滚涂、有气喷涂及无气喷涂等施工方法。

2.1 滚涂工艺

滚筒选择:一般平整的墙面选用中毛或短毛滚筒,对于粗糙墙面(如隧道防火涂料表面)一般选用长毛滚筒。

具体操作:先用滚筒蘸料后,自下而上均匀涂刷,当涂刷宽度达到 1m 左右时,在涂料未干前,滚筒不要蘸料,根据涂刷面积横向再收一遍。

优点:粗糙墙面余辉均匀度较高。

缺点:功效低;平墙涂刷时,由于发光体颗粒自身在滚筒的带动下滚动,造成滚筒滑动,影响了发光体的均匀涂布,造成余辉亮度较高,但均匀度较差;相较于喷涂材料用量较高。

2.2 有气喷涂工艺

设备选择:采用空压机,普通喷枪或重力式喷枪。

喷嘴选择:一般选择孔径约 1mm 的喷嘴。

压力选择:工作时压力保持在 0.8MPa 为宜。

具体操作:手持喷枪距离保持垂直墙面 40cm 处,左右或上下匀速移动喷枪,注意压枪操作。

优点:喷涂速度快,较平整,涂膜最终效果好;余辉的均匀度和亮度比滚涂要高。

缺点:因为喷雾,防护工作量大,而且和滚涂方法相比较来说费漆(一般为 10% 左右);余辉均匀度一般,如果要达到较好的均匀度,喷涂厚度必须增加。

2.3 无气喷涂工艺

设备选择:采用无气喷涂机。

喷嘴选择:一般应选择孔径约 1mm 的喷嘴。

压力选择:以涂料连续且均匀的喷出为宜,一般情况下设备工作压力不低于 1 200psi。

具体操作:手持喷枪距离保持垂直墙面至少 50cm,左右或上下匀速移动喷枪,注意压枪操作。

优点:涂层厚度均匀,极佳的表面质量;效率高;涂膜与墙面形成机械咬合,增强涂层附着力,延缓涂层的寿命;余辉的均匀度和亮度比有气喷涂要高。

缺点:因为有喷雾,需认真做好防护工作。

3 工程实践

为了实践多功能涂料的发光节能面漆的实际应用效果,以及总结出一套行之有效的施工工艺流程,我们在安徽黄塔桃高速公路长坞岭隧道人行横洞及中村南隧道右线施工时采用了滚涂的施工工艺,在安徽省六武高速公路隧道施工时采用了滚涂和无气喷涂相结合的方式,其后在安徽省铜汤高速公路汪王岭隧道和汤口隧道施工时完全采用了无气喷涂的方式。

中南村隧道左、右线在自然光下效果对比见图2。六武高速公路隧道余辉效果(无气喷涂)见图3。

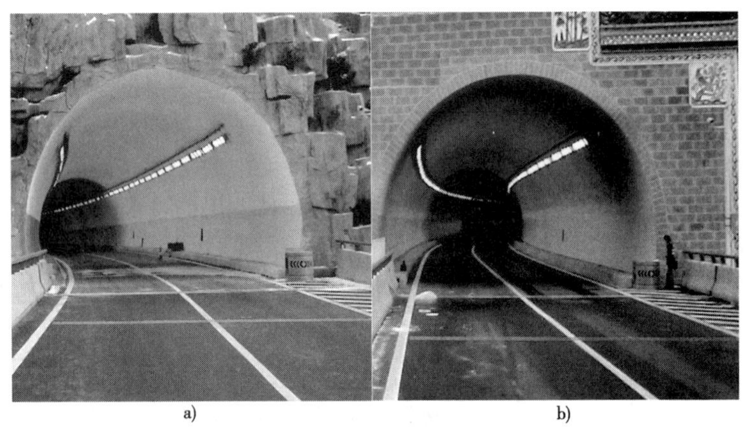

a) b)

图2 中南村隧道左、右线在自然光下效果对比

a)左线;b)右线

图3 六武高速公路隧道余辉效果(无气喷涂)

4 结语

在地下工程多功能涂料发光节能面漆的施工过程中,目前采用过滚涂、滚涂和无气喷涂相结合及完全采用无气喷涂的三种方式。对比经济性和施工质量等参数,无气喷涂是发光涂料

比较合适的一种施工方法,原因如下:

(1)施工速度快。根据隧道施工的统计数据显示,滚涂熟练工一般滚涂 $70m^2$/人·h,而无气喷涂熟练工一般滚涂 $180m^2$/人·h,工效提高2.5倍。

(2)发光性能相对提高。无气喷涂雾化效果优异,喷涂质量较高,相对于滚涂涂料中纳米陶瓷发光体更易于附着于涂层表面,因而发光性能比滚涂有所提高。

(3)施工成本降低,人员便于管理。因为施工速度快,因而在相同工期内完成相同施工任务所需施工人数较少,管理也相对简便。

由于受喷枪手业务知识、操作水平等条件的限制,对于无气喷涂如何避免余辉出现接头的问题,还有待于进一步研究。

参考文献

[1] 冯守中,宋乐山,胡可,等. 多功能涂料及其制备方法:中国,200810146949.7[P]. 2008-08-28.

[2] 李继业,刘福胜,李树枫,等. 公路工程施工技术实用手册[M]. 北京:中国建材工业出版社,2006.

[3] 中华人民共和国行业标准. JTJ 042—94 公路隧道施工技术规范[S]. 北京:人民交通出版社,1994.

[4] 王军民. 试析内墙涂料施工质量的通病与防治对策[J]. 科学教育家,2009,3.

[5] 中华人民共和国国家标准. GB 50207—2002 屋面工程质量验收规范[S]. 北京:中国建筑工业出版社,2002.

[6] 中华人民共和国国家标准. GB 50208—2002 地下防水工程质量验收规范[S]. 北京:中国建筑工业出版社,2002.

[7] 中华人民共和国地方标准. DG/TJ 08—504—2000 外墙涂料工程应用技术规程[S].

四、地下空间规划与低碳生态开发及其他

地下空间开发对城市向低碳型发展的效益评价

金　磊[1]　柳　昆[1]　李佳川[2]　彭芳乐[1]
(1. 同济大学地下空间研究中心　上海　200092；
2. 上海虹桥商务区管委会　上海　200335)

摘　要: 在发展低碳经济、建设低碳社会的过程中,地下空间的开发发挥了很重要的作用。本文以研究地下空间的低碳属性为基础,阐述了地下空间在构建低碳城市的过程中如何发挥自己的作用。进而,本文建立了地下空间低碳效应的量化体系,并根据案例进行了某商务区地下空间的减碳计算,定量化地说明了开发地下空间在低碳经济发展中的重要性。

关键词: 地下空间　低碳效应　温室气体　评价

0　引言

发展低碳经济、建设低碳社会和倡导低碳生活,都离不开降低碳的排放。地下空间作为近年来被各地政府及学者关注和研究的重点,究竟低碳效应如何,在发展低碳经济和构建低碳社会的基础上,能发挥如何的作用,本文尝试进行分析。如何进一步对其低碳效应进行量化,本文也做了一些工作,得到了某地区地下空间开发产生降低城市碳排放效果的量化值,证明了地下空间的低碳减排效果。

1　低碳概念与其衍生概念的科学内涵

低碳,英文为 Low Carbon,意指较低(更低)的温室气体(CO_2 为主)排放。随着世界工业经济的发展、人口的剧增、人类欲望的无限上升和生产生活方式的无节制,世界气候面临越来越严重的问题,温室气体排放量越来越大,地球臭氧层正遭受前所未有的危机,全球灾难性气候变化屡屡出现,已经严重危害到人类的生存环境和健康安全,事实上,全球范围内的联合行动已经展开,而所有这些行动都基于一个共同的理念——“低碳发展”。

1.1　低碳经济

低碳经济是将建立在化石燃料(化石能源)基础上的现代工业文明,全方位地转变为建立于低能耗、低污染、低温室气体排放的清洁能源和在能源高效利用基础上新工业文明的经济方式。低碳经济是人类社会继工业革命之后的又一重大进步,是经济发展方式、能源消费方式、人类生活方式的一次新变革。

1.2　低碳城市

低碳城市,英文为 Low-carbon City,指以低碳经济为发展模式及方向、市民以低碳生活为理念和行为特征、政府公务管理层以低碳社会为建设标本和蓝图的城市。

1.3 低碳生活

低碳生活,英文为 Low-carbon Life,就是指生活作息时所耗用的能量要尽力减少,从而减低 CO_2 的排放量。

2 地下空间的低碳属性

地下空间处于地下,根据上海市历年的地温检测数据,地下温度的分布分三层,分别为受太阳辐射影响随气候冷暖变化的变温带、受地下热源或随地温增温率而变化的增温带以及介于上述两者之间并保持一个相对恒温的常温带[1]。计算和监测的结果显示,上海市地下 5m 以下,地层温度便稳定于年平均气温 16.7℃[2]。而根据上海市经验,开发地下空间深度一般处于 0 ~ -30m 左右,这样就为地下空间赋予了一个非常优异的特质:恒温恒湿。

2.1 建筑节能方面

根据统计数据,城市建筑能耗约消耗 20% 的社会终端能源消费量[3],其中 30% ~50% 由空调能耗构成。地下空间的利用,大大减少了空调能耗,节省大量的能源,根据我国国情,电能大部分由煤燃烧产生,从而就节省大量的碳排放。

2.2 交通节能方面

根据上海市统计局的统计,2008 年上海市全社会年度总能耗约 10 314 万 t 标准煤,其中交通运输行业能耗约 2 529 万 t 标准煤,约占 24.5%[4]。由此可见,降低交通耗能问题也是发展低碳城市要解决的重要问题。高效、低碳、舒适的交通方式的选择与引导是所有城市要解决的首要问题。

地下交通方式包括地下轨道交通、地下道路、地下停车场等。轨道交通作为大运量低能耗的运输方法,为城市每天节省大量的能源,并解决大量人流的交通问题;地下道路可以有效地缓解城市拥堵,却不影响城市景观;而地下停车场在不占用地面空间的前提下解决了城市停车难的问题。由此可见,地下交通是解决现有城市交通问题的较好选择。

2.3 市政节能方面

市政管线是城市的生命线,其重要性不言而喻。现代城市中,每年因为市政管线的铺设造成的反复开挖城市道路现象屡见不鲜。采用设置于地下的共同沟系统集合各种市政管线,杜绝“拉链式”道路的产生,既节省了大量资源,又减少了大量的温室气体排放。

2.4 新能源的利用方面

在我国的大部分地区,地温与环境温度相比,5 ~ 10m 以下的全年地温基本可以稳定于年平均气温,可以分别在夏冬两季提供相对较低的冷凝温度与较高的蒸发温度[5]。所以说,地层冷热能资源是一种非常好的能源。它可以代替传统的高碳排放的化石燃料,在发展低碳经济的今天,该能源有着广阔的应用前景。

2.5 碳汇新技术的利用优势

地下空间一般是处于地下的密闭结构,通风换气问题十分关键。同时,地下空间处于地面以下,CO_2 等温室气体容易积聚,这使得在地下空间的一定部位布置用于汇碳的装置或仪器十分必要。

2.6 防灾方面

地下空间位于地层中,受地层包围与保护,与地层协同作用,可有效地防止地震等灾害的破坏。同时,面对战争危害的时候,地下空间作为人防设施来进行利用,对于构建安全低碳社会也是非常重要的。

3 利用地下空间可以进行的低碳城市的构建工作

3.1 市政设施地下化

为了保证城市景观的要求和市政管线的安全,将大多数市政管线铺设于地下是世界各城市的普遍做法。然而,因为线路变更、老化、维修等原因而频繁地开挖回填,是该做法的硬伤。构建低碳城市,要求最大限度地节约城市能源与减少温室气体的排放,所以必须杜绝这种频繁地开挖回填。共同沟的开发,即将市政管线集于共同沟中便于维修和更换,是解决这一问题的良好方法。所以,构建低碳城市,必须要求市政设施地下化、共同沟化、系统化。

3.2 交通设施地下化

城市是人群密集居住的场所,交通拥堵问题经常发生,每年因堵车造成的能源浪费占交通总能耗很大的比重。开发地下交通设施,将城市交通问题三维化解决,是发展低碳城市交通的必由之路。

3.3 公共空间地下化

地下空间在节能上的优势,使得开发地下公共空间可以节省大量能源,这样就可以减少大量的温室气体排放。同时,交通系统的地下化,地下公共空间与地下交通系统的接驳,使人流、物流高效率的流动与交换,也是构建低碳城市所要求的。

3.4 应急、防灾设施地下化

地下空间处于地层中,受岩土层的保护,具有天然防灾性质。地下空间对城市发生的各种灾害都具有较强的防护能力,特别是对战争灾害、气象(风、严寒酷暑和雾雪等)、地质灾害(地震)、环境等灾害(噪声)、城市行为过失灾害(火灾、化学事故)等外部灾害具有特别强的防护能力。我国的人防与应急设施一般都建在地下空间中,这对构建低碳城市的意义非常重大。

3.5 地下综合体

世界各城市中已形成一批具有一定规模的、以地下商业设施和地下交通设施为主的地下空间结合形式。它们的特点在于与地下交通设施的联系和位于交通枢纽、商业聚集、人流密集的地区。随着国家经济的飞速发展,发展地下城市,将各种地下空间整合成体系,令整个城市低碳化、节能化,都将会进一步推动低碳城市的发展。

4 地下空间低碳效应的量化方式

根据前文论述我们可以看出,地下空间的开发与利用,对低碳社会的建设与发展具有重要的意义。但是,普遍被认为具有低碳性质的地下空间的开发,究竟低碳效果如何,怎样进行地下空间低碳效果的度量和评判,这方面的研究还较少,本文正是试图对地下空间的低碳效果进行分析,来为解决这一问题提供思路与方法。而且,通过对低碳效应的量化分析,可以进一步指导地下空间的低碳开发与规划。

温室气体排放量的测算是评估低碳经济成果与低碳规划效果的基础,也是量化地下空间低碳效应的好方法。根据温室气体排放量,可以量化地下空间的温室气体的排放,进一步指导低碳规划的开展。而只有准确而详实地计算温室气体排放量,做出准确的分析,才能有价值地指导低碳规划的开展。计算温室气体排放量的另一个难点在于,统计资料的获得有相当的难度。

4.1 测算温室气体排放量的既有理论

国内外有很多专家学者,包括政府部门,从不同的方面,对不同情况下不同的对象进行过温室气体排放测算,建立过许多测算温室气体排放量的理论,本文只列举部分。

(1)碳足迹

为了形象而准确地衡量温室气体排放对气候以及人类生活的影响。进行相关研究的环保组织和学者提出了“碳足迹”的概念。“碳足迹”来源于一个英语单词“Carbon Footprint”,是指一个人的能源意识和行为对自然界产生的影响,简单地讲就是指个人或企业“碳耗用量”。“碳足迹”用于测量人类活动中产生的全部温室气体,并以 CO_2 作为等价物,以吨(或千克)为单位计算温室气体的量。

(2)IPCC 国家温室气体清单编制指南

世界气象组织和联合国环境署联合成立的政府间气候变化专门委员会(IPCC)从 1988 年开始,组织上千名科学家就气候变化的问题、气候变化的影响与适应性对策、温室气体减排与经济影响、对温室气体的排放源的排放机制、排放量、估算方法等进行了全面的研究,这也是目前最具有影响力的温室气体清单编制指南。

IPCC 自 1995 年开始组织专家编写国家温室气体清单编制指南,为各国政府编制本国的温室气体排放清单提供技术上的参考。至今已经完成了《IPCC1995 年国家温室气体清单编制指南》、《IPCC 国家温室气体清单编制指南(1996 年修订版)》和《2006 年 IPCC 国家温室气体清单编制指南》等多个版本。

4.2 量化体系

经过大量文献分析,地下空间较地上空间低碳的原因在于下列几个方面:

Ⅰ 降低建筑能耗:地下空间恒温特点产生的节能低碳效应。

Ⅱ 降低交通能耗:搭乘轨道交通,代替地面交通产生的低碳效应。

Ⅲ 降低交通能耗:建设地下车道,缓解地上拥堵产生的低碳效应。

Ⅳ 降低市政系统能耗:采用共同沟而杜绝“拉链式”道路的产生造成的低碳效应。

Ⅴ 新能源利用:利用地热能源,代替化石燃料减少的碳排放。

Ⅵ 碳汇新技术的应用:在地下利用吸碳装置汇碳。

4.3 量化方法

计算以下各项的地下空间温室气体减碳量(简化计算的考虑,温室气体只计算 CO_2):

(1)地下空间恒温特点产生的建筑节能减碳效应:研究地下空间的建筑能耗和与其同样规格的地面建筑的能耗,计算其差额,由其差额推算地下空间温室气体减排量 a。

(2)搭乘轨道交通,代替地面交通产生的减碳效应:计算轨道交通的能耗和与其相同运量的地面交通的能耗,计算其差额,由其差额推算地下空间温室气体减排量 b。

(3)建设地下车道,缓解地上拥堵产生的减碳效应:计算或取得因建设地下车道而缓解地上道路拥堵的时间内,地面交通的能耗,由此计算地下空间温室气体减排量 c。

(4)采用共同沟而杜绝“拉链式”道路的产生造成的减碳效应:统计每年因市政管线的铺设而产生的能源消耗,由此推算地下空间温室气体减排量 d。

(5)利用地热能源,代替化石燃料减少的碳排放:统计地层冷热能源利用总量,得到因此而节省的能耗,由此计算地下空间温室气体排放量 e。

(6)在地下利用吸碳装置汇碳:统计地下吸碳装置汇碳总量 f。

5 某商务区地下空间的低碳效应量化

某商务区,规划用地面积约 86.6km^2。其中核心区为商务区西部商务功能集聚的区域,位于某交通枢纽西侧,面积约 3.7km^2。本次研究范围为该商务区核心区一期,面积约 1.4km^2(下称之为商务区)。

该商务区开发地下空间的范围包括:地下商业设施、地下停车场、轨道交通、地源热泵和地下能源中心等。考虑到数据搜集得并不齐全,经过现有资料整理与分析,现估算该商务区地下商业设施、轨道交通和地源热泵的减碳效应。

5.1 地下空间建筑节能的低碳效果量化

经过文献分析,地下建筑不受风、雨、霜、雪和太阳辐射的直接影响,工程内的温度波动范围小,冷热负荷均比地面建筑小。地下工程采暖、空调的能耗量约为地面同类型工程的10%[6]。可以通过计算同样规格的地面建筑的能耗,估算其差额,得到建筑节能低碳效果的量化。

(1)商务区地下空间建筑统计

根据商务区统计资料,可得商务区地下空间建筑面积统计表,见表1。

商务区地下空间建筑面积统计表 表1

功 能	面积(m^2)	比例(%)
商业区域	71 630	13
停车区域	368 762	68
轨道交通用地	95 399	18
交通设备	5 421	1
总计	541 212	100

(2)商务区地下空间建筑能耗统计范围

该商务区地下空间主要功能是商业和交通用地,由于交通用地的特殊性,不计入地下空间的低碳效应分析(在地面上的停车一般取露天停放,不存在建筑能耗,轨道交通同样),所以只估算商业区域的建筑能耗。

(3)商务区地下空间建筑能耗低碳效应计算

张蓓红等[7]对上海市居住建筑和公共建筑的建筑能耗进行了数据采集与调查,经过统计分析,得到上海市居住建筑和公共建筑的建筑能耗的统计资料。张蓓红等得到商场的全年能耗为 1.89GJ/m^2。

根据统计数据,我国每度电的消耗大概产生 0.997kg CO_2。所以,由表 1 可估算出该商务区每年因使用地下空间商业区域而减少 CO_2 排放约 3.4 万 t。

5.2 发展轨道交通的低碳效果量化

(1)商务区交通情况统计

本区域东侧紧接某综合交通枢纽,预计到 2010 年,因该交通枢纽带来的客流中,每天约有 40 万人次搭乘轨道交通。

(2)商务区交通能耗统计范围

因为商务区核心区总面积只有约 1.4km^2,而且交通行为的发生是建立在一定的空间距离上的,所以把发生在该核心区的交通能耗只界定在 1.4km^2 的范围内的话,意义就不是很明确。因此,商务区核心区交通能耗的统计,应该定义为被商务区吸引来的交通所产生的能耗。

在此,做出下列假设:所有交通能耗计算 10km 的距离(包括小汽车、公交、出租车、长途巴士、轨道交通)。

(3)商务区地下空间交通能耗低碳效应计算

黄成等[8]结合上海城市交通情况,将交通总需求量划分为私人交通、商务交通、公共交通 3 种交通出行方式,结合各交通出行方式的能源强度,应用 LEAP 模型计算交通运输的能源需求。黄成计算得到的能源强度是指机动车担负 1 个乘次或 1t 货物行驶 1km 的能耗,单位为 J/乘次·km 或 J/t·km,见表 2。取轨道交通运输方式与轻型客车运输方式进行能耗对比计算,见表 3。

主要交通方式的能源强度[8] 表 2

交通方式	能源	能源强度(J/乘次·km)
轻型客车	汽油	0.050
出租车	石油气	0.142
重型客车及巴士	汽油	0.016
	柴油	0.014
轨道交通	电力	0.176*

注:* 轨道交通的能源强度单位为 $\times 10^6$J/乘次·km。

商务区轨道交通能耗对比计算表 表 3

交通方式	轻型客车	轨道交通
能源	汽油	电力
能源强度(J/乘次·km)	0.050	0.176*
乘次(万人)	40	40
距离(km)	10	10
能耗(J)	200 000	704 000

根据统计数据,我国车用汽油每升完全燃烧大概产生 2.2kg CO_2,而每度电的消耗大概产生 0.997kg CO_2。所以由表 3 计算可得该商务区每年因使用轨道交通而减少 CO_2 排放约 8.9 万 t。

5.3 利用地热能源的低碳效果量化

本地区采用建筑下结合灌注桩埋管的地源热泵系统,估计提供建筑自身 20% 的能源需求。

地源热泵埋管方式为:双U形埋管,深度100m,间距5m×5m。热源泵的使用将会大大避免制冷供暖的能源消耗及CO_2的排放。根据统计分析,利用地源热泵年减少CO_2排放量约11万t。

5.4 商务区地下空间低碳效应量化汇总

根据以上计算,本文得到了该商务区地下空间低碳效应量化汇总,见表4。

商务区地下空间低碳效应量化汇总表　　表4

项目	建筑能耗	轨道交通	新能源	总计
减碳量(万t/年)	3.4	8.9	11	23.3
比例(%)	14.6	38.2	47.2	100

由于上表可以看出,该商务区因开发地下空间而产生的减碳效应的量非常大,达到了年减排23.3万t CO_2的效果,这说明地下空间在建设低碳城市过程中的重要性。

6 结语

地下空间是城市空间系统的有机组成部分,其规划与开发的水平直接关系到市民的生活水平与城市的建设水平。地下空间具有天然的低碳属性,在建筑节能、交通节能和能源利用等方面都具有地面空间无法比拟的优势。利用地下空间构建低碳城市,关键在于城市市政、交通、公共空间等系统的地下化,综合化。所以,在某种意义上来讲,城市开发地下空间越密集,水平越高,城市低碳化水平就越高。

城市地下空间低碳效应的量化衡量,关键在于计算地下空间的开发和利用带来了多少城市碳排放的减少。根据文献分析与比较,本文建立了地下空间的量化体系与量化方法,经过初步计算得到某商务区因为开发地下空间而减少CO_2年排放约23.3万t。数据证明,地下空间的低碳效应是实际可测的。

参考文献

[1] 黄焕忠. 上海地区地热问题的初步探讨[J]. 上海地质,1990(4):16-20.

[2] 陈小龙,曹诗定. 能源地下工程在上海地区的适用性研究[J]. 土木工程学报,2009,42(10):122-126.

[3] 王庆一. 中国建筑能耗统计和计算研究[J]. 节能与环保,2007(8):9-10.

[4] 陆锡明,祝毅然. 上海交通能耗现状及发展前景[J]. 上海节能,2010(1):4-6.

[5] 高青,于鸣. 效率高、环保效能好的供热制冷装置-地源热泵的开发与利用[J]. 吉林工业大学自然科学学报,2001,31(2):96-102.

[6] 《地下建筑暖通空调设计手册》编写组. 地下建筑暖通空调设计手册[M]. 北京:中国建筑工业出版社,1983.

[7] 张蓓红,陆善后,倪德良. 建筑能耗统计模式与方法研究[J]. 建筑科学,2008,24(8):19-24.

[8] 黄成,陈长虹,王冰妍,等. 城市交通出行方式对能源与环境的影响[J]. 公路交通科技,2005,22(11):163-166.

国外小型地下生态建筑分析

王印鹏 金 磊 柳 昆 彭芳乐

（同济大学地下空间研究中心 上海 200092）

摘 要：地下生态建筑是将地下建筑与生态建筑合二为一的尝试。这种建筑形式顺应了当今世界流行的“低碳经济”和“生态城市”的理念，符合可持续发展的要求。本文将对国外较为出色的几个小型地下生态建筑进行研究，分析小型地下生态建筑在结构形式、设计风格、使用功能、节约能源、可再生能源利用、生态友好等方面的优势，旨在为我国以后的建筑设计工作提供参考。

关键词：地下 生态建筑 节能 低碳 环保

0 引言

生态建筑这一概念自20世纪60年代诞生以来就一直在发展。其最初的定义是尽可能利用建筑物当地的环境特色与相关的自然因素，比如地势、气候、阳光、空气、水流等，使之符合人类居住，并且降低各种不利于人类身心的环境因素的影响，同时，尽可能不破坏当地生态循环，确保生态体系健全运行。由此可见，生态建筑强调的是“人、建筑、环境”三者的关系，它首先要求在建筑本身这个人工环境中能源能够得到高效、低耗地利用，其次要求尊重自然、减少碳的排放、减少对环境的污染、强调建筑与环境的协调，最后要求建筑能够充分合理地满足人类的需要，使建筑有利于人的身心健康和工作效率的提高[1]，强调“以人为本”。

地下建筑有着悠久的历史，从最早人们利用洞穴遮风挡寒，到现在人们利用地下街及其他地下建筑设施生产生活，地下建筑逐渐成为了解决人口集中，环境污染等各种城市病的有效办法。在土地的集约利用、节约能源、环境保护、抗震减灾方面有其巨大的优势和潜能[2]。

将生态建筑与地下建筑的优势结合起来，建造地下生态建筑，将进一步使能源得到高效、低耗地利用，并使环境和生态得到有效的保护，这不失为一种应对当前环境污染、生存环境恶化、能源匮乏等问题的好办法，也符合可持续发展观的要求。因此，地下生态建筑越来越受到国外建筑师们的重视，涌现了一大批优秀的设计作品。本文将针对部分国外经典小型地下生态建筑进行分析研究。

1 国外小型地下生态建筑的特点

由于建筑师们逐渐意识到地下生态建筑在多个方面的优势，世界各地小型的地下生态建筑如雨后春笋一般出现，并被建筑师们赋予各种功能，新颖而有趣。地下生态建筑建成后一般都会成为当地的标志性建筑。其设计建造具有以下几个特点：

（1）需要很少的能源就能维持建筑物的基本需求，且利用太阳能等绿色可再生能源，减少了碳的排放。在高效、低耗地维持建筑物人工环境的运转时，又不会对自然界这个大环境造成污染和破坏，对生态很友好。

(2)充分发挥了地下建筑在节能、抗震防灾方面的优势和潜力。地下建筑由于其恒温隔热的特性，只需要很少的能量来调节温度和供暖；另外，地下建筑多是依山而建或在地表以下，所以由地表代替建筑来阻挡风吹、日晒、雨淋等恶劣的自然天气，建筑表面很少腐蚀和破损，维修费用低；最后，在地下，土层和建筑相互约束作用，使地下建筑的抗震性能也十分优异。

(3)建筑物造型新颖，设计大多具有现代感。

(4)为了让建筑为人服务，设计者竭力创造出良好的声、光、音环境，并有效控制温度和湿度，合理布置空间布局，让使用者感到安全、舒适、方便，体现了“建筑以人为本”的思想。

(5)设计者使建筑的整体设计与当地的地形地貌结合，并在建筑物建成之后，在建筑物屋顶覆盖花园和草坪。这使得建筑物减少了对当地环境的扰动，并和周边的景色融为一体。体现了“天人合一”的思想。

(6)此类建筑物并不是隔绝使用者与自然环境的屏障，而是联系使用者和自然环境的桥梁。设计者利用天窗和大面积玻璃幕墙等措施来营造开放的空间，这样可以让室内光线充足并能让使用者欣赏到外面的风景，加强了人与自然的联系。

(7)建筑材料多是无污染、无毒害的环保材料。

2 国外案例

2.1 英国威尔士 Malator

Malator 与威尔士郁郁葱葱的自然景色实现了“无缝连接”，如果不睁大眼睛仔细寻找，人们很容易错过这所奇特的房屋。除了暴露方位的前部窗户外，我们无法了解到这个地下屋的任何信息，因为屋顶完全被绿草覆盖，其大部分也巧妙地模仿周围隆起的丘陵，让人难辨真伪。Malator 是英国威尔士橡树石地区绝对的现代意义上的房屋，被称为“未来威尔士住房的蓝图”。虽然建成时间不久，但是这栋房子已经成为世界闻名的威尔士建筑界宝藏。独特的设计和坐落在海岸的优越地理位置的结合使这栋房子赢得了世界各地的建筑专家的好评。

Malator 的基本设计很简单：房屋里面的核心房间在外面被多彩的预制构件包围，在最外层与周边的陡坡相融合。这样的设计使得 Malator 非常具有现代感，它一直延伸至海岸的庭院，与周边的环境完美结合。也正是这个原因，这座房子成为当地的另一个风景。当地人因其独特的造型而称它为“天线宝宝之家”，如图 1 所示。

a)

b)

图 1　英国威尔士 Malator

a) Malator 与自然景色实现了“无缝连接”；b) 因其独特的造型被称为“天线宝宝之家”

有人评论说:“在 Malator,你有置身于大海的感觉。你的生活中充满阳光而且你会感受到难以置信的自由感和空间感。最好的建筑设计会改变你对建筑的设想,挑战你对建筑的理解,甚至改变你的世界观,它会使你思考如何合理地使用空间、如何装饰我们房子的问题。”

2.2 比尔·李斯曼的地下屋群

比尔·李斯曼建造的独一无二的地下屋群是他多年研究与设计的结晶。他在 20 世纪 70 年代就萌生了设计地下建筑的想法。当时比尔·李斯曼建了一座小冰屋,建成之后他发现仅仅是体温就可以保持整个小冰屋的温暖,只需要一根火柴就可以照亮整个小冰屋。从那以后,比尔·李斯曼读了很多有关地下建筑和节能房屋的书籍。在英国艺术家和设计师罗杰迪恩的鼓励下,比尔决定建造一栋连接起来的类似小冰屋样式的地下房屋。

地下群屋的屋顶采用弯成圆形的钢杆焊接而成,地板采用混凝土垫层,在垫层里面设置了用于室内地板取暖的橡胶管材。屋子内部墙壁用混有大理石粉末的水泥进行粉刷,因为这种材料可以营造出光滑洁白的墙壁表面。而房子的外部则全部覆盖了防水沥青,并在防水沥青层上覆盖干砂层。在干砂层中纵横交错地埋入空气槽,空气槽把置于房子两侧的太阳能吸收装置所吸收的热量与干砂层进行交换,以保持室内热量。房子的最外层是橡胶膜防水层,如果在这层上面覆盖土体,并种上花和草的种子,房顶就可以做成花园。

每个房间都下设管道,管道与其他房间都连接在一起。所有的线路都是从这些管道中通过,最后汇集于多功能用房中。在房屋两端原先使用的四季太阳能采集机器被节能墙和有着很大窗台的干作业墙所取代。所有家具的设计都结合弧形房屋的特点,完美地与弧形建筑物相融合,连电冰箱也是圆形的,造型十分有趣,如图 2 所示。

a)

b)

图 2 比尔·李斯曼的地下屋群

a)会客室的屋顶;b)采光良好的厨房

第一次到地下群屋来的人们都会很喜欢弧形的空间并对天窗所创造的充足的光线感到惊异,必须将有些人带到房顶才能使其认识到这屋群是建在地下的。因为房子是建在山顶的,所以北边的房间可以看到山谷和湖泊的美丽景色。地下群屋将大地当作绝缘体,几乎不需要什么能源来实现温度的调节。

2.3 瑞士瓦尔斯的独特埋屋

这栋房屋坐落于瑞士阿尔卑斯山脉地区的瓦尔斯。这里有着世界闻名的温泉和美丽的景色,为了离温泉近一点,建筑师们把房子“埋”进了山里。

从表面上看,它似乎完全里外颠倒,其外部圆形庭院位于前部,房屋大部分则埋入地下,在陡峭的山坡上建一个庭院使得房屋开窗的尺度可以放得很大,所以内部光线极好。在山坡上的房屋视角要比在平地上的房屋开阔得多,还可以看到山谷内的美景。它的外部具有现代建筑特征,内部风格则较为传统,但无论从哪方面看都能给人留下深刻印象,如图3所示。

a)

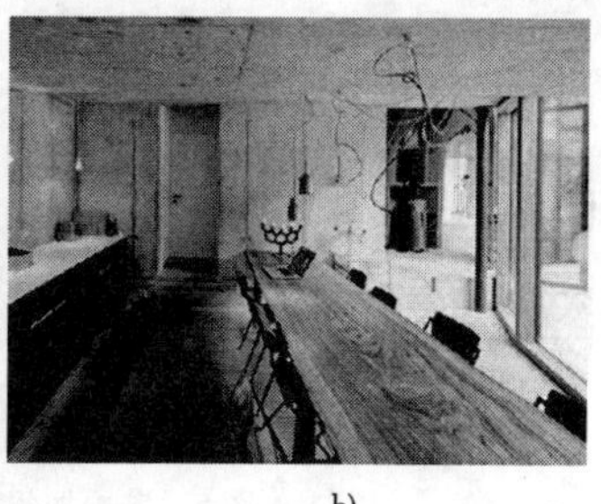
b)

图3 瑞士瓦尔斯的独特埋屋
a)埋屋的外部;b)埋屋的内部

2.4 英国坎布里亚郡大奥姆希德的地下屋

在艾顿山谷的一座100多年前就被废弃的旧采石场内,一栋两层小楼掩映在周围的美景中。小楼的一大部分都被埋入了缓缓的山坡上的岩石中。作为生态友好型的房屋,它最大限度的与周围景色相融合。

这栋有着三间卧室的生态房屋建在山谷并且被埋在了数以吨计的泥土中。为了尽可能地获取日光,房屋的南面几乎全由玻璃墙构成。整个房子的设计是倒过来的,卧室在一层,而起居室在二层。房屋的背面被埋在土中,本应很暗,但是太阳能灯管照明解决了这个问题。房子采用光电瓦片来增加电能利用,使用污水处理系统来处理污水。结构的墙体用钢筋混凝土浇筑,与基础连接,就连内部墙体也是用混凝土浇筑,安全性很高,如图4所示。

a)

b)

图4 英国坎布里亚郡大奥姆希德的地下屋
a)地下屋俯瞰;b)施工中的房屋立面

2.5 美国加州大苏尔的掩土屋

曼宁先生是美国加州大苏尔地区第一个具有生态观念的建筑师,而利用草地作屋顶的构想在成为时尚之前30年就已经在他这里成为现实。他设计的掩土屋是他最令人印象深刻的设计之一,它有可以一直延伸至太平洋的花园,住起来既像居住着生性善良平和的穴居矮人的洞穴,又像高科技驻地,既符合老嬉皮士们的审美,又满足最新绿色保护主义者的思想。

这栋房子现在已经成了一处从大苏尔中缓缓升起的美景。房子建得像是覆盖着草地的堡垒,两边是混凝土,中间由全草屋顶连接。这里并没有传统意义上的屋顶,在种上本地的花和草种之后,更像是大苏尔美景的一种延续和补充。半埋入土的墙和6~8in厚的草地屋顶使得这栋房子相对来讲更加防火和节能,如图5所示。

a)

b)

图5 美国加州大苏尔的掩土屋

a)掩土屋从大苏尔的景色中缓缓升起;b)从卧室看到的大苏尔美景

这栋房子在能源上完全自给自足,电能由太阳能板提供。房子又长又扭曲的断面就像是飞机的翅膀,在空气动力学上具有优势,可以抵挡100mile/h(44.7m/s)的大风。当外面狂风大作的时候,这样的房屋结构能够很有效地保护房屋内部。

3 案例分析

从以上几个案例我们可以看出,小型地下生态建筑相对于常规房屋具有明显优势,但是也有其不足之处。

结构形式方面,小型地下生态建筑一般采用半地下结构形式,小部分采用全地下形式,这样既可以发挥地下建筑防灾抗震方面的优势,又可以充分利用地上光线,达到最佳效果。

设计风格方面,小型地下生态建筑鲜明地具有建筑师个人的色彩,风格迥异且灵活,内部装饰及设计也五花八门,给人强烈的视觉冲击力。

使用功能方面,小型地下生态建筑一般为居住用房,满足人们对住房的多样性需求。

节约能源方面,充分利用自然采光和自然通风,减少了照明能耗和通风能耗;充分发挥地下空间在节能方面的优势,显著减少温度调节等方面的能源需求。

利用可再生能源方面,对太阳能和风能等可再生能源进行储存和利用[3],减少了碳排放,降低了对环境的污染。

生态友好方面,小型地下生态建筑尊重自然,保护环境,尽量减少建造和使用过程中对环境的破坏,并关注自然和人的有效沟通。

再开发利用方面,在地下建造一种全新的生活环境对建筑师来说是一项很大的挑战。在最初的设计中必须考虑到一切可能出现的问题并将其解决,因为一旦地下建筑完工并覆盖土层,设计所出现的问题便几乎不可能得到解决。所以小型地下生态建筑的再开发利用实施起来非常困难。

4 未来小型地下生态建筑的发展

研究分析以上几个外国案例之后可以发现,虽然小型地下生态建筑有种种优势,但是其仍有发展和提高的空间。

4.1 在小型地下生态建筑中应用智能化控制技术

最近几年,智能化控制技术在大型建筑中已有成为主流的趋势。所谓智能化控制技术,是将计算机和网络技术为核心的信息技术和传感技术相结合,通过对设备的自动监控、对使用者个性化需求的掌握及其与建筑的优化组合,使建筑成为一个具有自我调节功能和反应能力的智能型生态体系。

在小型地下生态建筑中利用智能技术,会创造出人性、舒适、节能的建筑空间环境,比如在地下建筑中控制人工照明使其智能化模拟自然光照特性,还可以控制采光天窗或玻璃幕墙,使其对夏季遮阳以及采光照明进行综合自动调控。

4.2 更好地处理人、建筑、环境三者的关系

在未来设计小型地下生态建筑时,应该更加注重人、建筑、环境三者的有机结合和协调,建筑物不能再被当成是孤立的个体,而要以整体的眼光看待生态建筑。不仅要处理好建筑本身的人工系统,还要处理好建筑与整个生态环境的关系,让建筑和生态环境融为一体。关注人与自然的联系,要以建筑为桥梁,将更多的自然元素引入到使用者的身边,让人和自然能够更加和谐地相处,做到真正的“天人合一”。

4.3 以动态、可持续、发展的思想为指导,设计开放性的地下生态建筑

开放性的建筑是指在面临生活条件、使用者的需求、规划建设条件等多种因素的变化时建筑物能够表现出高度的适应性、可变性、可升级性,使之能满足不同时期的不同需求。开放性的建筑是建设可持续发展的建筑环境的必要前提[1],也是未来建筑的发展趋势。

但是对于小型地下生态建筑而言,地下空间开发的不可逆性给地下生态建筑的再开发利用和开放性设计带来了困难。有以下几种策略可以应对这个难题:设计师在最开始规划设计时就要预见到建筑在建设阶段和使用阶段的变化,考虑到一些动态可变的因素;建筑空间和结构形式应具有多功能适应性、灵活性以及易于发展的可扩展性;考虑“预留设计”、“接口设计”、“弹性设计”,要求各种设计参数有弹性可变化,为建筑物以后结构和功能的改变、发展留下余地[1]。

5 结语

实际上我国早在古代就有小型地下生态建筑的雏形,那就是分布在陕西河南一带的靠崖式窑洞和下沉式窑洞。靠崖式窑洞是在天然黄土崖壁上向内开掘,挖出横洞;下沉式窑洞是在无崖地区或无自然崖面可掘窑时,向地下开挖窑洞院落,通过斜坡道与地面联系[4]。这两种窑洞充分利用了当地的地形和材料,房屋有隔热挡风、冬暖夏凉、充分利用自然光、防噪声的优点,体现了“因地制宜、天人合一”的朴素的生态设计思想。但是这种地下生态建筑设计思想在现代并没有得到进一步的发展,到现在为止,我国还没有像国外那样出现能够顺应“低碳经济”和“生态城市”两大发展理念[5]的现代意义的小型地下生态建筑,这实为一种遗憾。

希望在以后的设计工作中,我国的建筑设计工作者能够积极借鉴国外小型生态建筑的发展过程和经典案例,研究其本土化的适宜性和方式方法,并进一步发展我国“天人合一”的朴素的生态设计思想,从而设计出能够满足科学发展观要求的地下生态建筑,使之能为社会向着“生态社会”和“低碳社会”的迈进作出良好导向。

参考文献

[1] 朱大明. 城市地下空间开发利用的绿色生态建筑对策[J]. 地下空间,2003,23(2):186-190.

[2] 侯学渊,束昱. 试论房屋建筑的地下空间开发与利用[J]. 地下空间,1985(2):1-7.

[3] 田蕾,秦佑国. 可再生能源在建筑设计中的利用[J]. 建筑学报,2006(2):13-17.

[4] 朱丽博. 窑洞民居的生态思想[J]. 郑州轻工业学院学报,2007(4):12-14.

[5] 黄肇义,杨东援. 国内外生态城市理论研究综述[J]. 城市规划,2001,25(1):59-66.

城市地下道路规划及防灾探讨

涂笑霆 柳 昆 彭芳乐

(同济大学地下空间研究中心 上海 20092)

摘 要:本文通过对城市地下道路的规划及评价理论的研究,将地下道路规划中的问题和经验作了总结,并试图提出地下道路规划方案的评价体系,为地下道路的规划设计提供一个参考和依据。同时,由于地下道路的自身特点,其内部灾害的防御相当复杂,防灾成为科学合理、安全有效地开发利用地下道路的重要课题。从理论角度阐述地下道路内部灾害特点、类型及综合防治,具体以防火为重点,探讨灾害的防治。

关键词:地下道路 防灾 道路规划 安全管理

0 引言

困惑着现代大城市交通的拥堵、事故和污染的老难题,也日益严重地困惑着中国的大城市,特别是特大城市。城市交通拥堵越严重、越复杂,解决交通拥堵的任务也越复杂、越艰巨。解决交通拥堵的老办法老思路无能为力,只是表明了必须加速研究和发展解决交通拥堵的新思路、新举措。正因为我国经济的稳步发展和战略环境的改变,加上城市用地日益扩大,城市地价越来越高,我国开始出现了开发和利用地下道路的趋势。目前我国城市地下道路开发利用总体上仍处于探索阶段,还没有建立系统的指导开发利用的技术规程,在规划、建设等多个领域都存在需要研究的课题。地下道路内部防灾问题尤为突出,防灾成为安全有效开发利用地下道路的重要课题之一[1]。

有鉴于此,本文在地下道路的相关方面作了深入细化的研究和探讨,也就是方便地下道路的规划设计,同时对地下道路安全性方面的诸多问题进行了深入研究。

1 地下道路流量预测

地下道路规划过程中首先要对规划区域的交通流量进行预测和分析,以方便后面的规划和设计。经典的分析模型可以大致描绘为四个有序的子模型:出行生成、出行分布、方式选择和出行分配[2]。

1.1 出行生成

居民出行生成预测分居民出行产生预测和居民出行吸引预测两部分。其目的是通过建立小区居民出行产生量和吸引量与小区土地利用、社会经济特征等变量之间的定量关系,推算规划年各交通小区的居民出行发生量、吸引量。出行产生预测常用的有两种方法:类型分析法、回归分析法,其他预测方法还包括增长率法、发生率法和时间序列法,但这些方法预测精度一般都较差。类型分析法的模型公式为:

$$P_i = \sum R_s N_{is} = N_i \sum R_s \gamma_{is} \tag{1}$$

式中：P_i——小区 i 规划年单位时间出行产生量；

R_s——第 s 类居民的出行强度；

N_{is}——第 i 小区规划年第 s 类居民的数目；

N_i——第 i 小区规划年各类居民总数目；

γ_{is}——第 i 小区规划年第 s 类居民的比例。

1.2 出行分布

出行分布模型的任务是预测从每一出行发生的分区 i 到每一出行吸引分区 j 的出行交通流 q_{ij}。

出行分布模型的种类很多，如增长因素法，此模型早期用于交通研究而现在则主要用于出行表的短期修订和市区“过境交通出行”的估算；介入机会模型，此模型校准不便，未被普遍接受；非集聚终点选择模型和重力模型等。其中，重力模型是使用最普遍的模型。

重力模型以不同形式已存在一百年以上。在交通规划应用中，最有代表性的重力模型形式为：

$$T_{ij} = \frac{KP_iA_j}{f_{ij}} \tag{2}$$

式中：P_i——在分区 i 中发生的出行总数；

A_j——吸引到分区 j 的出行总数；

f_{ij}——阻力系数。

1.3 方式选择

城市中，居民在交通小区之间的出行是通过采用不同的交通方式实现的。目前，城市居民采用的交通方式有步行、自行车、公交系统、出租车、摩托车、私家车及其他等几类。交通方式分担预测即指在进行了出行分布预测得到全方式 OD 矩阵之后，确定不同交通方式在小区间 OD 量中所承担的比例。

1.4 出行分配

在传统交通规划中交通分配曾是四阶段交通预测的最后一步，在现代交通规划中它是方案设计的理论基础。最优化理论、图论、计算机技术的发展，为交通分配模型和算法的研究及开发提供了坚实的基础。

设路段的阻抗为常数，即假定走行时间不受路段上流量的影响，一次将一个 PA 点对的出行分布量全部分配到它们之间的最短路径上去的方法叫做全有全无分配法。该法又称为最短路径分配法，或 0—1 分配法。这是一种最简单的分配方法，是其他分配方法的基础。

全有全无分配法认为出行时间与流量没有关系，即交通流量对阻抗没有影响。对于另一些交通网络，如公路网和城市道路网，情况恰好相反，由于路段上容量（通行能力）是有限的，路段上行驶的车辆越多，拥挤程度越大，车辆速度降低，从而行驶时间就会增加。这样一来，流量越大，阻抗越大。交通流量对阻抗存在的影响的交通分配问题称为“阻抗可变分配”问题，有两种分配方法：增量分配法和迭代加权法。

2 城市地下道路规划理论

2.1 影响城市地下道路规划的因素

地下道路的规划布局，应当根据各种因素因地制宜地去定，使整个道路系统和城市的交通需求相协调。对于影响地下道路规划因素的分析，有利于发展不同要素影响下道路网的可能，以及在该类要素影响下进行路网规划的相应方法[3]。

(1)自然条件

地形、河流、岸线、地质、矿藏是影响城市布局的重要因素。比如矿业城市和山地城市多呈分散布局，滨河、滨海城市多呈带状布局，从而影响城市交通流的分布和地下路网的格局。

(2)土地利用

首先，从城市土地利用对城市交通的影响看，城市的用地结构和布局决定着城市交通的发展。过强的土地利用，必将导致拥挤的交通，从而要求高运载能力的交通方式与之对应，如公共交通。反之则可能导致自由方式的交通出现。

其次，交通对于城市土地利用并不总是被动的。交通的发展将引导城市用地结构的变化。

(3)对外交通设施

城市的用地布局、道路拓展和道路系统很大程度上依托港口、河道、公路、铁路、机场等大交通的格局。因此，在城市规划建设中，必须建立和加强城市与对外交通枢纽的交通联系，改善城市交通区位条件。

(4)社会与人的因素

路网规划在很大程度上也受到历史条件、思想观念、城市发展等社会因素的制约。

2.2 城市地下道路规划设计步骤

地下道路系统是城市整体布局的重要组成部分，它不是一项单独的工程技术设计，也受到很多因素的影响和制约。它是在城市总体规划过程中进行的。通常，其规划设计方法如下所述[4]。

(1)资料的收集和准备

在进行道路系统规划前应具备下列资料：

城市地形图、城市区域地形图、城市经济发展资料、城市交通现状调查资料、市区道路现状资料。

(2)交通需求预测

居民出行需求的预测方法一般采用交通发生吸引、交通分布、方式划分和交通分配四阶段预测。

(3)地下道路交通规划

道路交通规划一般分为三个阶段：道路系统初步方案设计、根据交通规划修改初步方案、绘制道路规划系统图。

(4)规划方案评价

关于地下道路规划的综合评价，目前还没有系统化的定量方法，可以按照技术性能评价、经济效益评价、社会环境影响评价等方面进行评价。

3　城市地下道路防灾研究

3.1　地下道路灾害的特点

地下道路的防灾有两个方面的含义，一是对外部灾害的防御，如战争、地震、水害等；另一个是防止内部灾害的发生，如火灾、爆炸、空气质量事故等。由于地下道路本身具有较强的抗御外部灾害的能力，而对内部灾害的防御体系则相对薄弱，一旦发生灾害，后果非常严重。因此在和平时期，地下道路防灾的重点一般都放在内部防灾上，同时兼顾对外部灾害的防护。

城市地下空间抵御灾害能力相对较强并不意味着对地下空间内发生的各种灾害进行研究和防治的工作可以放松，相反，随着地下空间的大面积、大规模、深层次开发，城市地下空间中各类灾害的出现有上升的趋势，对城市地下空间的防灾减灾工作更不能有所松懈，必须全面地开展各种灾害的研究、防治工作，逐步完善、建立系统的城市地下空间防灾减灾体系。

日本是一个灾害频发国家，鉴于其本国国土面积较小，城市地下空间的开发利用起步较早，至今日本城市地下空间开发已处于国际领先地位，在地下空间灾害研究及防治方面的研究投入巨大，许多方面都有我们可以借鉴与学习的地方。例如，由720个日本人组成的课题组从1990年起，进行为期3年的系统调研，收集了发生于1970～1990年期间日本本国地下空间内的各种灾害事故，进行归类、汇总和分析，结果如表1所示。

1970～1990年期间日本国内与国外地下空间各种灾害事故对比　　表1

灾害类别		火灾	空气污染	施工事故	爆炸事故	交通事故	水灾	犯罪行为	地表沉陷	结构损坏	水电供应	地震	雪和冰	雷击事故	其他	合计
发生次数	国内	191	122	101	35	22	25	17	14	11	10	3	2	1	72	626
	国外	270	138	115	71	32	28	31	16	12	111	7	2	2	74	909
比例(%)		32.1	30.0	16.9	14.1	6.9	3.5	3.5	3.1	2.0	1.5	7.9	0.7	0.3	0.2	9.5

可以看出，表1中列出的许多灾害在地面建筑中同样会经常遇到，如施工事故、结构损坏、交通事故等。此外，地下空间内一些灾害如火灾、爆炸、地震等灾害的破坏形式和所造成的损失等方面，与在地面建筑中的同类灾害有着明显的不同。

3.2　地下道路内部灾害的防治

任何灾害都有一个发生、发展和消除的过程，在这个过程中的每个环节都受到多种因素和条件的综合影响，带有很强的综合性和系统性。因此，为了使地下道路的内部安全随时处于严密的监控之下，在最短时间内感知灾害的发生并控制其发展，并在灾害发生后实行有效的救灾，把灾害损失减到最小，应针对可能发生的主要灾害，建立起拥有先进技术装备的综合防灾系统。

(1)内部灾害的早期控制系统

一旦灾害发生，对灾害感知的快慢、正误，是能否控制灾情使之不致扩大的关键。一方面应提高感知仪器设备的自动化程度和灵敏程度，包括烟感器、煤气泄漏报警器、有害气体检测器等，使之随时处于完好状态；另一方面还需要设立人工监视系统，如在重点部位设置闭路电视摄像机等，以防自动系统失灵。灾情被仪器感知后，信息传输到防灾总控制室，经计算机处理和人工的判断、证实后，才能发出警报并向外报警。这一过程越短对救灾越有利，要及时通过有线广播系统发出警报和各种救灾指令，同时向城市防灾部门报警。

(2)灾害扩大后的救灾系统

当灾害在初始阶段失去控制,开始扩大和蔓延后,救灾系统的主要任务有两个,一是将内部所有人员安全撤出,二是实行有效的灭灾。

(3)内部防灾的指挥和管理系统

为了使以上各防灾救灾系统能正常运转,在灾害发生时能有效地起到救灾灭灾的作用,凡是具有一定规模的地下道路空间,都应建立起与其使用性质和规模相应的综合防灾指挥和管理系统。一般可采用三级防灾体制:第一级是地下内部装备的各种自动防灾、救灾、灭灾系统;第二级是内部的专职防灾人员和受过防灾训练的其他工作人员;第三级是从外部来的城市防灾专业队伍。考虑到地下环境的特点,应强调以前两级为主。

3.3 某新城地下道路内部防灾概念规划设计实践

3.3.1 项目概况

新城位于城市中心城东北部,包括庄市片区(南区)和骆驼片区(北区),规划总用地面积 $46.1km^2$,规划人口 40 万 ~45 万。新城规划结构图见图 1。

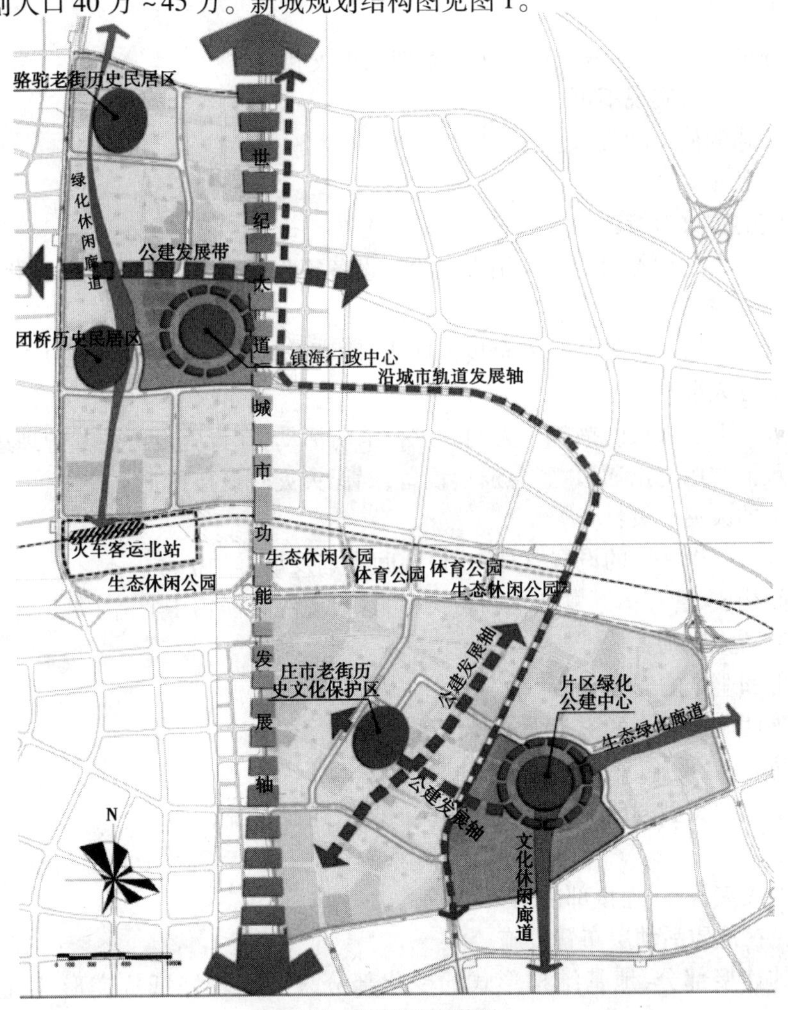

图 1 新城规划结构图

新城北区东起东外环路、西至329国道、南沿洪镇铁路、北接绕城高速路,规划总用地面积26.6km^2,规划人口20万~25万。

地下停车系统的开发主要是为了解决城市的交通问题,满足地区静态交通和物流运输的需求,改善地面环境。因此,在充分考虑利用地下空间提供地下停车位的同时,应实现临近相同功能地块的地下车库相互联通与共享,使地区地下停车资源得到更好的平衡与共享,从而提高各地下车库的利用率。地下道路与停车系统布局示意图见图2。

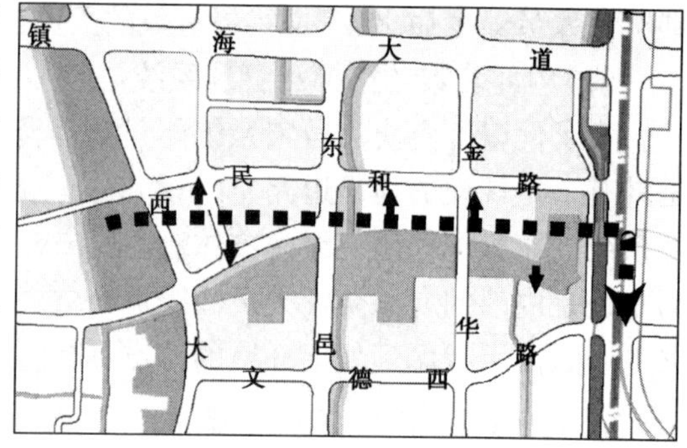

图2 地下道路与停车系统布局示意图

3.3.2 地下道路内部防灾安全措施

为安全利用地下空间,需要对火灾、爆炸、地震、进水等灾害,从规划、材料、设备的角度出发,提出解决的措施。

(1)火灾、爆炸安全保障措施

①通过设施的不可燃化、减少可燃物等来抑制火灾和爆炸的发生:

a.使用不可燃材料实现不可燃化。

b.限制可燃物的使用和带入。

c.防止煤气泄漏。

②线状设施的防火对策:

a.火灾检测及火灾烟雾探测。利用火灾检测设备等收集火灾发生信息及提供避难诱导信息;防止火灾烟雾的扩大蔓延。

b.使用者避难对策。设置较高安全度的防火、防烟分区,可以抑制烟雾扩大蔓延,准确传递信息及迅速诱导人群疏散。

c.可顺利进行消防灭火的措施。为顺利进行消防活动,在设施设备及其管理运营方面,应按规范要求配置消防用进出通道、紧急通信设备,确保火灾时设备的正常使用。

③复合设施的火灾对策:

a.对设施进行用途区段的设置,以防止设施间火焰及烟雾的扩散。

b.应对空间构成、管理体制复杂化的防灾对策(设置综合防灾中心等)[6]。

④地下通风防火原则:

a.提供逃生和避难的安全空间。

b.提供清晰明确和安全的逃生通道。

c.提供消防人员、设施、车辆到达火源的通道。

表2给出了不同类型的地下道路及其相应的防水通风系统。

(2)地震

①考虑到地震灾害,对连接部的对策:

a.尽量避免在地质活动层布置设施。

b.与地上的连接部分、地基结构形式的变化部分采用能较好抵抗变形、断面力集中的构造。

不同类型的地下道路及其相应的防火通风系统 表2

道路类型	交通形式	交通量	火灾通风系统
短隧道	单向或双向	任意	无
双洞	单向	畅通	纵向
	单向	有规则的堵塞	全横向或半横向
	临时双向	任意	无/全横向或半横向
单洞	双向	大	全横向或半横向,$80m^3/(s \cdot km)$
	双向	小	全横向或半横向,$60m^3/(s \cdot km)$

②供给基础设施对策:提高电力、水、通风等供给基础设施的抗震性和可靠度。

(3)进水

①进水对策、漏水对策:

a.应对集中暴雨、洪水等高水位时进水对策(设定开口部地基高度、设置挡水板等)。

b.针对地下水的防渗处理对策。

c.保证充分容量的排水设备。

②关于进水或漏水的信息传递及避难诱导:

a.针对周边水位变化的早期警戒。

b.为信息传递、避难诱导设置紧急情况用的设备。

3.3.3 构筑防灾综合管理信息系统

在制订地下道路防灾规划时,通过智能化营造安全舒适的地下环境,实现综合管理,构筑能提供防灾、防范、停车场诱导管理、引导指示信息等的防灾综合管理信息服务网络系统(图3)。

应当导入高科技设备,实现监控的安全性、舒适性、便利性,以及考虑为达到省力、省时的目的引入综合管理信息系统。地区内管理信息系统的管理运营由管理信息中心进行。

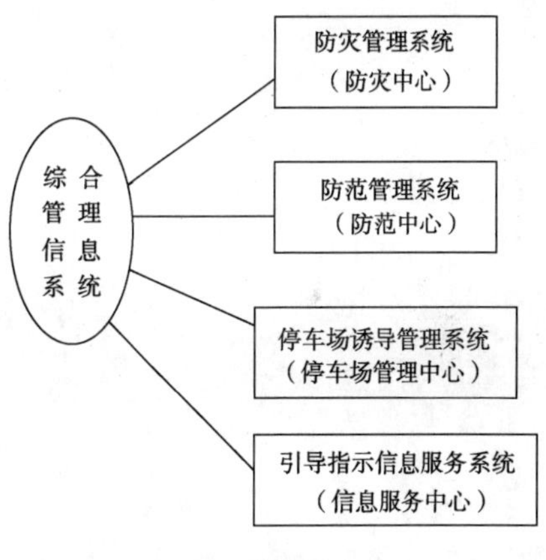

图3 管理信息系统概要

据日本经验,凡中等以上规模的地下建筑,特别是外来人员非常集中的公共活动空间,都设立防灾中心,配备专职人员,除日常的维护、管理、训练等工作外,主要从事24h的灾情监控和巡逻,对各种意外情况及时加以判明和处理;防灾中心同时也是各种防灾系统和设备的控制中心。

防灾综合管理系统的建立,一般可以采用三级防灾体制:第一级是地下空间内部装备的各种自动防灾、救灾、灭灾系统;第二级是内部的专职防灾人员和受过训练的其他工作人员;第三级是从外部来的城市防灾专业队伍。考虑到地下环境的特点,应强调以前两级为主。

3.4 小结

该新城区地下道路内部防灾概念规划设计中,针对各种类型的灾害均提出相应的安全措施,通过智能化构筑起能提供防灾、防范、停车场诱导管理、引导指示信息等的防灾综合管理信息服务网络,为地下道路的安全使用奠定了基础。

参考文献

[1] 张天然,赵娅丽,刘艺,等.地下道路功能定位及其在上海市的适用性分析[J].地下空间与工程学报,2007(3):406-410.

[2] 陆化普.交通规划理论与方法[M].北京:清华大学出版社,1998.

[3] 童林旭.地下建筑学[M].济南:山东科技出版社,1994.

[4] 束昱.地下空间资源的开发与利用规划·设计·建设·管理·环境·防灾[M].上海:同济大学出版社,2002.

[5] 林冬,崔建强.城市地下道路环境影响评价初探[J].地下空间与工程学报,2006(S1):1276-1280.

[6] 李根敬.实用建筑防火[M].西安:陕西科学技术出版社,2001.

公路隧道智能监控系统

吴爱国 翟文鹏 何 熠

(天津大学电气与自动化工程学院 天津 300072)

摘 要:本文对公路隧道智能监控系统进行了介绍,简述了其各子系统的功能,包括:交通监控子系统、视频监控子系统、通风监控子系统、照明监控子系统、火灾报警子系统,对相关子系统的发展现状和趋势作了介绍,阐述了各子系统之间相互配合协调的重要性。

关键词:公路隧道 智能监控 信息融合

0 引言

随着我国国民经济的不断发展,交通建设取得了举世瞩目的成就,其中隧道建设发展迅猛。中国已成为世界上隧道最多、最复杂、发展最快的国家。在各条高速公路中出现了大量的长、特长隧道和隧道群,隧道交通事故、隧道火灾等一系列隧道交通安全问题得到了国内外学者的广泛关注,隧道智能监控系统对于保障隧道安全运行起到了至关重要的作用。随着数字视频技术、无线网络通信技术、信息处理技术等新技术的应用,隧道监控系统的功能更加完善[1],性能日益提高。

1 隧道监控系统组成和基本功能

隧道监控系统是一个隧道群监控综合平台,按三级集散式控制模式设计。分别为路段中心级、隧道群区域控制级、隧道本地区域控制级,每一级都有自己的控制范围与权限,因此在控制方案与模式上各不相同,如图1所示。

隧道智能监控系统又是一个多任务系统,分为多个子系统。如图2所示。按照子系统的不同功能[2],将其划分为不同的子系统。

(1)交通监控子系统

交通监控子系统包括各种交通指示标志、信号灯及交通、行车路况、天气等信息提示牌。主要功能是引导、提示驾驶员,使其安全驾驶车辆通过隧道。

(2)视频监控子系统

视频监控子系统主要包括摄像机、云台、视频传输设备等。车辆检测设备具有计算车流量、车辆行驶速度、追踪目标车牌等先进功能;摄像头实时监测隧道内交通事故情况,及时传送事故现场图像到监控中心,供监控人员采取进一步措施;与火灾探测报警系统联动,迅速、准确地将火灾信息上传,提供现场图像,为灭火措施的制订提供条件。

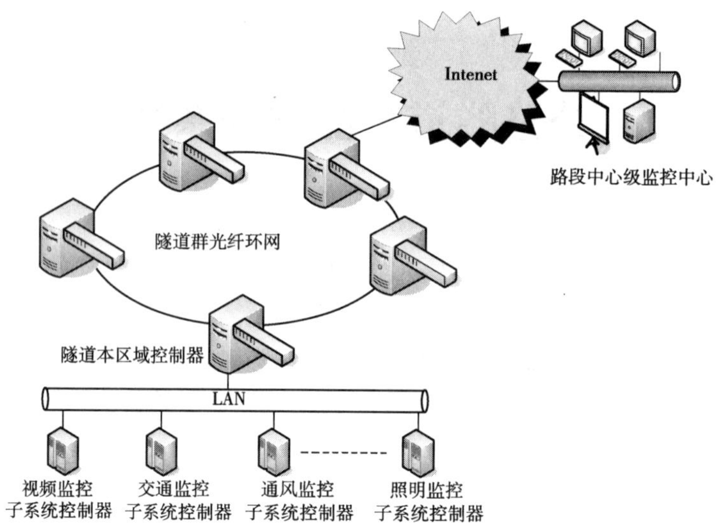

图 1　隧道监控系统结构图

(3)通风监控子系统

通风监控子系统主要包括隧道空气质量检测装置、能见度检测仪、风速风向仪、风机等通风设备。其功能是保证隧道内 CO/IV 浓度均控制在标准范围之内,提高隧道能见度[3]。

(4)照明监控子系统

照明监控子系统主要包括照度检测仪、调光设备、灯具等;其功能是保证隧道内照明亮度,满足汽车驾驶员进、出隧道时视觉的适应度,从而保障公路隧道的行车安全。另外隧道的运营管理成本主要在于照明用电量,即节能问题也可通过改进照明监控子系统得到解决[4]。

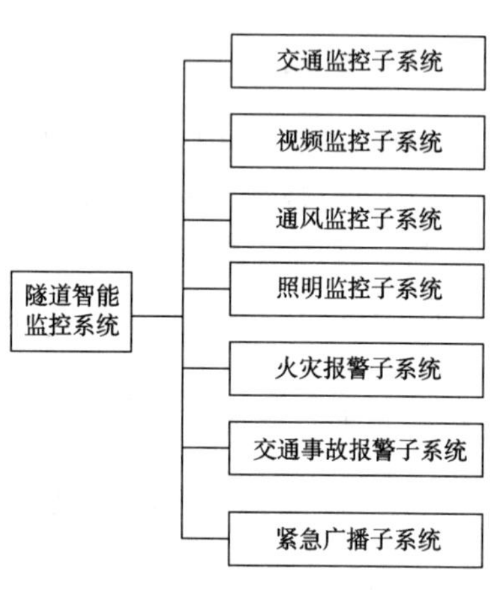

图 2　隧道智能监控系统子系统划分

(5)火灾报警子系统

火灾报警子系统主要包括火灾自动检测装置、报警设施、自动灭火设备等;与视频监控子系统联动,通过视频火灾探测算法,对火灾烟雾早期判断,从而为早期火灾的扑灭提供有利条件。

其他子系统包括紧急广播子系统、通信子系统、电力监控子系统等。

各个子系统并不是相互独立的,子系统之间相互协调、相互配合,使隧道智能监控系统整体功能更加完善。

2　隧道监控系统发展现状及发展趋势

近年来,随着图像处理技术、模式识别技术、信息处理技术、智能控制理论的应用更加广泛,越来越多的新技术应用于隧道监控系统之中,使系统更加智能化,功能更加强大。

(1)网络视频及图像处理技术应用于视频监控子系统

隧道前端视频采集系统采用 IP 摄像机,即网络摄像机,而传输隧道视频与数据(包括音频）采用的是工业以太网。由于网络摄像机内置有 CCD，并且内部还增加了 DSP 芯片，将压缩后的数字化的视频信号转换成符合网络传输协议（如 TCP/IP 协议）的数据码流在网络上传输，因此可以将 IP 摄像机直接挂接在现场工业以太网网络上，现场以太网与监控中心网络互联，这样在指定隧道内各网络摄像机口地址后，授权的用户就可以在隧道监控分中心，甚至网络上任何位置通过浏览器调阅视频。远程还可通过其串口对网络摄像机云台、镜头等进行控制，实现隧道数字视频监控，循环显示监视图像，并还能将所有监视画面集中显示。在有报警时，能自动切换进行监视，并能启动录像机进行录像存档[5]。

然而，车流量的检测、火灾早期预警、目标车牌追踪方面的应用要求是传统的视频技术无法满足的，而这些功能又是十分重要的。智能视频监控系统能够完成上述功能，首先将摄像头拍摄的数字视频信息（包括车流、车牌号等车辆信息以及火焰、烟雾等火灾信息）由传输网络（以太网或光纤）上传到隧道监控中心监控主机，进行图像处理，如图 3 所示。

图像采集 → 图像预处理 → 图像分割 → 图像识别与判断 → 输出结果

图 3　图像处理基本流程

首先是图像预处理，将一些噪声信息滤除，消除干扰，保留有用图像；接下来对有用图像进行分割处理，为依次识别做准备；然后，对被分割的图像进行识别与判断；最后将判断和识别的结果显示给监控中心操作人员，为其采取相应措施提供现场信息和系统识别依据。

（2）LED 应用于隧道照明调光监控系统

白光 LED 是最近几年研制投产的新型照明灯具，与传统照明灯具相比，具有低压、低功耗、高可靠性、长寿命等优点，是一种符合环保、节能的绿色照明光源。据明视觉与中间视觉理论、显色性与照度关系等科研成果表明，LED 应用于隧道照明具有先天优势，所以在国内已经有多项重要隧道照明工程使用了 LED 隧道灯。

调光监控系统会根据洞内外光强检测器检测的现场光强度，适当调整隧道内照明灯具的亮度及数量，使驾驶员进入隧道的瞬间能适应光线变化，减少交通事故发生的机会。

与视频监控系统相结合，将视频监控系统得到的车流量信息进行分析，当车流量较小时，系统按 50% 功率输出；当没有车辆行驶时，系统自动将照明功率减至 10% 以下，可以实现实时在线灯光调节。通过此项技术，可以进一步节约能源。

（3）信息融合技术应用于火灾报警子系统

传统的隧道火灾探测系统为检测隧道中的火灾信息，通常会选用温度传感器、气敏传感器和感烟传感器等多种接触式的火灾探测器，应用多个传感器可以提高火灾探测和预报的快速性，但仅靠增加传感器的数量来提高系统的准确性和可靠性是不够的，最好的办法是让系统具有信息融合的功能，即综合多个传感器的信息作出快速准确的判断，降低系统的误报率[6]。

非接触式视频火灾探测技术已经取得一定的成果，并有相关产品应用。VSD（Video Smoke Detection）系统是由传统的 CCTV 系统、系统主机和相关软硬件组成，通过对烟雾的扩散、运动方式、边缘特性等的判断[7,8]，实现对火灾的早期探测，并具有图像监控功能。然而视频火灾烟雾探测技术还存在抗干扰能力差的问题，从而导致误报率过高。基于信息融合技术的观点，将传统的接触式视频火灾探测器和非接触式的视频火灾探测器结合使用，可以提高隧道火灾识别的准确性，大大降低误报率。

(4)仿真软件应用于隧道车流量监控系统

隧道交通流量及应急控制的仿真技术给隧道控制方案的制订提供了有利条件[10],虚拟现实技术和MultiGen Creator/Vega技术的应用可以让隧道交通管理者学习如何在一般情况下对隧道车流进行控制;软件还能够提供紧急事故应急方案,为隧道管理者提供工具,使其及时采取措施,防止事故造成更进一步的损失。

VISSIM交通仿真软件的应用给隧道车流量控制系统提供了仿真实验条件。应用该仿真软件,能够分析在车道特性、交通组成、交通信号灯等约束条件下交通运行情况,不仅能对交通设施实时运行情况进行模拟,而且可以以文件的形式输出各种交通评价参数,如行程时间、排队长度等。因此,仿真技术可以作为分析和评价交通基础设施建设方案的交通适应性情况的重要工具。

(5)故障树分析法(Fault Tree Analysis)对隧道监控系统进行评估[11]

故障树分析(FTA)技术是美国贝尔电报公司的电话实验室于1962年开发的,它采用逻辑的方法,形象地进行危险的分析工作,特点是直观、明了,思路清晰,逻辑性强,可以做定性分析,也可以做定量分析。它体现了以系统工程方法研究安全问题的系统性、准确性和预测性,是安全系统工程的主要分析方法之一。

国外学者将故障树方法引入对隧道监控系统性能的评估,可以使事故树的因果关系清晰、形象。它对导致事故的各种原因及逻辑关系能做出全面、简洁、形象地描述,从而使隧道管理人员了解和掌握安全控制的要点和措施;根据各基本事件发生故障的频率数据,确定各基本事件对导致事故产生的影响程度;既可进行定性分析,又可进行定量分析和系统评价。通过定性分析,确定各基本事件对事故影响的大小,从而可确定对各基本事件进行安全控制所应采取措施的优先顺序,为制定科学、合理的安全控制措施提供基本的依据。通过定量分析,依据各基本事件发生的概率,计算出顶上事件(事故)发生的概率,为实现系统的最佳安全控制目标提供一个具体量的概念,有助于其他各项指标的量化处理。

(6)模糊控制应用于隧道排水子系统

国内学者设计了基于模糊控制器的排水控制系统[12]。将水量大小和水量变化量的大小作为输入参数,综合分析这两个输入参数,运用模糊控制思想,得到需要开启的水泵个数,完成排水功能的优化。模糊控制算法可以科学地调整水泵工作模式,防止水泵频繁启停,从而延长水泵使用寿命,并且降低水泵能耗。模糊控制对非线性、大时滞的控制对象,如隧道排水系统,具有很好的控制效果。

(7)三维动态显示技术应用于隧道智能监控系统

目前隧道中的监控系统主要是二维图形显示,不能很好地真实地反映现场的监控环境,显示比较单调,不够形象、直观,容易给用户带来操作上的不便,造成误操作[13]。而三维隧道动态监控系统可以克服上述缺点,三维动态显示技术综合了虚拟现实技术、计算机仿真技术、通信技术、网络技术和多媒体技术等多种学科的监控领域的最新技术。

国内外学者已经对道路动态监控系统进行了系统分析与设计,并在综合多门技术的基础上,构建了一个全新的三维道路动态监控系统。应用Delaunay三角化算法构建数字地面模型,基于分割—归并思想完成道路三维实体造型,提出并实现了有效的道路三维模型的视相关简化算法,并结合真实感图形绘制技术开发了道路三维场景的实时动态浏览平台,将该平台与路线 CAD 系统集成,实现了道路设计过程和设计成果的可视化[14]。

此项技术同样可以应用到隧道智能监控系统。应用三维动态显示技术,可以建立直观、形象的三维虚拟动态监控场景,并能够实现监控场景中的监控、信息查询功能。用户可以在三维监控场景中漫游,实时监控隧道中的车辆流量、车速等重点目标的状态信息。同时,可以对隧道内各子系统所属设备的运行状况进行实时监控。三维动态显示技术可以使设备运行状况更加直观、形象,给监控中心工作人员的操作带来方便。此项技术的研究及应用可以提高隧道的智能监控水平,提高交通运输效率,同时推进隧道监控数字化的建设。

(8)无损检测方法应用于隧道结构健康监测

对于在役隧道的健康检测,传统的手段有采用钻孔或者开槽的方法,虽然比较直观,但容易破坏隧道的整体结构和防水设施,影响隧道使用寿命,检测结果难以全面反映隧道整体及各部位质量,容易遗漏、隐蔽缺陷。无损检测方法可以克服上述缺点,它是以不损害被检验对象的使用性能为前提,应用多种物理原理和化学现象,对工程材料及构件进行有效地检验和测试。无损检测手段主要有:回弹法、射钉枪法、超声法、红外线法、地质雷达法、撞击回波法、多频电磁法、瞬变电磁法和激光扫描等。

目前,国外学者已经将无损检测方法应用于隧道结构健康实时监测系统当中。Lee 建立韩国高铁隧道实时监控系统,能够实时或周期性地监测隧道内衬的变形、喷射混凝土应力、地下水位及其他参数,通过参数改变来判断隧道安全状况[15]。

(9)智能控制技术应用于多风机隧道通风系统

隧道是个相对封闭的空间,汽车尾气排放的烟尘不易扩散,其浓度会在短时间内快速积累,当烟尘量不能及时排走,达到一定浓度后,会对驾驶员的身体造成损害,更严重的是烟尘造成的能见度下降会直接威胁行车安全,因此通风监控系统对隧道安全平稳运行起到十分重要的作用。

多风机隧道通风监控技术广泛应用于隧道监控系统,国内学者的研究和实践取得了一定的成果[16]。前馈式智能控制系统将模糊逻辑与神经网络两者的优点结合起来,根据车辆检测计测得的交通流数据、当前运行的风机台数以及污染物的当前参数,利用神经网络模型预测下一个控制周期污染物浓度的增量。然后,由污染物的反馈量、预测增量和控制目标量确定 FLC 的控制偏差 e,经过模糊推理,得到风机的变化量。结合风机当前的运行状况,确定风机开启(关闭)的台数和位置,从而得到新的污染物动态,再进入下一个控制周期。

此方法采用人的经验对风机进行控制,在一定程度上提高了抵抗噪声干扰的能力,缓解了传统控制法风机频繁开停问题,可大幅度地降低风机的开停频度,显著节约能耗,并能够获得更好的行车环境。

上述各子系统的发展趋势说明各子系统之间的相互依存日益提高,子系统之间的协调配合对提高隧道监控系统的性能起到了至关重要的作用,这也是未来发展的趋势之一。

3 结语

隧道智能监控系统主要是为了使隧道交通安全平稳运行,提供高质量、高可靠性的交通服务。为了提高监控系统的性能,需要引进相关学科的成熟技术方法,充分发挥各个系统自身的功能,将多个系统结合起来,使各个系统之间的数据相互分享,协调工作才能提高隧道监控系统的整体性能,从而使之更加完善。

参考文献

[1] 石志刚.高速公路隧道智能控制系统[J].Proceedings of the 26th Chinese Control Conference 2007.

[2] 尤三伟,周焱,王建强.长大公路隧道监控系统分析[J].应用与实践安防科技,2008,10:49-51.

[3] 鄞忠良.韩家山隧道运营通风监控技术[J].隧道建设,2004,24(4):17-20.

[4] 戚佳金,等.基于动态调光的隧道照明监控系统研究[J].电气应用,2006,25(12):123-128.

[5] Michael Bramberger, Andreas Doblander, Arnold Maier, et al. Distributed Embedded Smart Cameras for Surveillance Applications[J]. Computer, 2006, 39(2):68.

[6] 孙宇臣,等.视频火灾探测系统现状分析[J].消防设备研究,2007,26(4):414-417.

[7] Thou-Ho Chen, Chen-Liang Kao, Sju-Mo Chang. An Intelligent Real-Time Fire-Detection Method Based on Video Porcessing[C]. IEEE Security Technology, 2003: 104-111.

[8] Walter Phillips III, Mubarak Shah, Niels da Vitoria Lobo. Flame Recognition in Video[C]. IEEE Applications of Computer Vision, 2000: 224-229.

[9] Ronald F. Cunningham, Carroll F. White. Vehicular tunnel traffic-flow control[C]. IEEE transactions on vehicular technology.

[10] Xu Hongke, Chuai Jinhua, Chen Dashan. Simulation of Highway Tunnel Traffic Control and Guidance[C]. The Eighth International Conference on Electronic Measurement and Instruments 2007.

[11] Zhu Li-wei, Zhang Zhi-yong, Bao Zuo-jun. Performance Assessment of Highway Tunnel Surveillance and Control System by Fault Tree Analysis[C]. Proceedings of the 11th International IEEE Conference on Intelligent Transportation Systems, 2008:12-15.

[12] Lei Hu, Hongxia Xia, Huiying Wang. Fuzzy Control Applied to Drainage System of City Highway Tunnel[C]. 2010 Second International Workshop on Education Technology and Computer Science.

[13] Florian Schroder, Patrick Robbach. Managing the complexity of digital terrain models[J]. Computer Graphics, 1994, 18(6): 775-783.

[14] 蒲浩,宋占峰,郑顺义,等.道路三维场景的实时动态显示技术[J].交通运输工程学报,2003,3(1):51-55.

[15] Lee J S. Installation of real-time monitoring system for high-speed railroad tunnel[J]. Korean Tunnel Association,2001(3):63 - 67.

[16] 车红星.前馈式智能控制隧道通风系统[J].风机技术,2001,1:51-53.

隧道方案综合优选方法研究

梁 利[1,2] 朱合华[1,2] 闫治国[1,2]
(1. 同济大学岩土及地下工程教育部重点实验室 上海 200092;
2. 同济大学地下建筑工程系 上海 200092)

摘 要:本文针对目前隧道方案选择中只考虑短期的建设成本,而忽略隧道环保性、安全性和耐久性的问题,提出了全面评价隧道方案的指标,包括隧道的全寿命周期成本、低碳环保评价、节能性评价和使用性评价等,并给出了评价的详细指标。分析过程基于数学层次分析法和专家评分法,依照该方法详细介绍了评价的原则和过程,最后通过比较可得到一种最佳的隧道设计方案。

关键词:隧道 优选 环保 评价方法

0 引言

近年来不断扩大的城市规模导致了城市交通压力的不断增加,城市地下隧道和跨江跨海隧道成为了解决这些问题的重要手段,上海在未来规划了25条城市轨道交通线路,其他国内大中城市也都相继规划地铁线路。可以预见,在不远的将来,地下交通网络将成为城市交通的命脉。

传统的隧道设计方案的比选都是简单的考虑其造价和管理维护费用,随着城市规模的增大,带来了许多问题,如自然环境的破坏、能源浪费严重等。随着上海世博会的举行,低碳环保逐渐成为人们关注的焦点,为了使城市更加美好,隧道的建设不应仅仅考虑短期的经济投入,而应该更多的考虑其综合效益,这种综合效益包括隧道全寿命周期成本、隧道的低碳和环保设计、隧道的节能和安全性等。在进行规划的时候,通过确定各种方案的每项指标,应用层次分析法和模糊数学来进行综合评价,从而达到综合节能设计隧道的目的。

1 方案比选指标

1.1 全寿命周期成本

隧道的全寿命周期是考虑到结构安全的寿命周期,根据可靠度理论可以得出结构的失效概率和可靠度,隧道的失效概率如图1所示。用P_j表示失效概率,β为一无量纲系数,称为可靠度指标,相互关系可表示为:

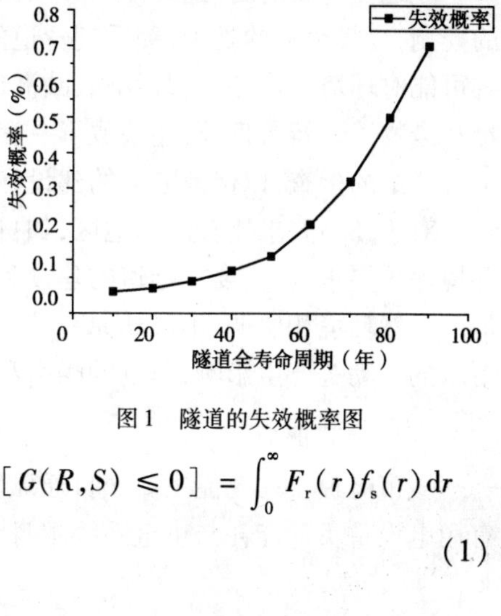

图1 隧道的失效概率图

$$P_j = \Phi(-\beta) = P_r(R \leqslant S) = P_r(R - S \leqslant 0) = P_r[G(R,S) \leqslant 0] = \int_0^\infty F_r(r) f_s(r)\,dr \tag{1}$$

隧道项目的全寿命周期成本，应是指在考虑资金时间价值的情况下，其在整个寿命周期内所花费的总成本，包括前期准备阶段的立项选址、可行性研究、勘察设计、招投标等前期准备费用；建造阶段的工程施工、工程监理等建造费用；使用阶段的运营准备、运行及维护等使用费用（随着时间的增加每年投入的运行及维护费用会相应的增加）；废弃处置阶段的处置费用等[1]。

根据上述情况，隧道的全寿命周期成本可分为前期建造成本（C_1），中期每年的维护成本（C_{2i}），后期处理成本（C_3）和每年的收入（I_{4i}），由此全寿命周期内的成本可以用式(2)表达。

$$C = C_1 + \sum C_{2i} \cdot (1 - P_i) + C_3 - \sum I_{4i} \cdot (1 - P_i) \tag{2}$$

式中：P_i——隧道每年的失效概率。

1.2 低碳环保评价

(1)低碳评价

随着全球气候变暖问题的加剧，人们越来越关心温室气体的排放量，很多人由此提出了低碳建筑的概念。低碳建筑是指在建造和使用过程中，以及在建筑的全寿命周期中，CO_2 的排放量较传统的建筑物较低。在建筑的低碳评价方面，国内的研究也处于起步阶段，国家没有相应的规定和规范，在低碳的量化方面也没有相应的评价指标。对于建筑低碳来讲，一般讲建筑的寿命周期分为建造阶段的低碳评价和使用阶段的低碳评价[2]。

对于隧道工程来说，国内目前相关的研究很少，基础很薄弱，我们只能探索性的提出几个低碳评价指标。隧道使用阶段的低碳评价有很多影响因素，包括车流量、使用频率等，这部分的低碳评价是和车辆等低碳评价联系在一起的，两个同样的隧道可能碳排放相差很多。因此我们在研究隧道低碳时只考虑隧道本身的碳排放量。在分析碳排放的时候我们很难具体的将之量化，只能从几个主要方面进行定性评估，如土地的利用率、使用的建筑材料、材料的消耗量、施工方法和周围绿化等。

(2)环保评价

隧道的环保评价包括噪声处理、废气处理、隧道对环境的破坏等。

隧道在建设的时候会产生噪声、振动、污染空气质量和产生大量废物等，对噪声和振动等的控制，废气废渣的处理，关系到隧道的环保评价，同时隧道的排水如果不经过合理的安排也有可能对环境造成破坏和污染。欧洲许多隧道在建设的时候，除了对控制噪声、振动、空气质量和废物等进行管理外，还采取了一套严格彻底的环保措施，对所有用于施工的产品和原料都进行详细的检查，以保证隧道的建设和运营满足环保要求。

对于环境要求比较高的地区，如自然风景区、生态保护区等地区建设隧道时更应该考虑其环境保护要求，不但要求隧道的建设和运营不对环境产生破坏，同时还应注意隧道的建设与当地的自然环境相协调，不破坏原有的自然景观。另外还应考虑隧道在建成之后是否对原有地下水的流动等产生影响，车辆的噪声和废气是否有效地得到处理等。

1.3 节能性评价

城市隧道中的耗能主要来自通风、照明、排水、消防和监控等方面，隧道供电系统能耗主要有用电设备负荷能耗与供电系统本身[3]。对于隧道的节能性可从以下几个方面进行评价。

(1)供电系统节能

为了保证隧道内部各个系统能有效运行,在隧道两侧一般设有供电系统和变电站,隧道供电系统离用电设备距离远近可以决定线路电量损耗。同时供电设备空载时也会消耗大量能量,选用节能可自动调控的设备可大大降低设备空载时的电量消耗。

(2)照明系统节能

隧道内的照明用电量占隧道总用电量的比例很大,对于某些24h不间断照明的隧道来说,照明部分的用电量可以占到系统总用电量的50%左右,因此照明系统的节能是关系到系统节能的重要部分。根据近年来隧道在照明系统方面采用的节能技术来看,首先是高性能灯具的应用,LED光源和无极荧光灯等节能产品以其高效低耗逐渐取代传统照明器具,其次利用自然光线对隧道照明也成为目前一种比较节能环保的方式;隧道的过渡段可以充分利用自然光线来达到减少利用人工光源的效果,自然光不足的地方通过人工光源互补来达到良好的照明效果;照明控制方式对照明系统的节能也有关键性作用,根据隧道内光线强弱、烟雾等级、车流量等自动调节隧道内光照强弱、间隔等。

(3)通风系统节能

隧道内的通风是隧道系统耗能比较大的一部分,通风耗能在隧道总耗能比例中占40%左右,对通风节能的评估对于隧道节能有重要意义。目前采用较多的通风节能方式有,采用纵向通风,尽可能利用自然通风效果和车流的带动通风,并合理的设计风机位置、风机频率等参数以有效地减少所需的通风量;采用自动检测技术,检测隧道内的有害气体含量,并结合变频通风技术和控制风机开启数量来控制隧道内的通风量,在保证隧道内气体质量的情况下尽量降低电力消耗。

1.4 使用性能评价

(1)安全性

火灾是影响长大隧道安全运营的重要隐患。由于环境的封闭性和逃生救援的困难性,使得隧道一旦发生火灾,往往造成严重的人员伤亡和巨大的社会影响及经济损失。国内外频繁发生的火灾事故以血的教训使得人们越来越关注隧道的火灾安全性,在日、美等发达国家,隧道的建设都采取了很严格的防火防灾措施,如日本的隧道很多都采用了喷淋灭火装置,但在国内由于经济和技术等原因,对隧道安全方面的考虑是远远不够的。对于安全性要求较高,特别是越江跨海等重要工程来说,安全性更应该被作为重要的评价指标来选择隧道建设方案。

(2)耐久性

隧道结构不同于地上结构的一个重要的方面就是隧道工程一旦建成就很难拆除,因此在进行规划建设的时候就应该考虑其耐久性问题,使之能尽可能长时间地服务于社会。对于城市地铁隧道来说,线路建设好以后即为一个永久性结构,改建和改线都会相当困难,补救投入的成本将是建设成本的几倍甚至几十倍。城市地下交通网络已经成为大城市人们出行必不可缺的支撑系统,因此在建设地下交通隧道的时候其耐久性的评价也是至关重要的。

2 综合评价方法

2.1 评价指标

根据上述分析,可以将隧道方案的综合评价分为全寿命周期成本、低碳环保评价、节能性评价、使用性能评价等几个大类，每个大类又可分为几个副类，指标的分类见图2。

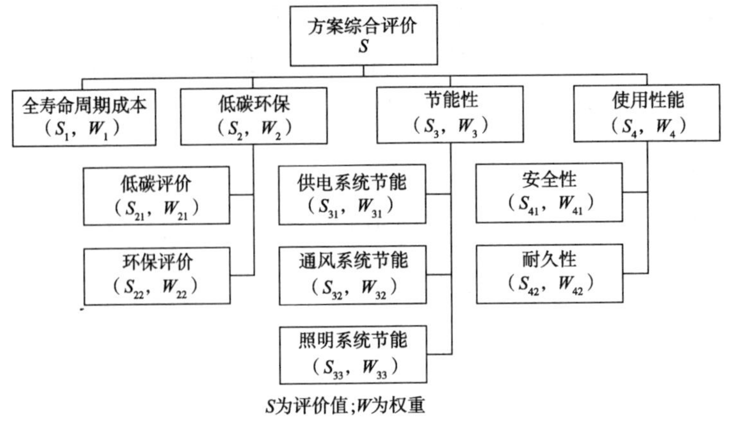

图2 方案综合评价指标

2.2 评价标准

根据专家评定方法，可以建立统一的评价标准，如表1所示。

评 价 标 准 表1

安全标准	安全评分(S)	评 分 说 明
A	3.5～4	该方面表现出色，达到了相应要求
B	2.5～3.5	该方面表现良好，基本达到了要求
C	1.5～2.5	该方面表现一般，某些方面达到了要求
D	<1.5	该方面表现不好，基本达不到要求

2.3 权重的确定

四个主要类别的权重可根据工程的位置、背景和具体情况来确定，表2给出了几个参考值。

主要指标权重参考值 表2

指标	全寿命周期成本 W_1	低碳环保评价 W_2	节能性评价 W_3	使用性评价 W_4
西部经济落后地区	0.8	0.05	0.1	0.05
大城市地铁隧道	0.6	0.1	0.1	0.2
自然风景区	0.6	0.2	0.1	0.1

副类别的指标权重可根据指数标度法来确定[4]，见表3。

副类别的指标权重比较 表3

A比B	相同	稍微大	明显大	强烈大	极端大
权重比较	9^0(1.000)	$9^{(1/9)}$(1.277)	$9^{(3/9)}$(2.080)	$9^{(6/9)}$(4.237)	$9^{(9/9)}$(9.000)

2.4 分析过程

根据层次分析法，分析过程可表示如下：

$$S_i = W_{ij} \cdot S_{ij}^T \tag{3}$$

$$S = W_i \cdot S_i^T \tag{4}$$

通过专家评定的方法可以确定副类的分值 S_{ij}，根据指数标度法来确定每个副类别的权重，根据公式(3)可以得出每个大类的分值，然后根据确定好的四个主类别权重值，由公式(4)可以求出最终的方案评分，根据几个不同方案之间的分值比较即可确定最佳的规划方案。

3 结语

目前的隧道方案比选有很多的不足之处，有很多方案仅仅是单纯的考虑经济因素，而忽略了环境和安全性等的考虑，本文从隧道建设中应该考虑的几个有代表性的指标，即全寿命周期、低碳环保、节能性、使用性能入手，探讨了在隧道方案选择中应考虑的几个方面，并借助于层次分析法和专家评分法说明了评价的方法和过程。通过该方法对多种建设方案的比较，能够全面综合地选择出一种最佳的隧道设计方案。

参考文献

[1] 董亚奎，韩冰，郭金童. 基于全寿命周期的隧道项目成本控制研究[J]. 西部探矿工程，2008(8):158-161.

[2] 龙惟定，张改景，等. 低碳建筑的评价指标初探[J]. 暖通空调 HV&AC，2010，40(3)：6-11.

[3] 张湄. 城市隧道设备系统节能环保的分析和思考[J]. 中国市政工程，2009(5):56-57.

[4] 侯岳衡，沈德家. 指数标度及其与几种标度的比较[J]. 系统工程理论与实践，1995，15(10):43-46.

行人仿真技术在轨道交通车站设计中的应用

何利英　王中岳　蒋丽华

（上海市城市建设设计研究院　上海　200125）

摘　要：随着轨道交通大规模的建设，各大城市出现多座多线多交通方式组成的换乘枢纽，而如何解决换乘枢纽内客流组成复杂、乘客流线交织而带来的问题成为各个城市轨道交通管理部门的难题。行人仿真技术通过对乘客在站内行为的模拟可以在设计阶段对站内行人流线进行研究，以从设计源头对车站设施布局进行优化。本文通过对北京某轨道交通换乘车站行人仿真模拟研究过程的论述，来说明行人仿真技术在轨道交通车站设计中的应用。

关键词：行人仿真　轨道交通车站设计　轨道交通运营安全

0　引言

我国城市轨道交通的建设正处在迅猛发展阶段。据统计，1995～2008 年 13 年间，我国建有轨道交通的城市，从 2 个增加到 10 个，投资以每年 100 多亿元的速度在增长。迄今为止，已经有 10 个城市开通 31 条城市轨道交通线路，运营里程达 835.5 km。2009 年，国务院批复 22 个城市的地铁建设规划，总投资达 8 820 亿元。随着轨道交通大规模的建设，各大城市出现多座多线多交通方式组成的换乘枢纽，而如何解决换乘枢纽内客流组成复杂、乘客流线交织而带来的问题成为各个城市轨道交通管理部门的难题。

行人仿真技术作为一种分析工具，已经在交通规划和交通工程领域得到广泛应用，而在轨道交通车站内的应用刚刚起步。本文以北京某轨道交通换乘车站为例，说明行人仿真在车站设计中的作用，以期进一步推进行人仿真技术在轨道交通车站设计中的应用。

1　背景

1.1　仿真区域

仿真区域为该车站的站台层、站厅层与各出入口。车站为明挖地下三层车站，是北京轨道交通网络中某东西骨干线（下称“北线”）与郊区线（下称“南线”）的搭接换乘车站。车站共设 4 个出入口。其中，地下一层为商业开发与南线的设备用房层，地下二层为两线的站厅层，地下三层为两线的站台层。两线在站厅分别通过两个付费区通道以及两个非付费区通道进行换乘。

1.2　客流特征

客流特征是行人仿真中的重要参数。为了更为接近地反映该站的行人特征，在研究中依据该车站的客流特征对已运营的类似车站进行行人调查，分析结果将用于仿真模拟的参数标定。

(1)客流到达率。早高峰客流随着时间的推移到达密度呈下降趋势,最高到达率在8:00左右,5min早高峰系数为1.28。晚高峰客流呈较为稳定的状态到达,最高到达率在17:40左右,5min晚高峰系数为1.24(图1)。

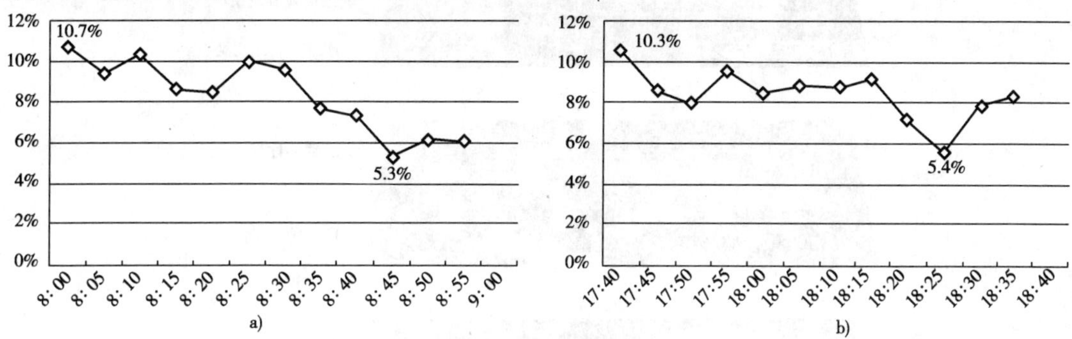

图1 客流到达率

a)早高峰;b)晚高峰

(2)闸机通过时间。平均通过时间为1.45s,最小为0.8s,最大为2.6s。《地铁设计规范》(GB 50157—2003)[1]为2s。

(3)自动扶梯通过率。自动扶梯通过率为90人/min,比《地铁设计规范》(GB 50157—2003)[1]的标准135人/min小33%。

(4)乘客购票率。使用IC卡比例为81.5%,购票的比例为18.5%。

(5)自动售票机使用时间。平均使用时间为24.9s,最小时间为9.5s,最大时间为67.6s。

(6)安检设备使用率。接受安检与不接受安检比例分别为74.7%和25.3%。

(7)安检设备通过时间。平均通过时间为8.7s,最小时间为4.8s,最大时间为11.8s。

2 模型的建立与测评

2.1 模型的建立

使用Legion软件建立行人仿真模型(图2)。

2.2 测评结果

Legion模型输出的评测数据主要包括:

(1)空间使用率。显示车站内部空间被乘客使用的情况,见图3。

(2)平均密度。显示车站内部空间的平均密度(模拟时间段内),按照密度大小,将服务水平分为6级。其中,A级为自由流水平,服务水平最高,F级最拥挤,见图4。

(3)进出闸机使用率统计。主要考查进出站闸机的使用水平,看其是否影响到车站的运营(图5)。

(4)换乘时间。拟对两条地铁线路之间的换乘时间进行统计,这里的换乘时间是指从乘客下车到另外一条地铁线的站台之间需要的步行时间(图6)。

(5)换乘通道使用率。对两条线路直接的换乘通道的通过率进行计数,看其是否会产生瓶颈(图7)。

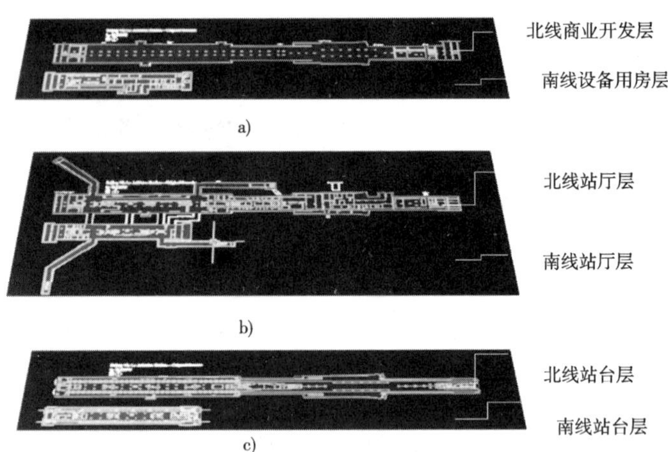

图2 建立的模型
a)地下一层(B1层);b)地下二层(B2层);c)地下三层(B3层)

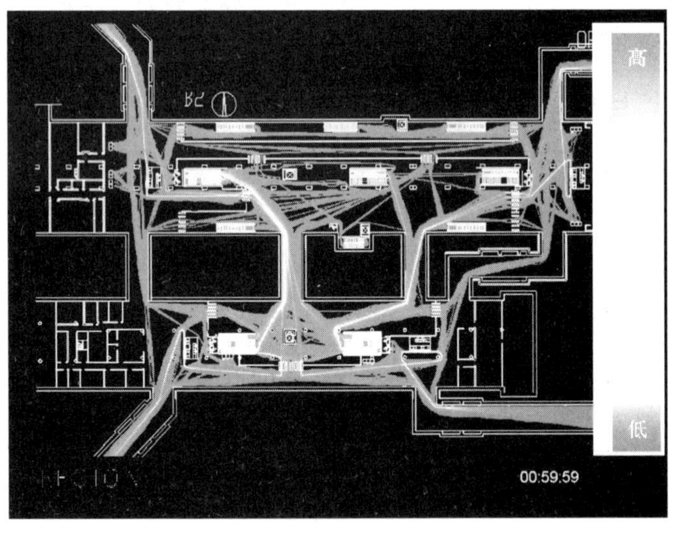

图3 空间使用率分析(站厅层)

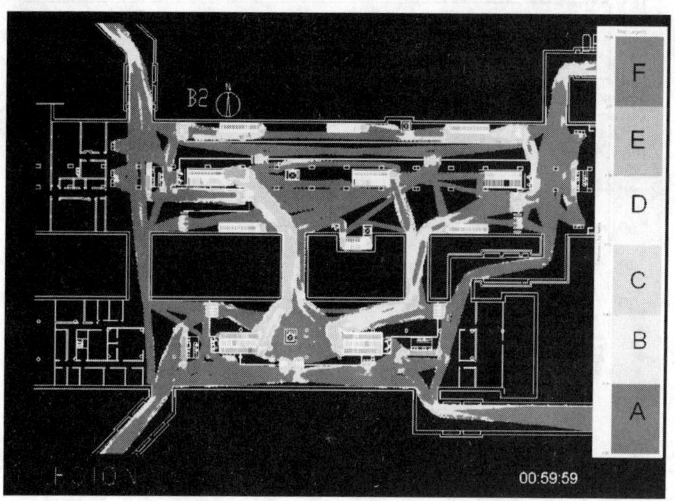

图4 平均密度分析(站台层)

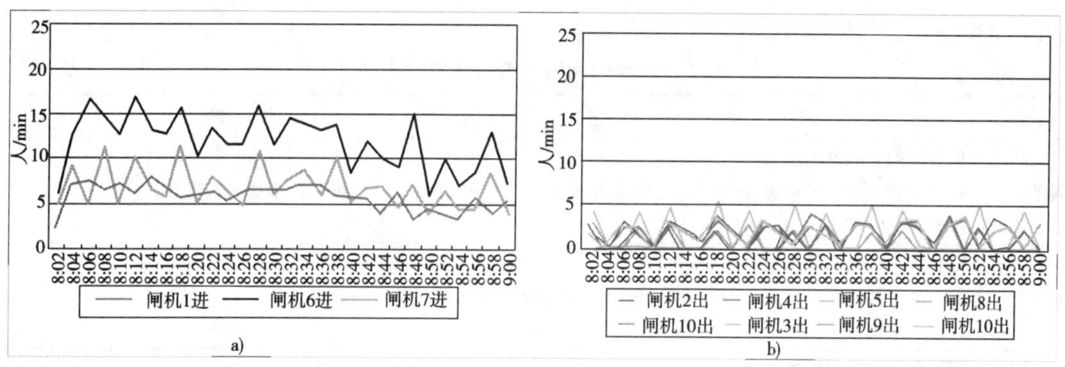

图5 进出站闸机使用率分析

a)进站闸机;b)出站闸机

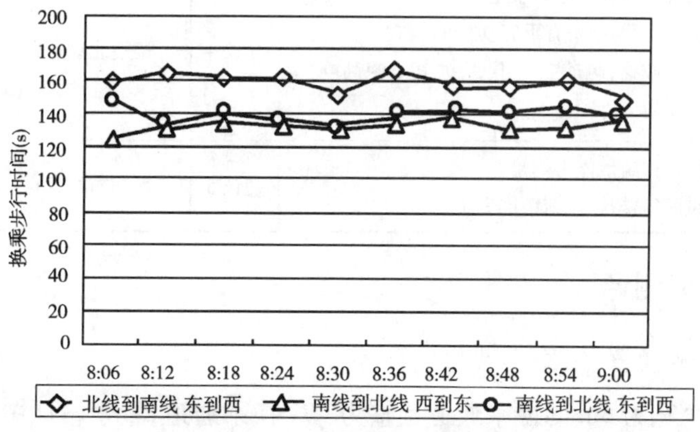

图6 换乘时间分析

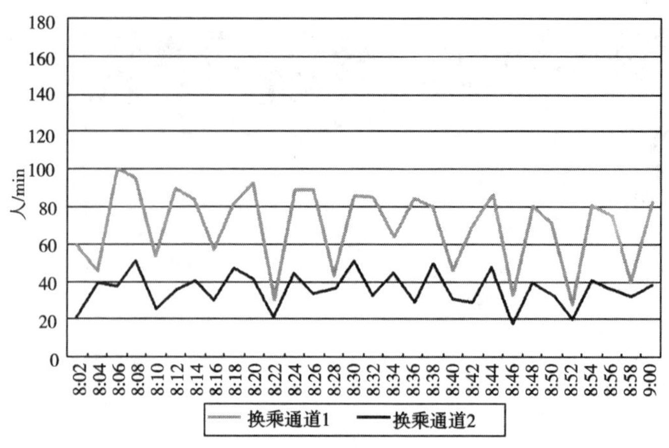

图7 换乘通道使用率分析

2.3 发现的问题与改善建议

通过对上述评测数据的分析,研究对该车站建筑设计方案存在的问题进行分类,并分别提出相应的改善建议,见表1。

发现的问题与改善建议 表1

发现的问题		改善建议	
问题1	付费区换乘通道利用率不均衡 站厅付费区两个换乘通道中左侧换乘通道承担75%客流压力,服务水平处于较差等级	建议1	调整换乘通道布置形式
问题2	部分乘客需出站后再进站换乘 北线的付费区被分成南北两个区域,北侧侧式站台下车乘客换乘南线须出站再进站	建议2	合并付费区
问题3	安检设备与闸机位置不合理 安检设备和闸机的位置不合理,进站乘客流线和出站乘客流线严重交织	建议3	调整部分安检、售票机及闸机位置
问题4	北线侧式站台楼扶梯疏散能力不足 北线为8节编组,而承担所有下客功能的侧式站台分别仅设2个扶梯1个楼梯,疏散能力不足,尤其是晚高峰尤为突出	建议4	调整北线运营组织方式
问题5	南线站台层楼扶梯疏散能力不足 南线站台层设两组楼扶梯,疏散能力不足	建议5	增加南线站台层楼扶梯数量

3 改善后方案测评

3.1 调整换乘通道布置形式

将站厅层的两个宽为5m的换乘通道调整为一个换乘通道,置于站厅中心位置,在设计条件允许范围内适当加宽。同时,由于换乘通道的调整,将北线岛式站台中间的楼梯由原来的朝右改成朝左方向(图8)。改善后的测评显示,换乘通道利用率不均衡问题得到改善,同时站厅楼扶梯利用率趋于均衡(图9)。

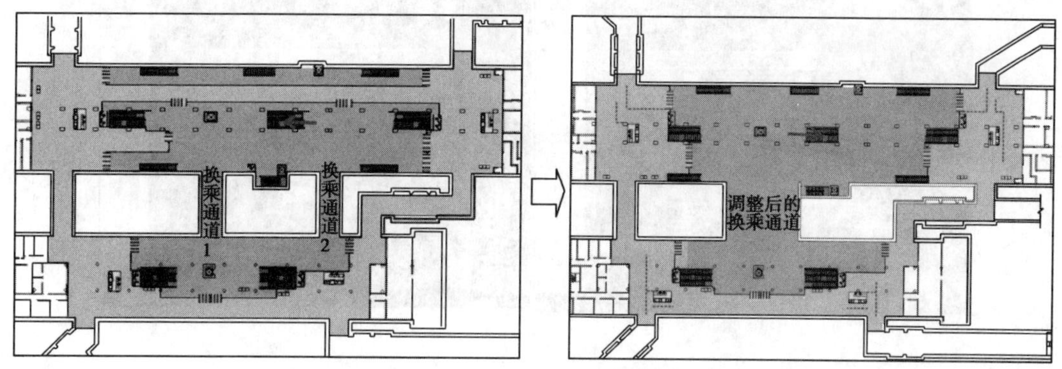

图8 调整换乘通道布置形式

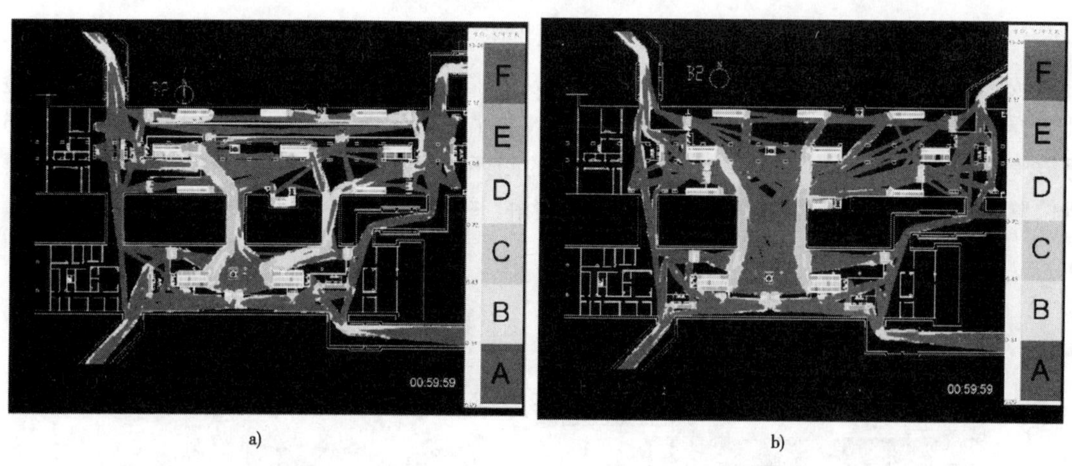

图9 改善前后站厅平均密度分析

a)原方案;b)调整后方案

3.2 合并付费区

将北线站厅层原有的两个付费区域打通,实现北线和南线站内换乘(图10)。改善后的测评结果显示,将付费区打通之后,客流出站换乘问题得到解决(图11)。

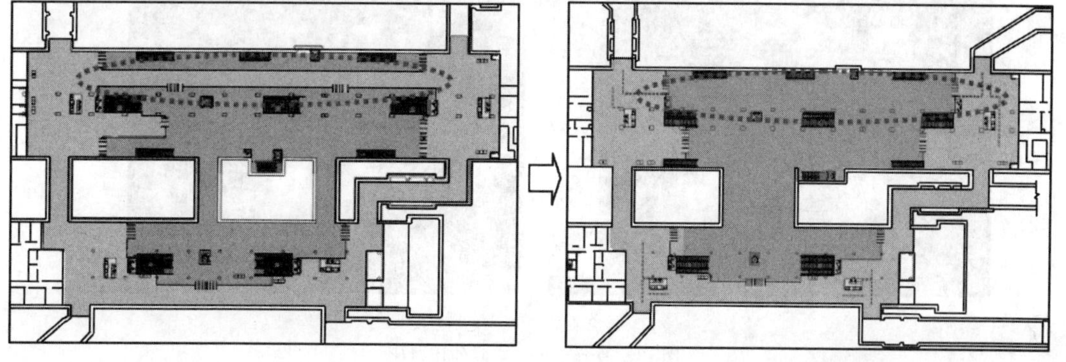

图10 合并付费区

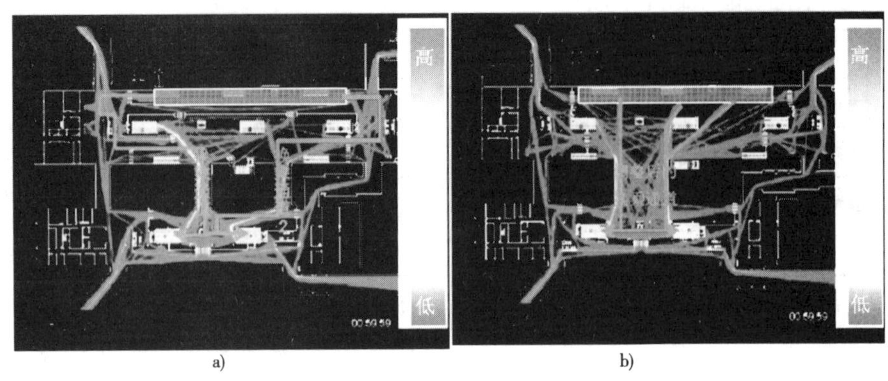

图11 调整前后站厅空间使用对比
a)原方案;b)调整后方案

3.3 调整部分安检、售票机及闸机位置

按照所有进入车站的乘客均需进行安检以及先安检后购票的原则对四个出入口处的安检及售票机均做调整。同时将8号、9号闸机与合并付费区同步调整，4号、5号出站闸机与6号、7号进站合并为进站闸机(图12)。改善后的测评结果显示,经过对闸机、安检设备和售票机位置的调整,使得客流流线冲突的问题得到缓解(图13)。

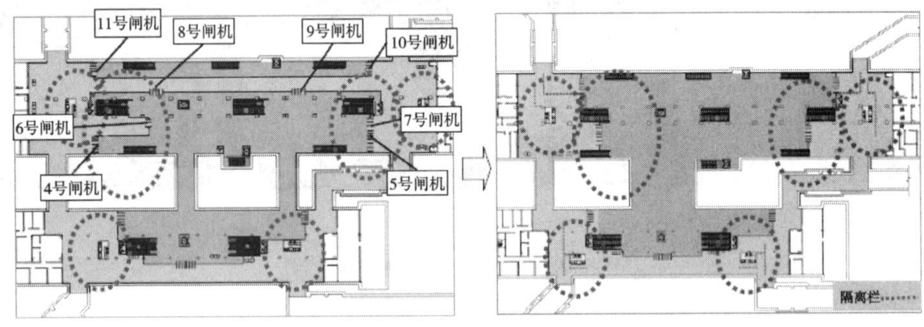

图12 调整部分安检、售票机及闸机位置

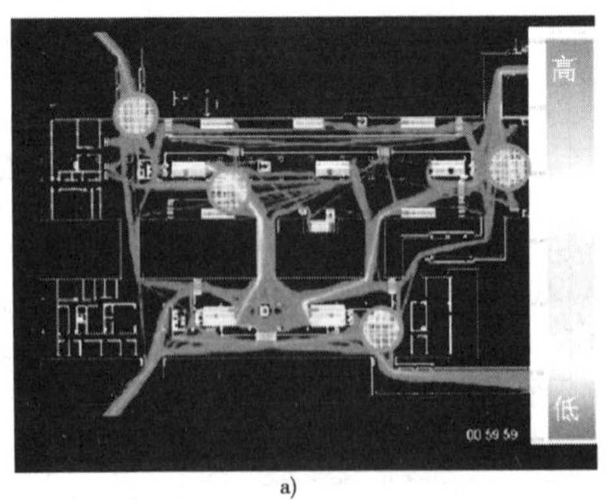

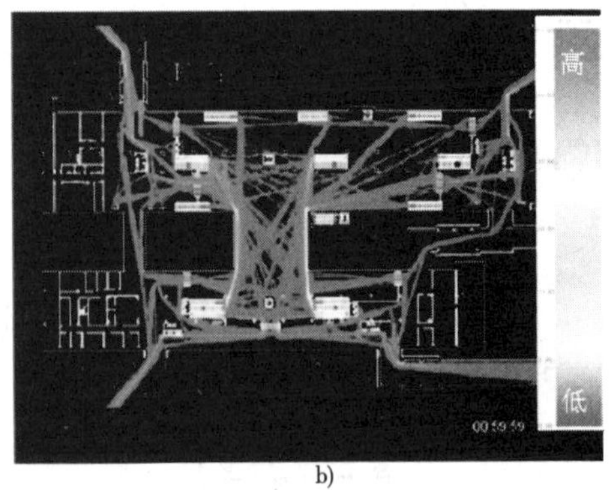

图13 改善前后的空间使用对比
a)调整前;b)调整后

4 结语

(1)大型交通换乘枢纽的行人状态应在设计阶段进行模拟,以从设计源头对设施布局以及行人的流线进行优化。

(2)行人仿真作为对行人状态的模拟工具,可以为轨道交通车站尤其是大型换乘枢纽的设计与运营提供可视、可信的数据依据,可作为轨道交通车站设计中的重要环节。

参考文献

[1] 中华人民共和国国家标准. GB 50157—2003 地铁设计规范[S]. 北京:中国计划出版社,2003.

轨道车站及地下空间行人仿真模型速度研究

王中岳

（上海市城市建设设计研究院 上海 200125）

摘 要：本研究采用真实环境法，对上海地铁车站内行人的行走速度进行采集。采集工具主要以DV视频为主，通过对调查范围内行程距离和行程时间的控制，获得行人的行走速度。同时使用严格的误差控制措施，尽可能减少真实环境对调查结果的负面影响。借助Origin统计软件，统计分析行人速度，获得不同行人类型的速度分布并拟合曲线。最后将分析结果与Legion模型中的速度分布进行比较与标定。

关键词：行人仿真 行人速度 地下空间 Legion

0 引言

工程仿真是工程技术学科与系统工程、计算机技术的交叉学科，仿真设计在水利工程、航空航天工程中已得到较为广泛的应用，目前，正越来越多地被用于地下空间安全运营的研究。仿真手段具有高效、经济、安全等优点，笔者通过对上海地铁车站内行人的行走速度进行采集，利用Legion行人仿真软件分析研究行人仿真模型的标定对象。

1 行人速度调查

1.1 调查方法

行人速度的调查方法可以分成两类：控制实验法和真实环境法[2]。

控制实验法可以根据要求改变行走环境和设施，用于更有效地掌握行人行为的客观规律。此外，由于该方法的调查处于可控状态下，可以提高行人速度的调查精确度。

然而控制实验法得到的调查结果只能反映某些特定行人或特定场景的行人行为。因此，为了获得更加全面、客观的行人速度，本次研究使用真实环境法进行行人速度调查。

1.2 调查地点和时间

本次调查选取位于上海市轨道交通作为非携带行李行人速度调查的调查地点。该通道连接轨道交通1、2、8号线的客流，以及人民广场商圈办公人群，出行特性较易掌握。同时该处人流密度适中，既可以保证行人以期望速度行走，又可以为本次调查提供充足的调查样本。

另外选取上海市轨道交通1号线作为携带行李行人速度调查的调查地点。该处的行人多以携带行李的客流为主，可以为本次调查提供充足的调查样本。本次调查的调查时间和地点见表1。

调查时间和地点 表1

调 查 时 间	调 查 地 点
2010年2月1日,星期一,上午8:15~8:45	人民广场站地下通道
2009年12月21日,星期一,下午16:45~17:00	人民广场站地下通道
2009年12月21日,星期一,下午15:15~15:35	上海火车站站地下通道

在表1中所列出的调查时间当天,对应调查地点并无任何异常状况发生。因此,本次调查所获得的数据样本可以满足本次调查的需要。

1.3 调查内容

本次调查主要采用两台DV摄像机记录行人进入和离开预置行程区间的行程时间,根据行程距离和行程时间的比值计算得到行人速度。具体方法如图1所示。

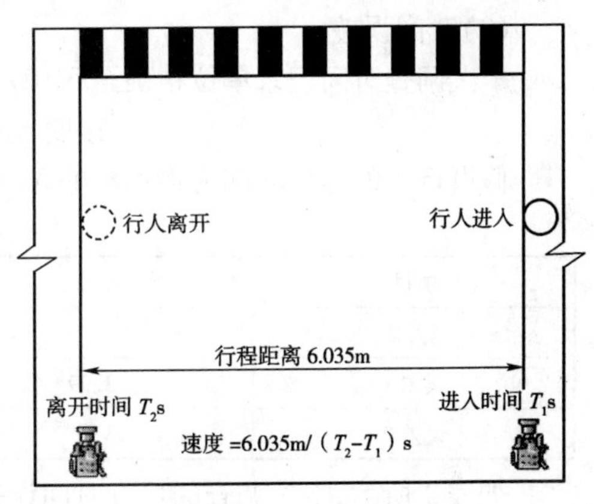

图1 行人速度调查

(1)行程区间

本次调查所选取的行程区间位于轨道交通人民广场站和上海火车站站的通道内两个断面之间。该区域内的人流方向与摄像机方向垂直。同时由于所选取的行程区间属于轨道站通道的一部分,该区域内行人的行走速度已经到达一定的稳定状态,这使得调查结果更具准确性。

(2)行程距离

本次调查所使用的距离数据,记录单位精确到0.001m。调查所使用的行程距离为6.035m,原因如下:

①为了减少行人在行程区间内发生加减速行为或横向移动的发生概率。根据现场观察,由于该区间足够短,因此在人流密度适中的情况下,行人在此区间内被迫加减速或横向移动的行为较少。

②为了降低误差的相对干扰,得到更加准确的调查数据。

(3)行程时间

在本次调查中,使用两台DV摄像机记录行人进入和离开行程区间的时间。其中,DV机记录的数据以视频文件保存,并用于后期的数据提炼。

由于视频格式和视频软件的条件限制,本次调查所获得的时间数据,记录单位精确到0.01s。

(4)行人

为了提高行程时间的准确度,本次调查采用统一的标准判断行人进入和离开行程区间:行人头部的任何有效部位通过起始和终点断面。

同时为了增加调查数据的统计意义,本次调查将所调查的行人分为两类:男性行人和女性行人。在调查结果分析过程中,本次调查会对不同行人类型的速度分布进行分类研究。

1.4 误差控制

由于本次调查使用真实环境进行,因此在调查过程中充分考虑了误差控制问题。

(1)误差控制措施

减少调查操作误差的措施包括:

①选取合适的人流密度,保证数据采集的准确性;

②选取合适的行程区间,避免数据样本的异常行为,同时降低误差的相对干扰;

③使用 DV 视频记录数据,提高数据的精确度,同时避免人为操作带来的误差;

④在录像过程中,使用秒表工具检测 DV 设备的同步性,避免设备原因造成的误差;

⑤在数据录入过程中,采用统一标准,减少调查人员主观因素所带来的误差;

⑥在数据录入过程中,使用视频软件逐帧读取数据,保证数据的精准度。

(2)时间误差

本次调查时间记录单位精确至0.01s,可控范围为±0.01s。根据计算公式:

$$速度=6.035\text{m}/(T_2-T_1)\text{s} \tag{1}$$

假设行人的行程时间为最不利的3s,则其误差范围为2.99~3.01s,计算结果见表2。

时间误差　　表2

项目	行程时间(s)	速度(m/s)	相对误差
标准	3	2.011 7	—
误差1	2.99	2.018 4	0.33%
误差2	3.01	2.005 0	0.33%

如表2所示,本次调查的可控时间误差可以满足调查要求。

(3)距离误差

本次调查所采用的行程距离是行人进入和离开行程区间两个断面之间的垂直距离。根据实地调查,除某些横向位移明显的行人外(这些行人在后期数据录入时被过滤出调查数据),该行程区间内行人的行走方向基本保持与行程距离一致。图2所示为行人行走的实景照片。

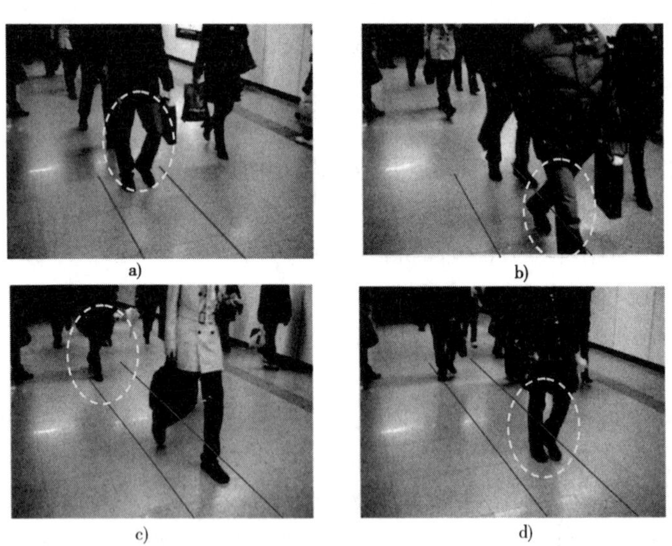

图2　行人行走方向

a)行人A行走方向1;b)行人A行走方向2;c)行人B行走方向1;d)行人B行走方向2

从图 2 中可以看到,调查区间内行人的横向移动保持在 1 个地板砖宽度之内。

根据调查,该区域地板砖的宽度为 0.6m,根据计算公式:

$$速度=行程距离/(T_2-T_1) \tag{2}$$

假设行人的行程时间为 3s,取行人横向移动距离为 0.6m,则计算结果见表 3。

距离误差　　表 3

项目	横向移动距离(m)	行程距离(m)	速度(m/s)	相对误差
标准	0	6.035	2.011 7	—
误差	0.6	6.065	2.021 5	0.49%

如表 3 所示,本次调查的行程距离误差可以满足调查要求。

综上所述,在通过一系列误差控制措施之后,本次调查的相对误差控制在可接受范围之内,保证了调查结果的准确性和客观性。

2 数据分析

根据调查时间和地点的不同,本次调查结果可以分为通勤者、旅客和商务人流以及携带行李人流。

(1)通勤者

为了得到通勤者数据,本次调查选取上海轨道交通人民广场站通道作为调查地点,调查时间则是 2010 年 2 月 1 日,星期一,上午 8:15 ~ 8:45。

本次调查共采集了 1 700 多个有效样本,得到通勤者行人速度统计,见表 4。

通勤者速度统计　　表 4

统计指标	值	统计指标	值
样本数量	1 704 人	标准差	0.229 6m/s
平均速度	1.410 6m/s	50% 速度	1.423 0m/s
最大速度	3.122 5m/s	最小速度	0.408 7m/s

将所有样本的速度按 0.1m/s 为区间进行分类汇总,得到如图 3 所示的通勤者速度分布图。其中横坐标表示的是速度区间,例如图 3 中横坐标 1.3 表示速度区间 1.2 ~ 1.3m/s。

在 Origin 软件中,使用正态(Gauss)分布对统计通勤者速度分布进行拟合,可以得到图 3 中曲线,拟合结果见图 3 右边表格。

在将行人分类进行统计后,可以得到男性、女性通勤者的速度统计,见表 5 和表 6。

男性通勤者速度统计　　表 5

统计指标	值	统计指标	值
样本数量	727 人	标准差	0.239 6m/s
平均速度	1.452 3m/s	50% 速度	1.458 0m/s
最大速度	3.052 1m/s	最小速度	0.408 7m/s

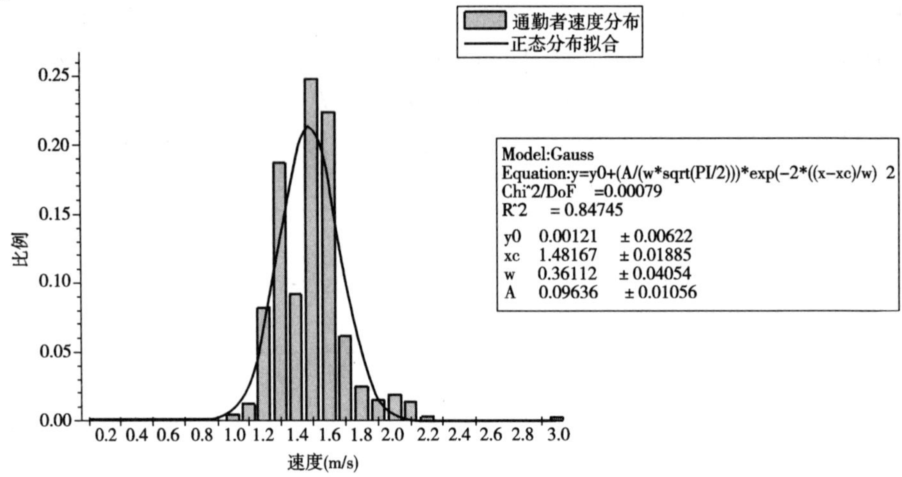

图3 通勤者速度分布

女性通勤者速度统计 表6

统计指标	值	统计指标	值
样本数量	947 人	标准差	0.216 3m/s
平均速度	1.382 5m/s	50% 速度	1.389 0m/s
最大速度	3.122 5m/s	最小速度	0.862 4m/s

将男性通勤者和女性通勤者分别进行速度分布统计后,可以得到如图4所示的分布图。

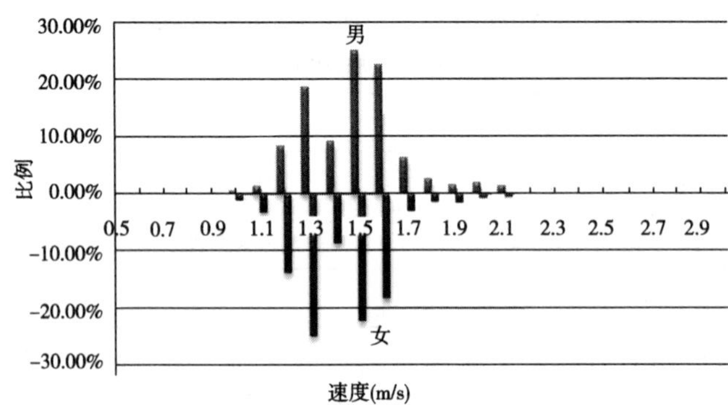

图4 男、女通勤者速度分布

(2)旅客和商务人流

本次调查选取上海轨道交通人民广场站通道作为调查地点,在2009年12月21日,星期一,下午16:45~17:00进行了一次行人速度调查。该调查的主要目标人群是旅客和商务人流。

本次调查共采集了610个有效样本,得到行人速度统计如表7。

旅客和商务人流速度统计 表7

统计指标	值	统计指标	值
样本数量	610 人	标准差	0.235 5m/s
平均速度	1.284 7m/s	50% 速度	1.253 4m/s
最大速度	2.110 1m/s	最小速度	0.354 4m/s

将所有样本的速度按0.05m/s为区间进行分类汇总,得到如图5所示的旅客和商务人流速度分布图。

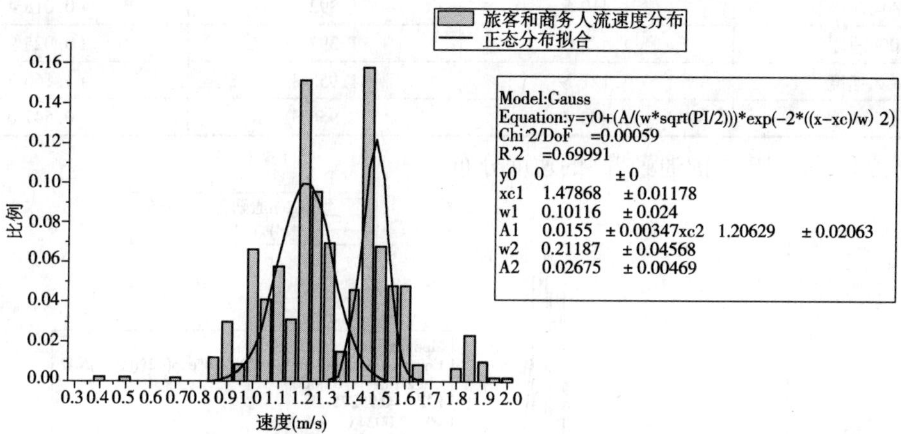

图5 旅客和商务人流速度分布

从图5中可以看到,调查得到的速度分布呈现双峰形状。将该分布使用两个正态分布曲线进行拟合,可以得到图5中所拟合的两个速度分布曲线的叠加。而这两个波形很可能分别代表着旅客和商务两种类型的行人。

(3)携带行李人流

本次调查选取上海轨道交通上海火车站站通道作为调查地点,在2009年12月21日,星期一,下午15:15~15:35进行了一次行人速度调查。该调查的主要目标人群是携带行李的人流。

本次调查共采集了97个有效样本,得到行人速度统计,见表8。

携带行李人流速度统计 表8

统计指标	值	统计指标	值
样本数量	97人	标准差	0.236 8m/s
平均速度	1.186 4m/s	50%速度	1.134 2m/s
最大速度	1.951 6m/s	最小速度	0.298 8m/s

3 Legion速度标定

为了将调查数据用于Legion模型中的行人速度标定,需要将Legion中的行人速度与调查得到的结果进行比对。

在Legion中,行人速度分为很多类。其中一类为“中国通勤者”速度,该速度是Legion公司以北京通勤者为样本调查得到的。

表9为Legion中“中国通勤者”的速度统计。将表9和表4进行比较,得到结果见表10。

Legion中国通勤者速度统计 表9

统计指标	值(m/s)	统计指标	值(m/s)
平均速度	1.392 2	50%速度	1.397 1
最大速度	1.955 8	最小速度	0.956 3

通勤者速度统计比较 表10

统计指标	调查结果(m/s)	Legion(m/s)	差值(m/s)
平均速度	1.410 6	1.392 2	+0.018 4
50%速度	1.423 0	1.397 1	+0.025 9
最大速度	3.122 5	1.955 8	+1.166 7
最小速度	0.408 7	0.956 3	-0.547 6

图6为Legion中“中国通勤者”的速度分布。

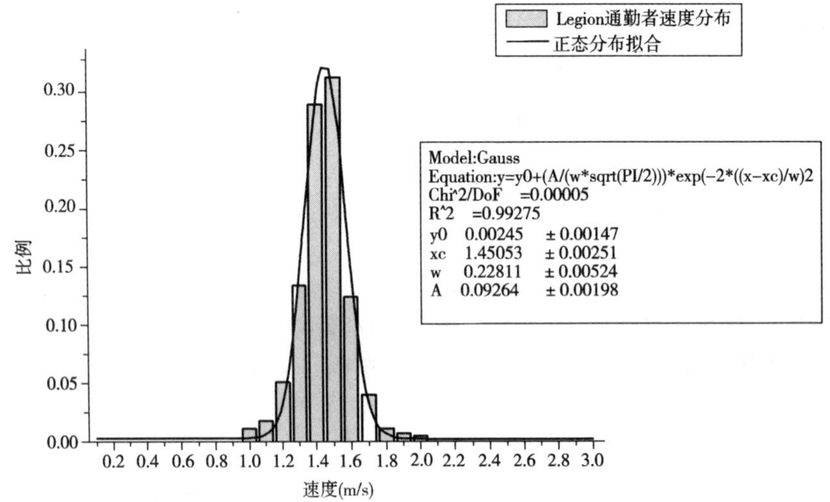

图6 Legion中通勤者速度分布

将图6和图3进行比较,可以看到两者的整体趋势接近,速度主要集中在1.3~1.6m/s区间内。但是调查得到的速度分布中更多样本速度集中在1.5~1.6m/s区间内。

4 结论

(1)得到了上海地区地下空间行人的行走速度分布,为地下空间的行人仿真、设计与运营提供重要的参考。

(2)行人行为本身的复杂性,加之行走环境的开放性,为行人速度的标定带来较大难度。行人速度的标定应遵从一套科学系统的方法,以尽可能获得准确、客观的数据。

(3)行人速度受行人类型、地域差别等因素的影响,其分布呈现高度的非典型性。因此,行人速度的标定工作应有针对性地根据不同仿真模型和项目进行开展。

(4)对行人速度及其他行人行为的研究,将提高行人仿真模型的可靠性和科学性。同时相关的研究,必将为人员密集型地下空间的安全运营和管理提供更加客观的研究手段。

参考文献

[1] Legion Studio 2006 User Manual[M]. United Kingdom :Legion International Limited,2006.

[2] Jean Louis Berrou. Calibration and validation of the Legion simulation model using empirical data[R]. The MAIA Institute.

节理处爆炸波的能量衰减规律研究

邵珠山　宋　林

（西安建筑科技大学土木工程学院　西安　710055）

摘　要:本研究在爆炸应力波入射非连续岩体时,通过引入节理面的本构模型,考虑张开节理处张开和闭合的行为,建立了波的能量衰减解析模型。理论推导得到了入射应力波通过张开节理时透射波和反射波的解析解,并进一步通过能量传递系数对不同应力波在张开节理处的能量衰减规律进行了参数研究。研究结果表明:速度波幅值增大,透射阶段持续时间相对自由反射阶段时间就越长,能量传递系数越大;随着节理面接触刚度的增加,能量传递系数增大并且和透射P波的透射系数有相似的变化趋势,而透射SV波的透射系数变化幅值很小;随着空隙宽度的增大,能量传递系数减小;在同一介质中传播时,入射角存在一个最优角和两个临界角,临界角范围之外,能量传递系数为0,以最优角入射时,能量传递系数最大。

关键词:张开节理　节理面本构模型　爆炸应力波　能量传递系数

0　引言

岩体是一种处于连续介质和松散介质之间的拟连续介质,节理裂隙广泛存在于岩体当中[1],因此考虑节理的影响是解决岩石工程问题不可或缺的因素。波在岩体中传播时,应力波在节理处产生复杂的反射和透射,影响着应力波的传播,并且岩石中所存在的这类弱面加剧了应力波的衰减。同时,节理的充填情况、粗糙程度、含水率和张开闭合等因素也很大程度上影响着波在节理中的传播规律。

波在非连续岩体中的传播规律已在国内外得到了广泛的研究,考虑岩体节理时,通常采用位移不连续模型。石崇通过数值模型研究了二维波穿过非线性节理面时的透射性能,分析了不同参数对透射率的影响[2]。Cook结合实验研究和理论解析模型系统分析了波在岩体节理中的传播过程[3]。Li实验研究了应力波在填充节理中的传播规律[4]。当考虑节理非线性和应力波不同角度入射时,Li和Ma应用一种简便算法分析了爆炸应力波在单个节理中的传播规律,该方法在考虑节理非线性和应力波不同角度入射时避免了复杂的数学运算[5]。然而在爆炸过程中,爆炸应力波持时短,岩体张开节理将显著影响应力波的传播,然而这方面的相关文献很少,因此张开节理对应力波传播的影响有待深入研究。

当应力波在张开节理处传播时,本文基于文献[6]所提出的解析模型,引入节理面接触后节理的本构模型来考虑应力波和张开节理的相互作用。本文所建立的解析模型在同时考虑节理的张开闭合特征和应力波不同角度入射两方面避免了复杂的数学运算,通过迭代计算可得到透射波和反射波的解析解,进一步通过参数研究分析了不同爆炸应力波在张开节理处的能量传播规律,包括入射波幅值、节理接触面刚度、空隙宽度和入射角等。

1 张开节理处的解析模型

由于爆炸应力波持时短,岩体中的张开节理很大程度上影响着爆炸波的传播规律,并且对于斜入射波,节理随着应力波幅值的变化而出现张开、闭合的情况,应力波的透反射规律将非常复杂。结合节理的张开闭合特征,将应力波在张开节理处的传播过程分为自由反射和透射两个阶段[6]。自由阶段:空隙未完全闭合,节理相当于自由边界,当应力波传至节理处时,界面仅产生反射纵波和横波。透射阶段:在应力波作用下,界面 A 向界面 B 移动(图1)。在某一时刻,两界面开始发生接触,在接触边界处将会产生反射和透射,随着应力波幅值的增大,空隙进一步合拢直至完全闭合。

1.1 自由反射阶段

在自由反射阶段,当入射弹性纵波传至节理处时,自由界面仅产生反射纵波和反射横波,这个阶段爆炸应力波不足以使节理两界面发生接触。假定节理两侧岩体性质相同。P 波从节理的左界面入射,如图 1 所示。

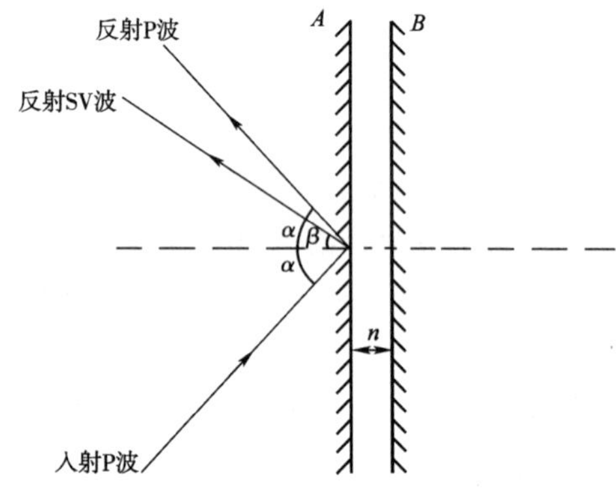

图1 自由反射阶段节理处的入射波和反射波

图 1 中 n 为节理界面之间的空隙宽度,入射角和反射纵波的反射角为 α,反射横波的反射角为 β。为了更清晰地阐明节理张开闭合过程,设一应力波持续时间为 T,在 t_0 时刻传至节理面 A 上,自由阶段的闭合时刻依据文献[6]可得。

$$u_n = \frac{1}{c_p\rho}\int_{t_0}^{T}\sigma_{Ip}(1+R)[\cos\alpha + \cot(2\beta)\sin\alpha]\,dt \tag{1}$$

$$R = \frac{\tan\beta\tan^2(2\beta) - \tan\alpha}{\tan\beta\tan^2(2\beta) + \tan\alpha},\ \sin\beta = \frac{c_s}{c_p}\sin\alpha \tag{2}$$

式中:R——自由反射阶段的反射系数;

ρ——岩石密度;

c_s——P 波在完整岩体中的传播速度;

c_p——SV 波在完整岩体中的传播速度。

当 $u_n = n$ 时,可求得节理面接触的时刻 t_1。若 $t_1 > T$,入射波不会引起节理裂隙界面的接触,此时应力波仅包括自由反射阶段。若 $t_1 < T$,入射波将引起节理界面的接触,在 $t_1 \sim T$ 时段内,入射波就会透过节理面传播,节理界面将产生透射波。

1.2 透射阶段

在 $t_1 \sim T$ 时段内,节理界面之间发生接触,图 2 为张开节理的节理面接触后,应力波在节理处的透反射图。

本文引入 Goodman 教授提出的节理单元模型,用刚度来反映节理表面闭合和张开的状态,并假设界面接触时是线弹性连接,如图 3 所示。k_n 和 k_s 分别为法向和切向刚度,应力和位移满足位移不连续边界条件。

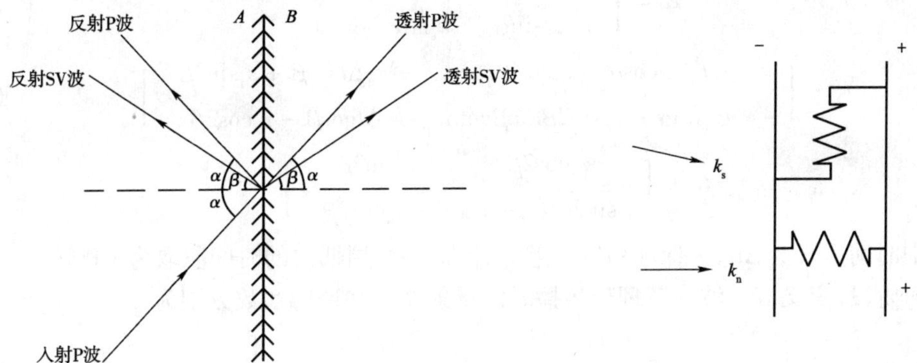

图2 透射阶段节理处的入射波和反射波

图3 节理接触线弹性连接

$$\sigma^{-}=\sigma^{+}=\sigma\ ,\ \tau^{-}=\tau^{+}=\tau \tag{3}$$

$$u_{n}^{-}-u_{n}^{+}=\frac{\sigma}{k_{n}}\ ,\ u_{\tau}^{-}-u_{\tau}^{+}=\frac{\tau}{k_{s}} \tag{4}$$

应用文献[5]所提出的方法可方便求出透射波波速和反射波波速,考虑不同入射角时,该方法避免了复杂的数学运算。给定初始条件,通过公式(7)~(15),即可简便求得反射波和透射波的解析解。

$$\begin{aligned}&k_{n}\Delta t\cos\alpha\cdot v_{Ip(i)}-k_{n}\Delta t\cos\alpha\cdot v_{Rp(i)}+k_{n}\Delta t\sin\beta\cdot v_{Rs(i)}+(-k_{n}\Delta t\cos\alpha+z_{p}\cos2\beta)\cdot v_{Tp(i)}+\\&(-k_{n}\Delta t\sin\beta+z_{s}\sin2\beta)\cdot v_{Ts(i)}=z_{p}\cos2\beta\cdot v_{Tp(i+1)}+z_{s}\sin2\beta\cdot v_{Ts(i+1)}\end{aligned} \tag{5}$$

$$\begin{aligned}&k_{s}\Delta t\sin\alpha\cdot v_{Ip(i)}+k_{s}\Delta t\sin\alpha\cdot v_{Rp(i)}+k_{s}\Delta t\cos\beta\cdot v_{Rs(i)}+(-k_{s}\Delta t\sin\alpha+z_{p}\sin2\beta\tan\beta\cot\alpha)\cdot v_{Tp(i)}+\\&(k_{s}\Delta t\cos\beta-z_{s}\cos2\beta)\cdot v_{Ts(i)}=z_{p}\sin2\beta\tan\beta\cot\alpha\cdot v_{Tp(i+1)}-z_{s}\cos2\beta\cdot v_{Ts(i+1)}\end{aligned} \tag{6}$$

将式(5)~(6)用矩阵形式表示为,

$$\begin{bmatrix}v_{Rp(i)}\\v_{Rs(i)}\end{bmatrix}=-B^{-1}Av_{Ip(i)}+B^{-1}C\begin{bmatrix}v_{Tp(i)}\\v_{Ts(i)}\end{bmatrix} \tag{7}$$

和

$$\begin{bmatrix}v_{Tp(i+1)}\\v_{Ts(i+1)}\end{bmatrix}=G^{-1}Dv_{Ip(i)}+G^{-1}E\begin{bmatrix}v_{Rp(i)}\\v_{Rs(i)}\end{bmatrix}+G^{-1}F\begin{bmatrix}v_{Tp(i)}\\v_{Ts(i)}\end{bmatrix} \tag{8}$$

式中

$$A=\begin{bmatrix}z_{p}\cos2\beta\\z_{p}\sin2\beta\tan\beta\cot\alpha\end{bmatrix} \tag{9}$$

$$B=\begin{bmatrix}z_{p}\cos2\beta & -z_{s}\sin2\beta\\-z_{p}\sin2\beta\tan\beta\cot\alpha & -z_{s}\cos2\beta\end{bmatrix} \tag{10}$$

$$C=\begin{bmatrix}z_{p}\cos2\beta & z_{s}\sin2\beta\\z_{p}\sin2\beta\tan\beta\cot\alpha & -z_{s}\cos2\beta\end{bmatrix} \tag{11}$$

$$D=\begin{bmatrix}k_{n}\Delta t\cos\alpha\\k_{s}\Delta t\sin\alpha\end{bmatrix} \tag{12}$$

$$E = \begin{bmatrix} -k_n\Delta t\cos\alpha & k_n\Delta t\sin\beta \\ k_s\Delta t\sin\alpha & k_s\Delta t\cos\beta \end{bmatrix} \tag{13}$$

$$F = \begin{bmatrix} -k_n\Delta t\cos\alpha + z_p\cos2\beta & -k_n\Delta t\sin\beta + z_s\sin2\beta \\ -k_s\Delta t\sin\alpha + z_p\sin2\beta\tan\beta\cot\alpha & k_s\Delta t\cos\beta - z_s\cos2\beta \end{bmatrix} \tag{14}$$

$$G = \begin{bmatrix} z_p\cos2\beta & z_s\sin2\beta \\ z_p\sin2\beta\tan\beta\cot\alpha & -z_s\cos2\beta \end{bmatrix} \tag{15}$$

公式中时间步长为 Δt，为保证稳定的差分计算，一个周期内的时间段取为 1 000。

在透射阶段，定义应力波在节理处传播时的反射系数和透射系数分别为

$$T_{pc} = \frac{\max|v_{Tp}|}{\max|v_{Ip}|}, \quad R_{pc} = \frac{\max|v_{Rp}|}{\max|v_{Ip}|} \tag{16}$$

忽略张开节理闭合时的动能，当入射波存在自由反射和透射两个阶段时，则入射波能量分为两部分：第一部分是自由面反射阶段的入射能量；第二部分是透射阶段的入射能量，即在节理面接触闭合时段内的入射能量。入射波能量 E_I 在节理处，一部分能量被反射，另一部分透过节理而被传递。

根据应力波能量计算公式得：

$$E = \frac{1}{\rho c_k}\int_0^t \sigma^2 \mathrm{d}t \ (k = p, s) \tag{17}$$

能量传递系数 η 定义为透过节理的能量和入射能量的比值，即：

$$\eta = \frac{E_t}{E_I} = \frac{\int_0^t z_p[v_{tp}(x,t)]^2\mathrm{d}t + \int_0^t z_s[v_{ts}(x,t)]^2\mathrm{d}t}{\int_0^t z_p[v_{Ip}(x,t)]^2\mathrm{d}t} \tag{18}$$

2 参数研究

在爆炸波的传播过程中，应力波波形受装药量、几何尺寸和引爆方式等多种因素的影响，因此本文将选取三种波形分析应力波在张开节理处的衰减规律。通过动量守恒定律，容易得到波速与应力的关系[7]，为简便分析，波形幅值采用速度幅值。图 4 所示的瞬态速度波分别为矩形波、正弦波和三角波，波持续时间为 T，速度幅值为 v_0，分别表示为函数形式：

$$v = v_0\sin wt \qquad (0 \leqslant t \leqslant T) \tag{19}$$

$$v = -\frac{v_0}{T}t + v_0 \qquad (0 \leqslant t \leqslant T) \tag{20}$$

$$v = v_0 \qquad (0 \leqslant t \leqslant T) \tag{21}$$

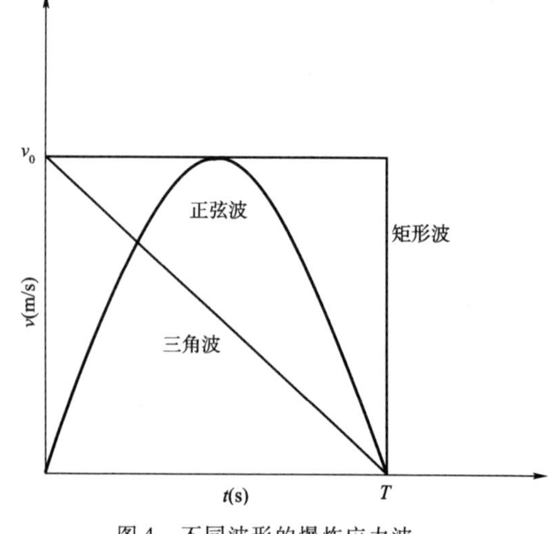

图 4 不同波形的爆炸应力波

分析计算时参数依据文献[5]选取，岩石密度 $\rho = 2\ 650\mathrm{kg/m^3}$，泊松比 $\nu = 0.2$，纵波波速

$c_p = 5\ 830\text{m/s}$,应力波持续时间为0.005s。

2.1 波幅对能量传递系数的影响

分析速度波幅值对波在张开节理中的衰减规律影响时,入射角取30°,空隙宽度取0.05mm,节理面接触法向和切向刚度均取3.5GPa。速度幅值在0.1~2m/s区间变化。

由图5可知,速度波幅值越大,自由反射阶段节理面接触所需的时间越短,透射阶段持续时间就越长,产生更多的透射波。当速度幅值小于某一值时,空隙由于幅值较小未能闭合,波在传播过程中全被反射,能量传递系数为0。

图5中在幅值很小范围内能量传递系数曲线的变化率很大,这是由于岩石节理空隙尺度相对很小,因此在速度幅值增量很小范围内,节理面将会接触,并产生透射波。之后,随着波幅值的增大,传递系数的变化率趋于稳定。

2.2 节理面刚度对能量传递系数的影响

分析节理刚度对波在张开节理中的衰减规律影响时,速度幅值取0.2m/s,入射角30°,空隙宽度取0.05mm。随着法向刚度 k_n 和切向刚度 k_s 变化,透射系数和反射系数幅值的总体趋势是一样的,因此取 $k_n = k_s$[8]。为方便分析,引入波阻抗 z_p 将节理刚度无量纲化,$K = T \cdot k_n / z_p$,K 取0~3之间变化,则对应 k_n 或 k_s 在0~9.27GPa区间变化。

由图6可得,能量传递系数随着节理面法向刚度的增加而增大,当刚度为0时,节理面相当于自由面,入射波全部被反射,能量传递系数为0。由图7和图8可以看出,透射SV波的透射系数很小,变化幅度也很小,而透射P波的透射系数变化幅值很大,随着节理刚度的增大,会产生更多的透射波,因此能量传递系数曲线趋势和透射P波的相差不大。由图8分析可知,当刚度超过某一限值时,随着刚度的增大,入射正弦波的透射SV波系数减小,导致透射P波的幅值相对增大,因此刚度增加时入射正弦波的能量传递系数曲线逐渐靠近入射矩形波的曲线。

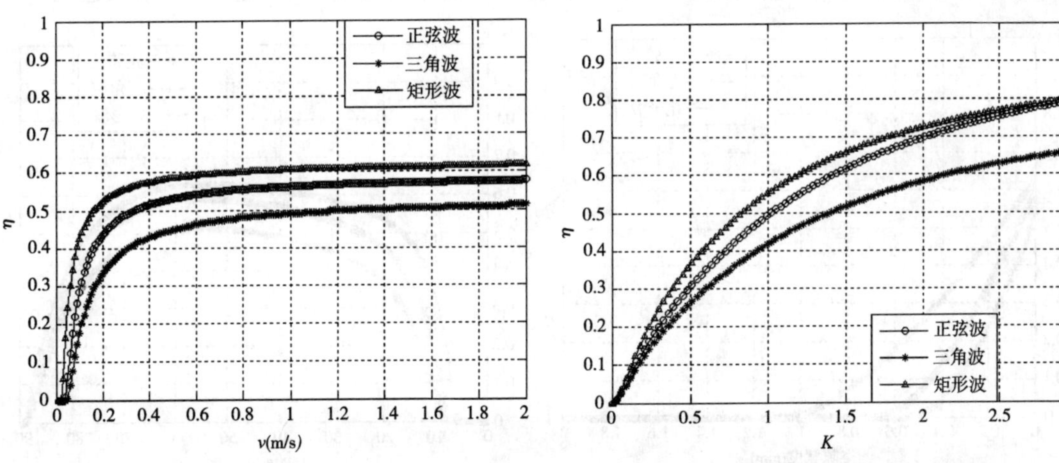

图5 不同速度波幅值下的能量传递系数曲线

图6 不同节理刚度下的能量传递系数曲线

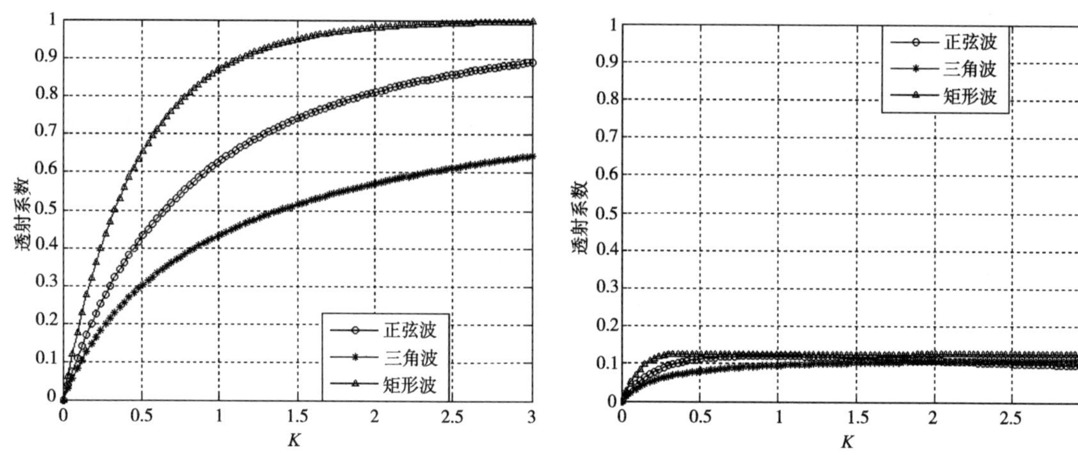

图7 不同节理刚度下透射 P 波的透射系数曲线　　图8 不同节理刚度下透射 SV 波的透射系数曲线

2.3 空隙宽度对能量传递系数的影响

分析空隙宽度对波在张开节理中的衰减规律影响时，速度幅值取 0.2m/s，入射角 30°，节理面接触法向和切向刚度均取 3.5GPa。空隙宽度在 0～2mm 区间变化。

由图 9 可得，能量传递系数随着空隙宽度的增大而减小，当空隙宽度超过一临界值时，波幅值不足以使节理面发生接触，能量间断，没有能量通过节理而传递。按波能量大小，矩形波临界空隙宽度最大，正弦波次之，三角波最小。

2.4 入射角对能量传递系数的影响

分析入射角对波在张开节理中的衰减规律影响时，速度幅值取 0.2m/s，空隙宽度取 0.05mm，节理面接触法向和切向刚度均取3.5GPa。入射角在 0°～90°区间变化。

由图 10 可得，速度波在同一介质中传播时，入射角存在两个临界值 θ_1 和 $\theta_2(\theta_1<\theta_2)$。当角度小于 θ_1 时，自由阶段的反射系数 R 很大，使得自由反射阶段的时间增加，导致入射波幅值不能使节理面接触，能量传递系数为 0。之后，随着角度的增大，反射系数减小，能量传递系数随着角度的增大而增加。进而由图 10 可知，存在一个最佳入射角 θ'，使能量传递系数达到一

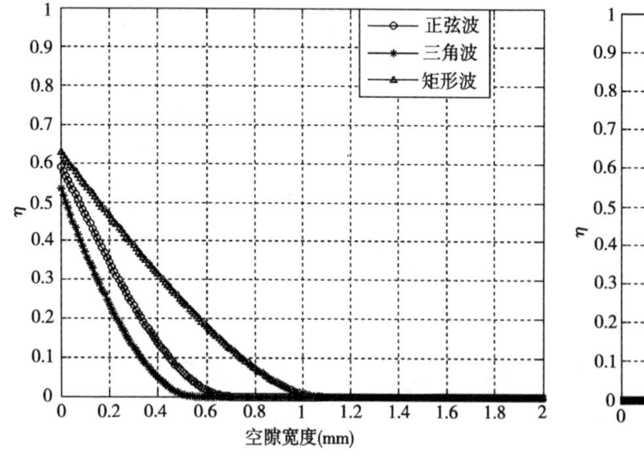

图9 不同空隙宽度下能量传递系数曲线

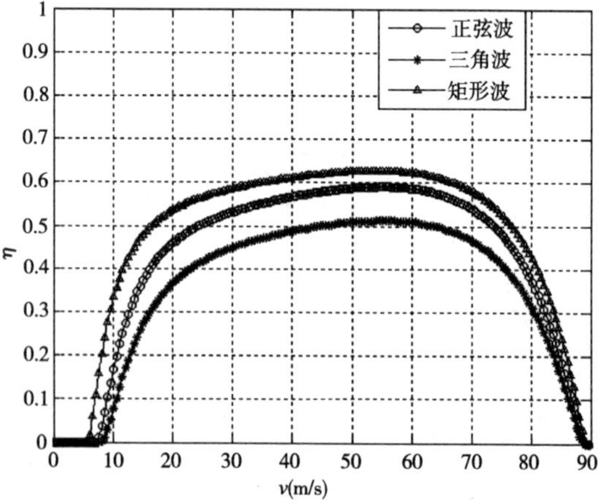

图10 不同入射角下能量传递系数曲线

极值,与文献[6]分析结果相同。当入射角大于最佳入射角时,反射系数 R 继而增大,能量传递系数随之减小。当角度大于 θ_2 时,反射系数 R 很大导致节理面未能接触,能量传递系数为0。

3 结语

对于斜入射波,张开节理处的闭合与张开特征随着应力波的变化而变得非常复杂,透反射规律在数学上求解也很困难。本文通过引入节理面本构模型,考虑节理闭合和张开的行为,得到了P波通过张开节理时反射波和透射波的解析解,并通过参数研究分析了不同爆炸应力波通过张开节理处的能量衰减规律。

基于解析解得到能量传递系数,通过参数研究得到了以下结论:

选取三种爆炸应力波波形进行参数分析时,对于不同的参数,矩形波所对应的能量传递系数都为最大,正弦波次之,三角波最小。

当波幅值小于某一值时,空隙由于幅值较小未能闭合,波全被反射,能量传递系数为0。由于岩石节理空隙尺度相对很小,在幅值很小范围内能量传递系数曲线的变化率很大,在速度幅值增量很小范围内,节理面将会接触,并产生透射波。之后,随着波幅值的进一步增大,传递系数的变化率趋于稳定。

能量传递系数随着空隙宽度的增大而减小,当空隙宽度超过一临界值时,波幅值不足以使节理面发生接触,能量间断,没有能量通过节理而传递。

在不同节理面接触刚度下,能量传递系数曲线趋势和透射P波的透射系数曲线相差不大。而透射SV波的透射系数很小,随着接触刚度的增加,其值变化幅度也很小。当刚度超过某一限值时,随着刚度的增大,入射正弦波的减小,导致透射P波的幅值相对增大,入射正弦波的能量传递系数曲线逐渐靠近入射矩形波的曲线。

在同一介质中传播时,入射角存在一个最优角和两个临界角。临界角范围之外,能量传递系数为0。以最优角入射时,能量传递系数最大。

参考文献

[1] 凌贤长,蔡德所. 岩体力学[M]. 哈尔滨:哈尔滨工业大学出版社,2002.

[2] 石 崇,徐卫亚,周家文. 二维波穿过非线性节理面的透射性能研究[J]. 岩石力学与工程学报,2007,26(8):1645-1652.

[3] COOK N G W. Natural joints in rock: mechanical, hydraulic and seismic behaviour and properties under normal stress[J]. International Journal of Rock Mechanics and Mining Sciences and Geomechanics Abstracts,1992,29(3):198-223.

[4] LI J C, MA G W. Experimental study of stress wave propagation across a filled rock joint[J]. International Journal of Rock Mechanics and Mining Sciences,2009,46(3):471-478.

[5] LI J C, MA G W. Analysis of blast wave interaction with a rock joint[J]. Rock Mechanics and Rock Engineering,2009.

[6] 王卫华. 节理动态闭合变形性质及应力波在节理处的传播[D]. 长沙:中南大学,2006.

[7] 刘天云,刘光廷. 拱坝河谷三维地震动分析[J]. 水利学报,2000(9):79-85.

[8] Zhao Xiaobao. Theoretical and numerical studies of wave attenuation across parallel fractures [D]. Singapore:Nanyang Technological University,2004.

轨道车站及地下空间行人仿真模型行为参数标定

王中岳　王啸君

（上海市城市建设设计研究院　上海　200125）

摘　要：本研究以上海地区为例，调查轨道车站及地下空间内各类行人的行为特征，包括行人的行李携带行为、自动扶梯使用行为、售票机的使用行为、闸机使用行为、出租车上下客行为。随后对调查数据进行分析，提炼出上海地区行人行为的特性和关键指标。在Legion行人仿真模型中，参照调查成果，进行相关仿真行为的标定，将行人的实际行为特性复制到Legion模型中，提高Legion行人仿真的真实度，最终为Legion模型其他相关的标定和应用提供参考。

关键词：行人仿真　行人行为　地下空间　Legion

0　引言

行人仿真，作为一门新兴技术，正越来越多的用于地下空间安全运营的研究中，包括轨道车站、地下商业空间开发和其他人流密集型地下空间等。它可以帮助设计人员、工程师和相关管理人员提高各类地下空间的效用性和安全性。

在中国，行人仿真技术的应用还处于起步阶段。目前主流的行人仿真软件，包括Legion、Vissim、Simulex等，都由国外机构开发，进而引入国内使用。行人仿真的研究还有很长的路要走，其中主要存在两方面的问题和困惑：①由于行人交通的场景多且复杂，造成行人仿真模型的标定比较困难；②行人交通的微观参数比较难采集。坦率地说，这两个问题已经成为了行人仿真研究道路上的“绊脚石”。

本次研究将以上海地区为例，调查地铁车站内各类行人的行为特征，并加以分析总结。最后将这些成果运用于行人仿真软件Legion的模型标定中，同时总结出一套系统的行人仿真模型标定方法。

1　Legion 行人模型

Legion行人仿真软件由英国Legion公司开发，可以精确地模仿行人行为特征，行人与行人之间的相互影响，以及行人受到建筑物、周边环境的影响。在世界各地，Legion都有着成功的应用经验，代表着行人仿真领域的领先水平[1]。因此，本文将以Legion作为行人仿真模型的标定对象。

2　行人行为调查

（1）调查范围。本次行人行为调查的地点设置在：上海火车南站；上海火车站；上海轨道交通1、2号线人民广场站;上海轨道交通1、3号线上海南站站、上海轨道交通1、3号线上海火车站站。

(2)调查内容。本次行人行为调查的内容包括:行人携带行李的情况;行人对自动扶梯的使用情况;行人对售票机的使用情况;行人通过闸机的行为;出租车上下客行为。

(3)调查方法。为了尽可能得到全面、准确的调查数据,本次调查采用视频调查的方法。在整个调查过程中,调查人员使用摄像机在各个调查地点将行人数据记录成视频信息,供后期进行数据统计。

2.1 行李携带行为

行人分成两类:不携带行李的行人和携带行李的行人。其中,携带婴幼儿的行人被统计为携带行李的行人。最终得到统计结果见表1。

行人携带行李比例 表1

调查区域	不携带行李行人比例	携带行李行人比例
火车站周边区域	86.26%	13.74%
其他区域	98.57%	1.43%
所有区域	92.59%	7.41%

2.2 自动扶梯使用行为

研究选取12处楼扶梯作为研究对象。这12座楼扶梯分别位于不同类型的地点,且在调查过程中出现饱和流量。

图1所示为典型的行人相邻楼扶梯使用率和自动扶梯通过率。

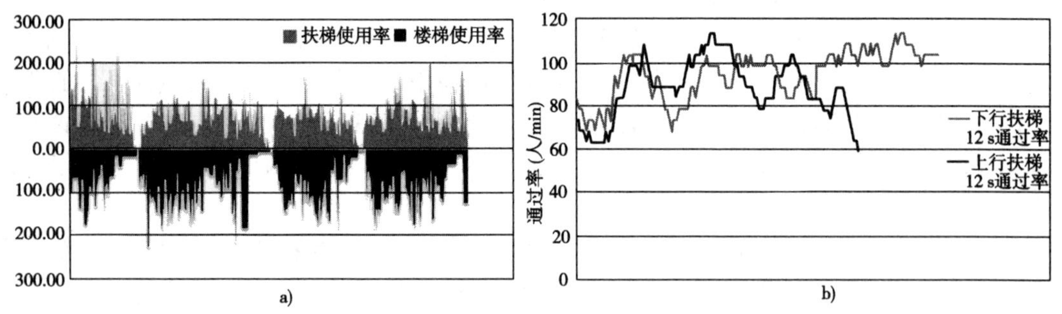

图1 行人相邻楼扶梯使用率和自动扶梯通过率

a)相邻楼扶梯使用率;b)自动扶梯通过率

2.3 购票行为

自动售票机的服务时间和人工售票柜台的服务时间关键指标见表2和表3。

自动售票机服务时间 表2

指标	时间(s)	指标	时间(s)
平均	30.52	最小值	9.09
标准差	25.95	最大值	73.50
中位数	14.26		

人工售票机服务时间　表3

指标	时间(s)	指标	时间(s)
平均	11.65	最小值	2.22
标准差	0.63	最大值	46.17
中位数	9.49		

自动售票机的服务时间和人工售票柜台的服务时间分布如图2所示。

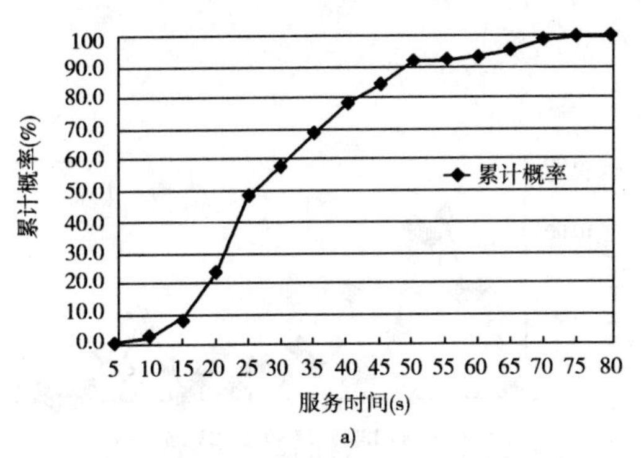

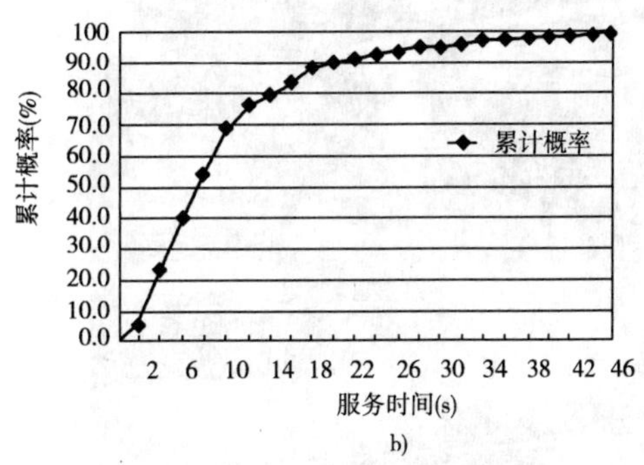

图2　自动售票机和人工售票柜台服务时间
a)自动售票机服务时间;b)人工售票柜台服务时间

2.4 闸机使用行为

地铁闸机使用时间的关键指标见表4。

闸机使用时间　表4

指标	时间(s)	指标	时间(s)
平均	3.70	最小值	0.89
标准差	0.30	最大值	32.44
中位数	2.41		

另外,本次研究还发现一个现象,即携带行李的行人很少使用行李通道,而是直接从普通闸机进入付费区域,如图3所示。

2.5 出租车上下客行为

出租车上客时间的关键指标见表5。

出租车上客时间　表5

指标	时间(s)	指标	时间(s)
平均	14.76	最小值	3.89
标准差	10.57	最大值	63.15
中位数	10.01		

出租车下客时间的关键指标见表6。

出租车下客时间 表6

指标	时间(s)	指标	时间(s)
平均	29.17	最小值	11.45
标准差	2.99	最大值	65.78
中位数	30.02		

图4所示为上海火车站出租车上客时间分布。其中,各点表示不同区段内服务时间的发生累计概率。例如上客时间在8~9s的发生概率为10%。

图3 携带行李行人通过闸机

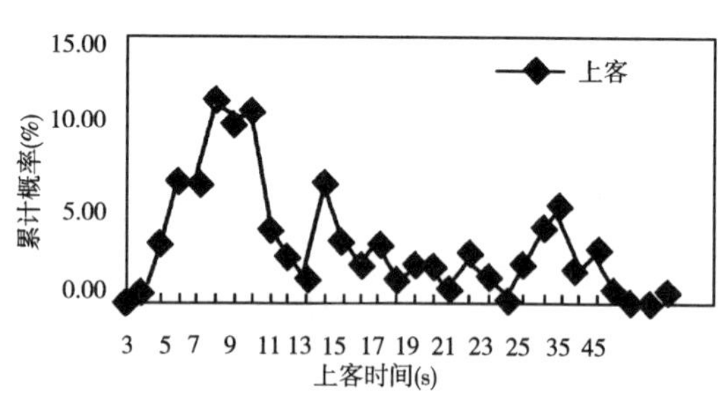

图4 出租车上客时间分布

3 Legion 行人模型标定

3.1 行李携带行为

在Legion中,根据调查得到的行李携带比例,设置不同行人类型的比例。根据模型的不同特性,调整比例和行人携带行李类型。本次模型标定根据调查信息,得到行人类型设置见表7。

行人类型设置 表7

调查区域	不携带行李行人		携带行李行人	
	比例	行李类型	比例	行李类型
火车站相关区域	86.26%	无	13.74%	中
火车站相关区域	98.57%	无	1.43%	小

3.2 自动扶梯使用行为

相邻楼扶梯利用率的标定主要分为两方面:行人的判断条件和相应判断下的选择概率。

标定的模型如图5所示,其中中间位置是相邻的上行自动扶梯和楼梯,模型中1为Direction Modifier,2为Analysis Zone,3为障碍物,4和5分别为进口和出口。

对图5中的模型进行测试,可得到自动扶梯和楼梯的利用率如图6所示。

在Legion中,自动扶梯的通过率主要取决于扶梯的运行速度。因此,本次自动扶梯通过率的标定工作的主要目标是寻找适合调查结果的扶梯运行速度。

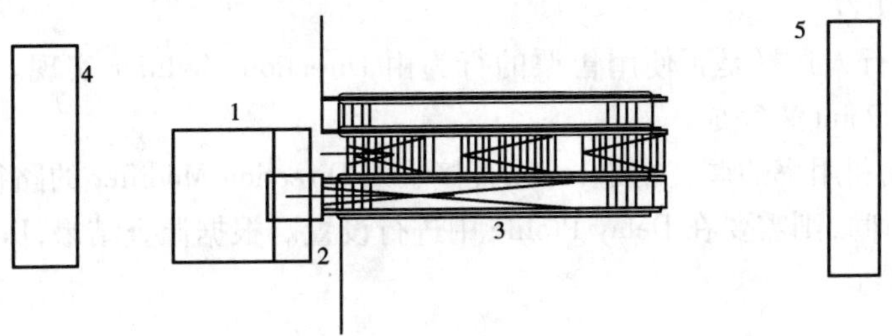

图5　楼扶梯利用率 Legion 模型

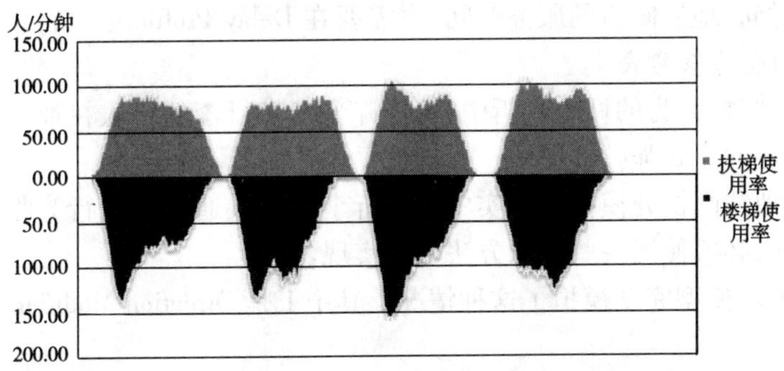

图6　Legion 中楼扶梯利用率对比

经过如图 7 所示的自动扶梯通过率测试，最终，将不同条件下自动扶梯的通过率与调查得到的通过率进行比对，得到 Legion 中最接近调查情况的扶梯运行速度为 0.4m/s，相应的 12s 间隔的通过率如图 8 所示。

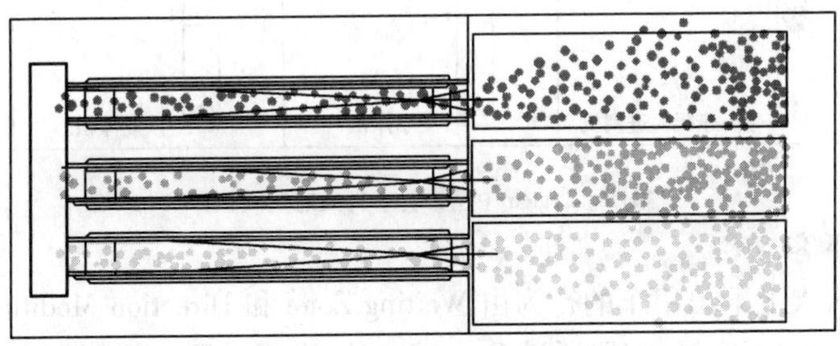

图7　自动扶梯通过率测试

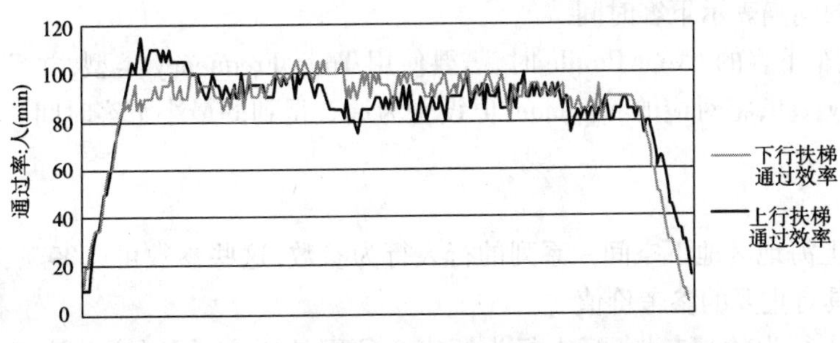

图8　标定后的自动扶梯通过率

3.3 售票行为

在 Legion 中,行人选择是否使用售票的行为由 Direction Modifier 实现。行人接受售票服务的行为由 Delay Point 来完成。

各种售票方式利用率的调查结果,可以直接录入 Direction Modifier 的路径比例中。

售票的服务时间,则需要在 Delay Profile 中进行设置。根据调查结果,Delay Profile 的推荐设置参照图 2。

(1)地铁闸机

在 Legion 中,行人接受售票服务的行为由 Delay Point 来完成。

同售票服务时间,地铁闸机的服务时间,也需要在 Delay Profile 中进行设置。根据调查结果,Delay Profile 的设置参考表 4。

在对行人通过闸机行为的调查分析中,发现许多携带行李的行人在通过非行李通道的闸机时,会选择以一定的方式强行通过。

因此,需要在地铁闸机处模拟出现实中携带行李的行人通过特殊行为临时改变自身体积和速度特性的情况,必须使用一些特殊方法加以实现。

图 9 中的 Legion 模型完全模拟了这种情况。其中 1 是 Direction Modifier,2 是 Delay Point,3 和 4 是进、出口。

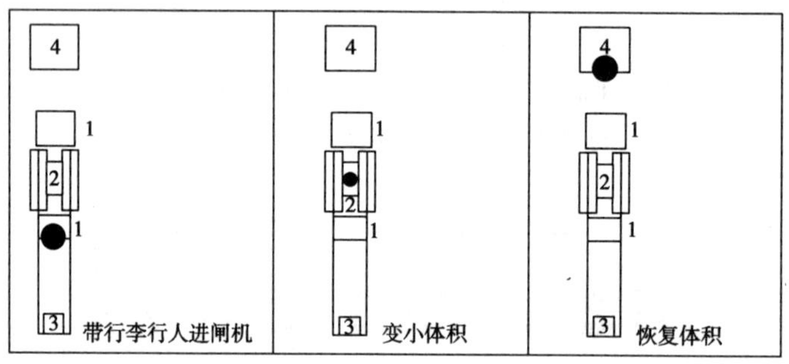

图 9 Legion 中携带行李行人通过闸机

(2)出租车上下客

在 Legion 中,行人上下出租车的行为由 Waiting Zone 和 Direction Modifier 组合来完成。

出租车下客时间和下客量,需要通过 Event Profile 进行设置。根据调查结果,Event Profile 的推荐设置如图 10 所示。图 10 中,立柱表示一次出租车下客行为。其中,立柱的长度表示下客的数量,立柱的间隔表示下客时间。

在设置出租车下客的 Event Profile 时,需要使用 Train Frequency 类型,并且按平均下客时间设置 Frequency Tab,将对应的 Minimum 值设置为调查得到的最小下客时间。

4 结语

(1)得到了上海地区地下空间一系列的行人行为参数,这些参数可以客观、准确反映现实中的行人行为,具有重要的参考价值。

(2)由于行人行为的复杂性,行人行为标定必须因地制宜,同时应关注行人行为的每个细节。

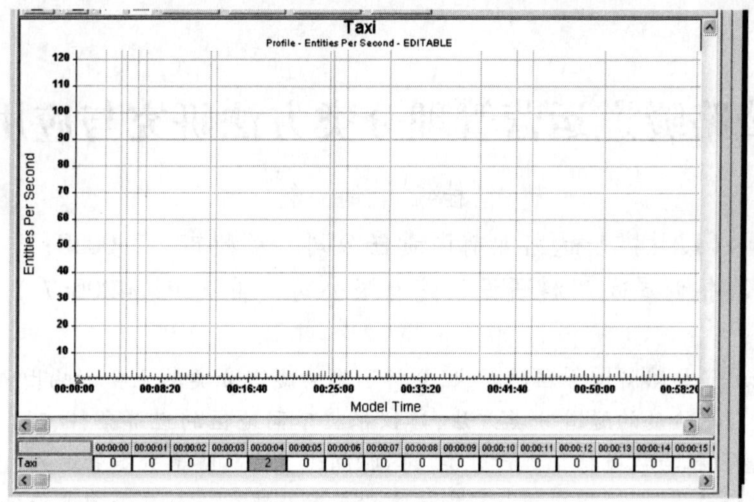

图 10 Legion 中出租车下客 Event Profile 设置

(3)仿真模型中的行人行为标定,必须遵循系统的方法,同时应注重标定结果在仿真模型中的反馈,以提高仿真模型的真实性。

(4)随着人们对行人交通仿真研究的深入,其研究成果必将对地下空间的设施设计和行人组织产生深远影响,并进一步帮助避免和减少紧急情况发生时人群疏散和逃生造成的损失。

参考文献

[1] Legion Studio 2006 User Manual[M]. United Kingdom:Legion International Limited, 2006.

公路隧道运营管理分类方法研究与应用

包桂钰[1]　周　健[2]

（1. 甘肃长达路业有限责任公司　兰州市　730030；
2. 招商局重庆科研设计院有限公司　重庆市　400067）

摘　要：本文论述了公路隧道管理的现状，分析了影响隧道分类的主要影响因素，提出了基于安全度与危险度的隧道分类方法，建议根据不同地区的经济条件、隧道特征、交通特征、运营特征与环境特征进行分类。同时阐述了公路隧道分类管理的内涵和公路隧道重要度的定义，探讨得出用公路隧道重要度对公路隧道分类管理进行提升的思路。通过隧道分类管理在危险品运输管理中的应用研究，提出了基于隧道分类与危险品分组的管理规定。

关键词：公路隧道　分类管理　安全度　危险度　危险品运输

0　引言

分类管理是严格逻辑和整体平衡的哲学思想的一种应用，是一门寻求“简单”的科学。关于这一点，美国新兴管理学的创始人莫里斯·库特说过：“只有当我们学会了分类和编码，做好简化和标准化工作，才会出现真正意义上的科学管理。”

1　公路隧道管理现状

目前公路隧道采用企业化运作，虽然取得了一定的成效，但是受到“重建设、轻管理”传统思想的影响和资金等因素的制约，还存在着诸如运营管理费用高、养护管理不善、智能化水平不高、易发生事故、追究责任难等问题，究其根源，缺乏分类管理是最根本的原因，目前我国对公路隧道基本上沿用同一种管理政策，不同的公路隧道之间的差异没有真正体现在管理政策上。

2　服务于隧道管理的分类指标

目前，针对公路隧道分类有两种分类方法，一是公路隧道土建设计依据隧道长度划分，二是公路隧道机电设计依据隧道长度和交通量两个参数划分。本文所探讨的从管理上对隧道分类需要考虑的因素，并非仅包括这两个因素，可以归纳为以下几个方面：

（1）经济条件

隧道所在区域的经济条件决定了公路隧道运营单位对安全投入的程度，一般情况下，安全投入与经济水平成正相关。经济发达的地区，由于人均收入高，人们对于安全的要求也高，对安全设施的投入也大，吸引的高素质管理人才多，公路隧道的期望安全度也相对较高。因此，分类指标选择中选择人均收入这一反映经济水平的参数。

(2)隧道特征

隧道特征包括隧道的土建特征和机电设施特征。隧道土建影响因素主要有洞口衔接方式、洞门形式、隧道长度、车行及人行横通道、隧道线形等内容;隧道机电设施影响因素主要有机电设施的种类、可靠度、检测频率和完好率。究其核心,无论是隧道土建特征还是机电特征,都与隧道长度息息相关。故分类指标选择中选取隧道长度反映隧道特征指标。

(3)交通特征

隧道交通特征主要包括通行的交通量、车速、车型组成、车速方差等交通流参数,这些参数与交通事故的发生密不可分,因此分类指标中选取交通量和重车比例两个参数。

(4)运营特征

运营特征主要是指运营管理体制,主要包括机构及岗位设置、队伍建设、规章制度、宣传教育等。其中影响最大的是超限运输和危险品运输的监管情况,故分类指标中选取管理水平来反映运营特征。

(5)环境特征

自然灾害对公路隧道土建和机电设施的影响和破坏程度比较大,公路隧道周围地质情况对公路隧道管理的影响也比较大,再加上公路隧道内光线差、空气质量低、环境噪声大等因素,易造成公路隧道交通运行环境恶劣,事故几率比较高。另外公路隧道空间狭窄,使隧道事故和异常事件的处理较一般路段困难。因此分类指标中也借助于管理水平来反映环境特征。

3 基于期望安全度与危险度评估的隧道管理分类方法

3.1 期望安全度评估

期望安全度是衡量安全性的指标,本文所探讨的期望安全度指的是公路隧道运营安全度,而非土建结构安全度。

(1)期望安全度的定义

期望安全度是衡量隧道运营单位及其上级交通管理部门通过加大安全投入和提高管理水平希望达到的隧道运营安全程度的量化指数。

(2)期望安全度的计算

公路隧道的安全度主要受安全投入和管理水平的影响,安全投入和管理水平又都受到公路隧道所在区域的经济水平的影响。一般来说,经济水平高,安全投入多些,高素质管理人员也相对多,其安全度相对高(图1)。

$$S_P = \partial \times \frac{S_T}{S_T^*} \times M \times E \tag{1}$$

式中:S_P——安全度指数(当 S_P 的计算值 >1 时,取值1);

∂——综合影响系数,建议取值为0.5;

S_T——隧道现有安全投入,万元;

S_T^*——隧道远期实施后的安全投入,万元;

M——管理水平;

E——人均收入水平,隧道所在地区人均收入与全国平均收入之比。

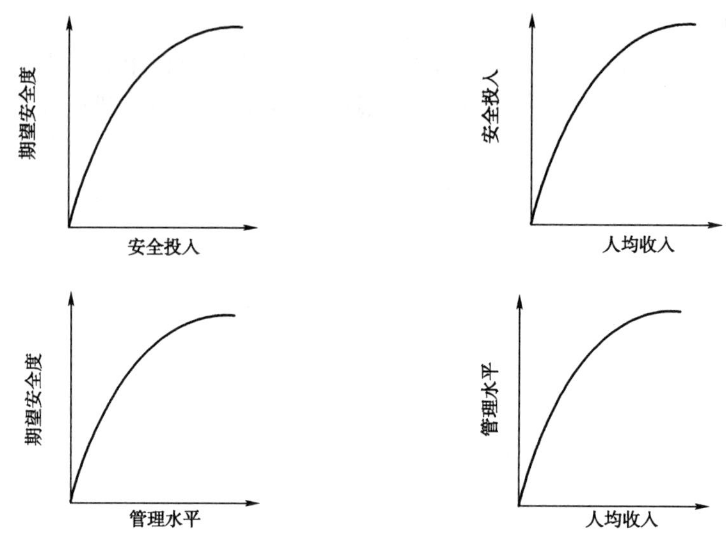

图1 期望安全度、安全投入、管理水平、人均收入关系图

(3)隧道管理水平的量化讨论

管理水平的量化,可通过专家打分法予以确定。评价的指标主要有:管理机构设置、管理人员素质、日常管理措施、应急预案、超限和危险品运输车辆管理、信息发布、救援演练、已发生事故处置情况(对已运营隧道有此项,未运营隧道可不评价此项)。

3.2 危险度评估

危险度是衡量危险性的指标。通过国内外隧道事故情况分析可以得到以下结论:隧道内重大灾害事故的危险性与隧道的长度、交通量成正比,由于行车密度增大,使得重车通过隧道的数量和频率都有所增加。

(1)危险度的计算

$$P = 365 \times 10 - 9 \times \alpha \times L \times q \times H_p \tag{2}$$

式中:P——隧道危险度(当 P 的计算值 >1 时,取值 1);

L——隧道长度,m;

q——隧道单洞年平均日交通量,pcu/d;

α——事故率,事故数,百万车公里;

H_p——重型车通行比例。

(2)隧道事故率取值讨论

隧道百万车公里事故率 α 的取值:所查阅的有关资料表明日本隧道事故率取值为百万车公里0.045,而欧美国家多以火灾事故率为主,取值0.10、0.02、0.05、0.09、0.014、0.059不等。我国部分高速公路近期统计的百万车公里事故率为3.5、2.1、3.85、2.47、2.58、2.89、1.85、2.21、2.97、2.17、4.64等;火灾事故率为0.04。参考国外标准和我国的国情,本文中建议取值为 $\alpha = 0.1$。

3.3 综合分类方法

综合考虑不同地区的经济条件、隧道特征、交通特征、运营特征与环境特征,建立隧道分类的判别函数,通过隧道分类判别函数的数值分区与图表两种形式建立隧道综合分类体系。

(1)隧道综合分类判别函数的定义

$$F = a \times S_P \times P \tag{3}$$

式中:a——分类调节常数,本文建议取3;

F——隧道分类判别函数;

S_P——安全度指数;

P——隧道危险度指数。

(2)隧道分类数值判定方法

本文从管理的方便性和可操作性考虑,把隧道分为三大类:第一类隧道:$F \geqslant 0.6$;第二类隧道:$0.2 \leqslant F \leqslant 0.6$;第三类隧道:$F \leqslant 0.2$。

(3)隧道分类图表表示法(图2)

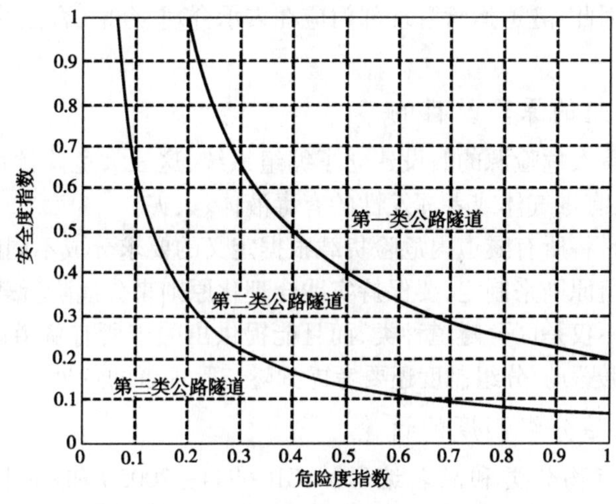

图2 隧道分类图表法

4 隧道分类管理内涵

隧道分类是指根据一定的判别指标对隧道进行类别划分,对隧道划分了类别,并不等于隧道分类管理,只有不同的公路隧道之间的差异真正体现在管理政策上,使隧道的管理工作有所侧重,有所不同,才真正实现了分类管理的目的。

4.1 隧道分类管理的定义

隧道分类管理是指根据某一准则判定公路隧道分类后,按照隧道的类别差异,制定差异性管理政策及措施的工作。

4.2 隧道重要度对分类等级的提升

前面介绍的隧道分类考虑经济条件、隧道特征、交通特征、运营特征与环境特征的分类指标选取,在隧道分类管理中还要考虑隧道重要度这一影响因素。公路隧道的重要度是指根据隧道的用途(军用或民用)、在区域交通网中的重要性(国家主干线或者地方干线)以及地形条件对隧道事故的影响程度(山岭隧道或者水下隧道),按照一定的评价方法对隧道的重要性的量化指标。隧道重要度的确定对公路隧道机电设施的配置和防灾救援预案的研究都有决定性作用,属于基础研究工作。在隧道进行分类管理时,可依据隧道的重要度进行管理等级提升,例如:某一水下公路隧道,按照上文分类方法,等级处于第二级,考虑到水下公路隧道救援的困难和复杂性,在救援设置和危险品检查方面可考虑把其分类等级提升到第一类公路隧道。利用隧道重要度对公路隧道分类进行提升,是为了体现管理的针对性。对于某一特定隧道,某一特定管理工作,除了要考虑管理的普遍性因素外,还要考虑具体隧道的特殊性,因"隧"制宜,更好地做好公路隧道管理工作。

5 隧道分类管理在危险品运输管理中的应用

隧道的危险品运输如果发生严重事故可能造成不能挽回的后果——失去宝贵的生命,破坏隧道环境以及导致相关交通的中断。在另一方面,没有必要的禁止危险品运输也可能造成不合理的经济代价。因此,隧道运营管理部门应在秉承合理、合情、合法的原则下,着手管理载运危险品车辆。

5.1 危险品编组的原理及目的

由隧道内的三大重大危险源的假设建立了编组系统,这三大危险源可能造成众多隧道事故,它们是:爆炸、释放有毒气体或者挥发性的有毒液体、火灾。

编组系统的原理是将所有隧道内危险货载根据定义的要求分成不同的小组。在相同隧道内运输货载要根据分组原则来制定,要保持实践合理化原则来分危险货载组数。

编组系统的目的不仅是区分隧道种类,而且能提供出关于所有隧道内运输的危险货载分类名单(简称"分组制度")。分组制度还要考虑到隧道管理者的意见。

5.2 我国危险品分组制度的讨论

根据我国《危险货物分类和品名编号》(GB 6944—2005)和《危险货物品名表》(GB 12268—2005/XG1—2007)的危险品分类而建立的危险品分组制度,将危险品分为A、B、C三个分组。

A组:除第一类、第二类、第三类、第四类危险品之外的危险货物;

B组:除第一类第一项、第二类第一项、第二类第三项、第四类第一项、第四类第二项危险品之外的危险货物;

C组:除第一类第二项、第一类第三项危险品之外的危险货物。

5.3 基于隧道分类与危险品分组的管理规定

本文根据上文介绍的隧道分类方法和危险品分组方法制定如下规定:

第一类公路隧道可通过A组危险品,需限时引导车护送通行;

第二类公路隧道可通过不属于A组而属于B组的危险品需限时引导车护送通行,对于A组危险品可自由通行;

第三类公路隧道可通过不属于B组而属于C组的危险品需限时引导车护送通行,对于B组危险品可自由通行。

其中限制通行时段的确定方法:需要隧道运营管理者对具体隧道交通量时变规律进行调查,并结合危险品上报情况,即根据交通量小的时段分布情况和危险品编组中各类危险品的规模，具体确定通行时段。

6 结语

公路隧道的分类管理是一项全局性、基础性的工作，对提高公路隧道的管理效能、推进公路隧道运营安全与节能综合管理体系建设具有重要意义。同时，这也是一项长远的、系统性的而非短期的、运动性的工作。一种新的管理模式和管理机制的形成需要经过一个不断磨合、不断优化的过程，目前，公路隧道分类管理还是个新鲜事物，需要边实践、边总结、边完善，把"分类管理"的理念运用和延伸到公路隧道管理的各项工作中去。

参考文献

[1] 张创新.现代管理学概论[M].北京:清华大学出版社,2005.
[2] 中华人民共和国行业标准. JTG/TD 71—2004 公路隧道交通工程设计规范[S].北京:人民交通出版社,2004.
[3] OECD Studies in Risk Management Norway Tunnel Safety[R]. Organisation for Economic Co-operation and Development, http://www.oecd.org, 2003.